KB260720

김홍집과 그 시대

김홍집과 그 시대

안 승 일 지음

연암서가

지은이 **안승일** 安承壹

한국외국어대학교 독일어과와 동 대학원에서 수학하였으며, 한국은행에서 근무한 후 현재는 자유기고가로 집필활동을 하고 있다.

주요 저서로는 『조선 엘리트 파워 김옥균과 젊은 그들의 모험』, 『열정의 천재들 광기의 천재들』(한국출판문화산업진흥회 추천도서), 『비운의 혁명가들』(KBS '화제의 책'·교보문고 '내일이 기대되는 좋은 책' 선정) 등이 있으며, 주요 연구논문으로는 『소외의식의 극복-프란츠 카프카의 「변신」을 중심으로』, 번역문은 고트프리트 A. 뷔르거의 「레노레(Lenore)」 등이 있다.

김홍집과 그 시대

2016년 4월 20일 초판 1쇄 인쇄
2016년 4월 25일 초판 1쇄 발행

지은이 | 안승일
펴낸이 | 권오상
펴낸곳 | 연암서가

등 록 | 2007년 10월 8일(제396-2007-00107호)
주 소 | 경기도 고양시 일산서구 호수로 896, 402-1101
전 화 | 031-907-3010
팩 스 | 031-912-3012
이메일 | yeonamseoga@naver.com
ISBN 978-89-94054-83-4 03990

값 15,000원

나는 이제야 내가 생각하던

영원의 먼 끝을 만지게 되었다.

그 끝에서 나는 눈을 비비고

비로소 나의 오랜 잠을 깬다.

(중략)

나는 내게서 끝나는

아름다운 영원을

내 주름 잡힌 손으로 어루만지며 어루만지며

더 나아갈 수도 없는 나의 손끝에서

드디어 입을 다문다. 나의 시와 함께.

— 김현승의 「절대 고독」 중에서

망국의 길에서 의연하게 죽음을 맞은
김홍집의 고독한 행로와 그 시대의 부끄러운 자화상

어느 시대 어느 국가든 지도층이 박제剝製된 낡은 사고의 틀에 갇혀 시대정신을 외면하고 기득권 횡포를 자행할 때, 그 사회 그 국가는 불행해지기 마련이다. 영·정조대의 문화 융성기를 지나 안타깝게도 순조 이후 후기 조선 왕조가 집권층의 무능과 부패로 그 부끄러운 자화상을 그려갔다.

19세기 중반 이후 서구 열강의 서세동점西勢東漸이 본격화하면서 이웃 중국·일본은 선진 문물을 받아들여 국가의 선진화를 추진해나가고 있었으나, 나라 안에서는 무능한 왕권체제에서 권력을 움켜쥔 척신들의 무소불위 세도정치로 매관매직이 성행하였고 나라 살림의 기반인 삼정三政이 문란해져 전국 도처에서 민란이 빈발, 통치기반이 흔들리기 시작하였다. 더구나 국가의 현재와 미래를 이끌어갈 인재의 등용문인 과거시험에서까지도 부정부패가 만연하여 그 장래는 더욱 암담해졌다. 이런 난세에 구원의 '메시아'를 갈구하는 민중의 염원에 부응하여 동학東學이라는 한국적 신앙이 창도되었으며, 이 신앙은 훗날 동학농민혁명을 뒷받침하는 핵심 이데올로기로 성장하였다.

이러한 국내외의 심상치 않은 현실을 직시한 조선 선각자들은 문호개방과 개화의 필요성을 절감하게 되었고, 이들 선각자들의 영향을 받은 신진 엘리트 개화파는 선진 서양 문물서적을 접하며 '닫힌 세상'이 아닌 '열린 세상'을 열망하였다. 그러나 훗날 이들 개화파는 현실인식과 개화의 실천방법을 놓고 강온强穩 양파로 나뉘어 김옥균·박영효 등 강경파는 급진적인 개혁과 개화로 기존의 낡은 체제를 조속히 혁파하고자 했으며, 반면에 김홍집·김윤식 등 온건파는 기존의 제도권 정치체제에서의 점진적 개혁과 개화를 선호하였다. 그럼에도 이들 개화파는 개화의 실천방법에는 입장을 달리하였으나 궁극적인 공통목표는 개화에 의한 조국 근대화에 있었기 때문에 쌍방은 적대적 관계가 아닌 순망치한脣亡齒寒의 관계를 유지하였다.

고종의 등극(1863) 후 병인양요와 신미양요를 거치면서 외견상 승리를 거두고 자신감을 얻게 된 대원군은 철저한 '문 닫기', 즉 쇄국정책으로 일관하였다. 그러나 그 승리는 '상처뿐인 영광'이요 실익이 없는 이름뿐인 승리였다. 열강의 주목적은 조선의 개항을 요구하는 무력시위였지 싸움이 목적이 아니었다. 이 틈을 타 일본은 이번에는 자기들 차례가 된 것으로 판단, '메이지유신'으로 축적된 힘을 조선 쪽으로 돌려 교묘한 수법으로 '운요호사건'을 일으키고 '강화도조약'을 이끌어내 향후 조선 침탈의 발판을 마련하게 되었다.

이와 같이 나라 안팎이 어수선한 시기, 미래의 조선총리 김홍집은 1868년 과거시험(경과 정시慶科 庭試: 대왕대비 신정왕후 회갑을 기념하여 치른 특별 과거시험)에 급제하여 승정원과 외교관련 부서에서 실무를 익혔고, 1875년 흥양현감 직무를 성공적으로 수행한 후 1877년 다시 중앙무대로 진출하여 호조참의·공조참의·병조참의, 후에 다시 광양현감을 거쳐 1880년에는 예조참의와 수신사 대표로 발탁, 일본에 파견되어 외교무대 최일선의 주역으로 등장하였다. 김홍집은 이때 일본 측의 교묘한 지연작전과 회유술수에 말려들어 불평등 강화도조약을 수정하는 데는 실패하였지만, 일본 주재 청국 참찬관 황쭌셴으로부터 『조선책략』(러시아를 견제하고 청·일·미와의 균세均勢 외교를 권고한 책자)과 정관잉의 『이언易言』(선진 서양문물·제도 소개서)을 입수하여 이를 향후 조선 외교정책과 개화의 근간으로 삼고자 했다. 그러나 그의 이러한 의도는 수구세력과 위정척사파衛正斥邪派의 강력한 반발에 부딪혀 끝내는 공직까지 사퇴하는 정치적 시련에 직면하였다. 하지만 김홍집은 고종과 민비의 신임이 두터웠기 때문에 통리기무아문統理機務衙門(근대적 개혁기구)의 통상당상通商堂上(당상은 정3품 이상의 관직)으로 관직에 복귀하여 외교 현안들을 수습해나갔다. 1883년 김홍집은 협판교섭통상사무協辦交涉通商事務(통리교섭 통상사무 차하 책임자)가 되어 강화도조약으로 불리해진 조선의 일본 상품에 대한 수입 관세부과 합의를 이끌어내 그의 외교적 역량을 인정받게 되었다.

　1884년 김옥균의 급진개화파에 의한 '새판 짜기' 갑신정변은 청 국군의 개입에 의해 '3일 천하'로 끝나게 되었고 이때 피해를 입은 일본의 요구에 의해 조선은 굴욕적인 '한성조약'을 맺었으며, 일본 은 한술 더 떠 정변 진압에 생색을 낸 청국과 '톈진조약'을 체결, 조 선 지배권 쟁탈전을 벌이게 되었다. 정변이 끝난 후 조선의 현실은 조금도 개선되지 않고 더욱 암담한 국면으로 치달았다. 집권층은 나 라가 이 지경에 이르게 된 점에 대한 일말의 성찰과 반성도 없이 구 태의연 수구세력을 결집하는 데 혈안이 되었으며, 민생은 더욱 도탄 에 빠져들었다. 마침내 민중의 분노는 행동으로 나타났다. 1892년 동학농민들은 공주公州 집회와 삼례參禮 집회를 시작으로 1893년 보 은報恩 대집회, 이어서 원평院坪 집회 때부터는 반부패·반정부 성격으 로 변모하였다. 그리고 이러한 농민집회는 마침내 1894년 초 고부古 阜에서 전봉준의 주도로 탐관오리 조병갑에 대한 탄핵으로 시작, 본 격적인 무력투쟁으로 확대되어 갔다. 전봉준은 김개남·손화중 등 과 의기투합, 더욱 조직화·세력화하여 그해 4월 전주성을 함락하였 다. 자치능력이 없는 한심한 조선 정부는 또다시 전례악습을 되풀이 하여 청국에 지원요청을 들고 나왔다. 임오군란과 갑신정변 때 청국 의 도움으로 재미(?)를 보고 코가 꿰인 쓰라린 경험과 상흔이 채 아

물지 않은 시점이었다. 이때 수구파 민비실세들은 청국군 지원필요
성을 강력히 주장한 반면, 좌의정 김홍집은 지난날의 폐습을 들어 청
국군 지원요청 의견에 반대하였으나 대세는 수구파 쪽으로 기울어
져 청국군 파병을 요청하게 되었다. 청국은 기다렸다는 듯이 조선에
파병하였고, 사태를 관망하던 '불청객' 일본도 톈진조약에 근거하여
조선에 파병하였다. 그러나 '전주성화약全州城和約'으로 할 일이 없어
진 청국군이 아산만에서 어물거리고 있는 사이에 일본군은 특유의
순발력으로 조선 관군과 합세하여 재봉기한 동학농민군을 섬멸하는
데 생색을 내며 내친 김에 경복궁을 무단 점거, 조선 정국에 적극 개
입하고 청국과 전면전을 개시하였다. 남의 집 앞마당에서 처음부터
밑질 것이 없이 시작된 청일전쟁은 싱겁게도 일본의 승리로 끝났고
일본은 이를 계기로 조선에 대한 독점지배권을 선점하였다.

　　조선을 사실상 지배하게 된 일본은 제1차 김홍집 내각(미국 유학 중
인 유길준도 외아문 참의로 내각에 참여)을 성립시켜 소위 갑오개혁(1894)
을 단행하였다. 갑오개혁은 일본의 구미에 맞는 김홍집 시대의 개
막이었다. 그리고 국내사정이 이처럼 급박하게 돌아가고 있는 사이
에 10년간 일본에 망명 중이던 김옥균이 상하이에서 조·중·일 합작
에 의해 모살 당하였으며, 조선 정부는 일본의 요구에 의해 망명 중
인 박영효·서광범을 환국토록 하여 제2차 김홍집 내각(김홍집·박영
효 연립내각)에 참여시켰다. 김홍집은 내무대신 박영효와의 갈등으로
사퇴하였으나 박영효가 '불궤음도不軌陰圖'(민비시해 모의혐의)죄로 재

차 일본에 망명하자 총리직에 복귀(제3차 김홍집 내각, 박영효 후임으로 내무협판 유길준이 내무 서리대신으로 임명됨)하여 각종 개혁을 단행하였다. 일본의 세력 강화를 우려한 러시아·독일·프랑스 3국의 견제로 일본의 위상이 약화되는 기미를 보이자, 그동안 일본의 월권행사에 자존심이 상해 온 고종과 수구파는 민비와 친러파를 주축으로 '인아거일引俄拒日'(러시아를 끌어들이고 일본을 멀리함)정책으로 선회하려는 움직임을 보였다. 이를 눈치 챈 일본은 극비리에 가장 큰 '걸림돌'인 민비를 제거하기로 모의하고 천인공노할 민비시해(을미사변)를 자행하였다. 불의의 국모참변에 대한 책임을 통감한 김홍집 총리는 '중대(자결) 결심'까지도 하였으나 내부대신 유길준의 간곡한 만류로 사태 수습에 나서 '제4차 김홍집 내각'을 구성하였다.

이처럼 국내 정국이 급박하게 돌아가는 상황에서도 김홍집 내각은 추가적인 제도개혁과 함께 그간 논란을 빚어 온 단발령斷髮令(1896. 1. 1)을 단행하였다. 그러나 이 강제적인 단발령은 '타오르는 불에 기름을 붓는' 격이 되어 일파만파, 수구파는 물론 일반백성의 반발심을 극도로 자극하였고, 이를 호기로 삼아 수구파와 친러파는 김홍집 내각을 분쇄하기 위한 여론몰이에 나섰다. 왕비마저 잃고 극도의 일본 공포증에 빠진 고종은 러시아 공관으로 피신하는 전대미문의 '아관파천'(1896~1897)에 들어갔다. 이와 함께 줏대 없는 고종은 친러파의 사주使嗾를 받아 그동안 믿고 의지했던 김홍집을 무참히 참형에 처해 버렸다. 탁지부度支部(재정담당) 대신 어윤중은 고향으로 피신 중 살해되고 외부대신 김윤식은 종신유배형, 그리고 내부대신 유길준은 긴 일본 망명길에 올랐다. 이로써 후기 조선 왕조에서 개혁을 주도해 온 개화파는 완전히 몰락하게 되었고, 그들의 조국근대화 꿈은 종언을 고하였으며, 그 자리에 이범진과 이완용의 친러 내각이 들어섰다. '삼국간섭'으로 체면을 구긴 일본은 극비리에 국방력을 확충, 러일전쟁을 일으켜 승리한 후 조선에 대한 독점지배권을 완전히 확보하였다. 그리고 일본은 1905년 11월 조선과 '을사늑약'을 체결, 조선의 외교권을 빼앗고 통감부를 설치하였으며, 친러파에서 친일파로 선회한 이완용을 앞세워 1910년 8월 29일 '한일합병조약'(경술국치)을 이끌어내어 조선의 국권을 강탈하였다.

이와 같은 난세에 조선의 정치·외교·최고 행정가로 활동하다 비운을 맞은 인간 김홍집을 어떻게 평가해야 할 것인가? 지금까지의 각종 사료史料와 관련 학계의 논증을 종합해 보면, 그에 대한 평가는 대체로 긍정적이다. 김홍집은 사후에도 친일파라는 논란에서 완전히 자유롭지 못한 점도 있으나 그의 친일은 이완용처럼 일신의 영달이나 부귀영화를 위한 반민족, 반국가 '매국적 친일'이 아니라 개화한 일본을 롤 모델로 삼아 조선도 개화, 근대화하려는 의도에서 비롯된 '애국적 친일'이었다고 보는 것이 통설이다. 망국의 길에서 그의 길은 고독했고 그의 죽음은 참혹했다. 그 길에 이르기까지 그의 고독한 정치적 행보는 보편적인 고독을 넘어선 '절대고독絶對孤獨'이었다. 그 고독과 절망의 심연深淵을 어느 누구도 이해하지 못했다. 오직 정치적 동지 유길준만이 조금은 이해해 줄 뿐이었다. 마침내 김홍집은 망국의 길에서 의연하게 죽음을 맞았고, 그러했기 때문에 그는 후세의 포폄襃貶에서 매국적인 친일파라는 오욕汚辱만은 씻을 수 있었다.

　어찌 보면 이 책은 순조 이후 조선 왕조의 부끄러운 민낯을 들춰낸 기록이라고 볼 수 있다. 그러나 그 민낯을 자조와 자학으로 곱씹고자 하는 것은 아니다. 아픈 과거사를 반면교사로 삼아 자랑스러운 미래를 열어가기 위한 일념에서 쓴 기록임을 밝히고자 한다. 역사의 대중화·대중의 역사화가 필요한 시대에, 이 책이 격동의 후기 조선사, 그 가려진 속살을 들여다보고 타산지석으로 삼을 수 있는 유익한 안내서가 되기를 바라며 독자 여러분의 질정叱正을 기대한다.

2016년 3월
안승일 씀

차례

제1장

———

총체적 난국 후기 조선 왕조,

그 부끄러운 자화상

　　영·정조대의 문화 융성 기운이 채 가시기도 전에 후기 조선 왕조는 총체적 난국에 빠져들었다. 19세기 중반 이후 서구 열강의 서세동점西勢東漸이 본격화하는 상황에서 중국·일본은 이들과의 불평등 조약까지 맺으며 선진문물을 받아들이고 개혁·개방을 서둘러 국가의 선진화를 추진해 나갔다. 이처럼 나라 밖은 하루가 다르게 변화, 발전하고 있었으나 나라 안에서는 무능한 왕권 체제에서 권력을 움켜쥔 척신戚臣들의 무소불위 세도정치勢道政治로 매관매직이 성행하였고, 나라 살림의 기반인 삼정三政(전정田政·군정軍政·환곡還穀 또는 환정還政, 환상還上이라고도 함)이 문란해져 전국 도처에서 민란民亂이 빈발하였다. 더욱 한심한 작태는 인재의 등용문인 과거시험에서까지 부정부패가 만연하였다. 이와 같은 내재적 모순과 부조리가 확대·심화하는 가운데 기득권 수구세력들은 열강의 개방 압력에도 불구하고 극단적인 쇄국정책으로 일관, 쇠잔해가는 청나라의 눈치만 보며 일희일비 비겁한 타성에 젖어있었다. 이런 절망의 시대에 팍팍한 삶에 지친 고단한 백성들은 구원의 ‘메시아’를 갈구하는 법. 그 한국적 ‘메시아’가 바로 ‘동학東學’을 창도한 최제우이며, 그의 가르침과 설법은 이런 민중들에게 진한 울림으로 다가와 갈 길을 모르고 헤매는 후기 조선 사회에 ‘태풍의 핵’으로 자리잡게 된다.

무소불위의 세도정치

정조(1752~1800)가 재위(1776~1800) 24년 만인 마흔아홉의 나이에 급서急逝(장헌세자로 추존된 사도세자의 죽음을 정당화한 노론 벽파僻派에 의해 독살되었다는 설이 있음)함에 따라 그의 둘째아들인 순조(1790~1834, 정조의 첫째아들인 문효세자가 일찍 죽고 왕세자로 책봉되어 정조가 죽은 후 왕위를 계승함)가 11살의 어린 나이로 즉위(재위기간 34년)하였다. 그렇게 되자 영조의 계비로 대왕대비가 된 정순왕후貞純王后 김씨(1745~1805, 본관 경주, 1757년 영조의 정비 정성왕후가 죽자 1759년 15세의 나이로 당시 66세인 영조와 정식 혼례)가 순조를 수렴청정垂簾聽政하게 되었다. 정순왕후는 옥새玉璽를 쥐고 친정 6촌 오빠인 김관주金觀柱(1743~1806)를 이조참판 직에 기용한 후 심환지沈煥之(1730~1802) 등과 함께 정조의 탕평책을 지지하던 인물들을 제거함으로써 노론 벽파정권을 수립하고 왕권체제를 강화한다는 명분으로 천주교를 탄압하였다. 그 이유는 통치수단인 유교윤리와 위계질서를 위협하는 천주교에 대한 거부감도 있었지만, 속내는 당시 천주교 신자들 가운데 벽파의 반대파인 시파時派와 남인南人들이 많았기 때문이었다.

순조 1년 정순왕후는 기다렸다는 듯이 천주교 금지령을 내리고 오가작통법五家作統法(원래는 다섯 가구를 한 통으로 묶어 서로 감시, 각종 범법행위를 막도록 한 치안유지법)을 원용, 다섯 가구 중 천주교도가 있는지 서로 감시, 고발하게 하였다. 이 법은 다섯 가구 중에 한 집이라도 천주교 신자가 있을 시에는 다섯 가구 모두에게 화를 입히는 악법이었다. 1801년 신유년辛酉年에 일어났기 때문에 이 사건을 '신유사옥辛酉邪獄' 또는 '신유박해辛酉迫害'라 이름하였다. '황사영백서黃嗣永帛書' 사건이 일어난 것도 이때였다. 신유박해 때 천주교 신도 황사영(경상도 창녕사람으로 정약용의 이복 맏형 정약현의 사위)이 중국 로마 가톨릭교회 북경교구의 주교에게 혹독한 박해를 받고 있는 조선 교회의 현실을 보고하고, 그 대책을 요청한 밀서로 그 내용을 황사영이 흰 비단에 적었기 때문에 황사영백서라 칭하였다. 신유박해로 중국인 천주교 신부이자 한국 교회 최초 선교사인 주문모周文謨를 비롯해서 이승훈·정약종(그 밑 동생 정약전·정약용 형제는 유배) 등 300여 명의 신도가 살해되었으며, 직간접 피해자만도 수만 명에 달하였다. 이 사옥을 발판으로 정순왕후는 완전히 벽파 중심의 권력체제를 강화하였다. 1804년 순조가 열다섯 살이 되던 해에 대왕대비 정순왕후가 수렴청정을 거둠으로써 순조의 친정이 시작되었고, 순조는 우여곡절 끝에 1802년 안동김씨 영안부원군永安府院君 김조순金祖淳(1765~1831)의 딸을 왕비로 맞았다. 순조 비 순원왕후純元王后(1787~1857)의 등장은 안동김씨 세도정치勢道政治(당초에는 중종 때 조광조가 중심이 되어 세상을 교화한다는 의미의 세도정치世道政治로 출발하였으나 정조 초 도승지와 금위대장禁衛大將까지 겸한 홍국영이 누이동생을 정조의 계비로 만든 후 그때부터 권력을 휘두르는 세도정치勢道政治로 변질됨)의 전주곡을 의미하였다. 순원왕후 부친 김조순은 21세 때 문과에 급제하여 정조의 총애를 받으며 정조한테서 개명(당초 이름 낙순洛淳에서 조순祖淳으로 바꿈)과 함께 풍고楓皐라는 호까지 하사받았다.

김조순은 신임사화辛壬士禍(1721~1722, 경종이 유약하다는 이유로 후에 영조가 된 연잉군으로 하여금 대리청정을 꾀하던 김창집 등 63명이 처형되고 114명이 유배된 사건)의 피해자 김창집의 4대손으로 21세 때 문과에 급제한 후 출세가도에 들어섰다. 김조순은 당초 정조 측 시파에 속해 있었으나 노련한 정치 감각으로 정순왕후의 벽파 세상에서 운 좋게 살아남을 수 있었다. 벽파의 기둥인 정순왕후가 5년 가까운 수렴청정을 거두고 1년 뒤 죽게 되었다. 이렇게 해서 벽파는 일거에 몰락하게 되고, 그 뒤를 이어 순조의 장인 즉 국구國舅가 된 김조순은 나이 어린 순조를 보필하면서 부제학·병조판서·이조판서·훈련대장·호위대장 등 막강한 권력을 잡으며 안동김씨 세도정치의 첫 장을 열게 되었다. 이렇게 시작된 안동김씨 세도정치는 헌종대에는 아들 김좌

근(이조 참의·공조판서·사헌부 대사헌·병조판서 등을 지냄)으로 이어지고, 그것이 철종대에 와서는 철종 비 철인왕후의 아버지 김문근과 함께 김좌근의 양자 김병기金炳冀(철종 때 예조·공조·호조판서·금위대장·어영대 장 등 요직을 두루 거침)*로 까지 대물림되어, 이들 3대는 무려 60년간 세도정치를 하며 무소불위 권력과 모든 영화를 누렸다. 그 사이 헌종 의 외조부 풍은부원군 조만영趙萬永(1776~1846)의 딸 신정왕후神貞王后 조씨(1808~1890)는 1834년 아들 헌종이 즉위한 후 죽은 남편 효명세 자가 익종으로 추존됨으로써 왕대비에 봉해졌으며, 1857년 대왕대 비 순원왕후가 죽게 되자 그녀는 마침내 대왕대비가 되어 한때 풍양 조씨 세도정치 체제를 이끌기도 했다. 그러나 그 후 철종이 즉위하여 대왕대비 순원왕후의 근친인 철인왕후哲仁王后 김씨가 왕비로 되면서 안동김씨 세도정치가 부활하였다. 순조와 헌종이 왕이 된 것은 그렇 다손 치더라도 철종이 왕이 된 것은 기이한 일이었다. 대왕대비 순원 왕후는 손자인 헌종이 후사後嗣 없이 죽게 되자 조대비의 척족인 풍 양조씨 측에서 왕을 내세울 것을 우려하여 재빨리 선수를 쳤다.

선왕이 후사 없이 죽을 경우 후대의 왕은 항렬行列로 따져 동생이 나 조카뻘 되는 일족 중에서 왕통을 잇게 하는 것이 당시의 관례였 다. 그러나 안동김씨 척족들은 자신들의 권력을 유지하기 위해서 숙 의 끝에 헌종의 7촌 아저씨뻘인 '강화도령' 원범元範이 적임자라고

* 김옥균의 양부 김병기金炳基와 다름

판단했다. 원범은 사도세자의 증손자이자 정조의 아우 은언군恩彦君
(1754~1801)의 손자였다. 사도세자가 죽고 정조가 세손이 되자 사도
세자를 죽음으로 몰아넣은 세력들이 정조가 왕위에 오를 경우 자신
들의 운신의 폭이 좁아지고 위협을 받게 될 것을 우려하여 새 왕자
를 뽑으려는 음모를 꾸몄다. 그러나 이 계획이 발각되자 정조의 이
복동생인 막내아들 은전군은 자결하고 은언군과 은신군은 제주도로
유배되었다. 그러던 중 은신군은 그 사이 병사하고 은언군은 강화도
로 유배지를 옮겼다.

사도세자와 숙빈 임씨 사이에서 태어난 은언군 인禑은 아들을 셋
두었다. 큰 아들 상계군 담은 1779년(정조 3) 홍국영의 음모에 따라
모반죄로 몰려 강화도에 유배되었다가 자살하였다. 한편 은언군의
처와 큰며느리는 1801년(순조 1) 천주교 신자라는 이유로 사사되고
은언군도 죽게 되었다. 그러던 중 1844년(헌종 10) 민진용이 반역을
꾀하였다. 순조 말기부터 김유근과 김홍근에 의해 안동김씨의 세도
정치가 이루어지다가 헌종 10년에 이들이 물러나자 권력에 틈이 생
긴 것이다. 이 틈을 타 반역을 꾀하던 민진용은 은언군의 아들 이광
과 손자 원경의 신임을 받고 있던 이원덕을 포섭하였다. 그들은 원
경을 왕으로 추대하기 위하여 음모를 꾸미다가 들통이 나 모두 능지
처참당하고 말았다. 여기에 연루되어 전계대원군全溪大院君 이광의 첫
째아들 원경이 사사되었다. 이 와중에 둘째아들 경응과 셋째아들 원
범만이 살아남지만, 이들은 강화도로 유배되었다. 사고무친 천애고

아가 된 두 사람은 강화도에서 농사꾼이 되어 5년여 동안 살던 중 어느 날 갑자기 원범에게 왕통을 이으라는 교지가 내려졌다. 그의 나이 19세 때였다.

적절한 인재로 왕통을 이을 겨를도 없이 대왕대비 순원왕후의 교지를 받은 농사꾼 원범은 1849년 6월 8일 덕원군에 봉해지고 6월 9일 창덕궁 희정단에서 관례를 행한 뒤 인정문에서 즉위하였다. 그가 바로 철종이다. 철종은 왕으로서 합당한 학문을 연마하지 못했다는 이유로 1851년까지 대왕대비 순원왕후의 수렴청정을 받았으며, 21세 되던 해인 1851년 9월 대왕대비의 근친 김문근의 딸을 왕비로 맞게 되었다. 이렇게 해서 김문근은 영은부원군永恩府院君이 되고 안동 김씨 세도정치를 이어간다. 이렇게 되자 철종은 이름만 왕이지 실권은 김문근이 쥐고 무소불위 권력을 휘둘러 국정을 농단하는 바람에 전국적으로 민란이 빈발하게 된다. 왕위 계승이 이런 식으로 이루어지다 보니 제대로 된 왕이 나올 수가 없는 것은 당연지사였다.

그런데 순조대부터 시작된 천주교 탄압은 헌종대에도 계속되어 1838년 헌종 4년 봄부터 다시 천주교 탄압 바람이 불어 조선에 들어와 있던 앵베르, 샤스탕, 모방 등 3명의 프랑스 신부를 포함해서 70여명의 순교자 외에 옥중에서 죽은 신도가 60여 명이 넘었다. 1839년 기해년己亥年에 일어난 사건이었기 때문에 '기해박해己亥迫害'라 이름한다. 이러한 천주교 박해는 1846년(헌종 12) 병오년丙午年에는 조선 최초의 신부 김대건이 체포되어 그해 7월 새남터에서 효수형('병오박해')에 처해졌다. '기해·병오박해'는 기존 안동김씨 세도정치 세력에 대한 풍양조씨 세도세력의 도전이라는 정치상황 변화를 배경으로 이루어진 천주교 탄압이었다.

이러한 세도정치는 중앙에 그치지 않고 지방에까지 파급되었다. 권력자에게 뇌물을 바쳐 관직을 얻은 지방관은 관직을 얻을 때 바친 비용을 만만한 농민들로부터 거둬들여 뇌물비용을 충당하였기 때문이었다. 그리고 지방관은 향리鄕吏(아전衙前)와 결탁하여 협잡을 일삼았다. 향리는 지방의 실질적인 주인으로 지방의 실정에 밝기 때문에 마음대로 농간을 부릴 수 있었다. 이와 같은 세도정치체제에서 세도 가문 실력자와 줄을 대어 벼슬을 사고파는 매관매직이 성행하였다. 특히 이러한 매관매직은 고종대에 들어와 극에 달했는데, 그 당시 민비척족 중에는 세 명의 도둑이 있다는 소문이 파다했다. 경성의 민영주, 관동의 민두호, 영남의 민형식이었다. 특히 민두호의 아들 민영준閔泳駿(1852~1935, 후에 민영휘閔泳徽로 개명)은 그가 평안도 관찰사로 있을 때 평안도의 금을 죄다 긁어모아 송아지를 주조해서 고종에게 바치자 이에 고종은 민영준의 충성을 기특하게 여겨 후에 그에게 요직(병조 판서·궁내부대신 등)을 맡겼다. 민영준의 뇌물 챙기기 수법은 가관이었다. 그는 평안도 관찰사에 부임하자마자 도내 부호들의 명단을 넘겨받아 초도순시 겸 부임 인사차(?) 이들을 가가호호 방문하였다. 부호들은 관찰사의 방문에 화들짝 놀라 가문의 영광으로 알고 성의껏 뇌물을 바치면, 민영준은 한술 더 떠 윗선에 잘 부

탁해서 좋은 벼슬자리를 주겠다 하고 상납할 금액을 넌지시 제시하
고 감영으로 돌아갔다. 부호들은 엉겁결에 그러겠다고 약조는 했지
만 워낙 그 액수가 큰지라 그 돈을 마련했다가는 가산이 거덜 날 것
같았다. 고민 고민 끝에 이들은 감영을 찾아가 소위 '마다(그만두다)'
청원을 했다. 벼슬이고 뭐고 '마다'하겠으니 제발 사례금만 깎아달
라고 읍소했다. 이 말을 들은 민영준은 "그럼 위에다 잘 말해 깎아
보겠다"고 말하고 당초 제시한 금액의 상당 분을 깎아 주면 부호들
은 오히려 감지덕지 신임관찰사의 너그러움에 눈물겹도록 고마워
했다. 이 '마다라' 착취수법은 그 후 조정의 다른 권신들에게도 전
수되어 부정축재의 비전秘傳이 되었다. 참으로 한심하고 가관인 착
취수법이었다. 이와 같은 세도정권의 착취수법은 전국 도처의 총체
적인 부패로 이어져 조선의 멸망을 재촉하는 가장 큰 요인으로 작용
하였다.

삼정이 문란해지다

"권력은 부패한다. 절대 권력은 절대 부패한다"(영국 역사 철학자 액
턴 경 Lord Acton)는 말처럼, 이와 같은 무소불위의 세도정치는 절대부
패로 이어졌다. 세도정치로 척신들이 발호跋扈함으로써 민중들의 삶
은 최악의 상태로 빠져들었다. 나라의 조세기반인 삼정三政이 문란해

져 나라에서는 재정수입을 제대로 거두지 못하였고 민중들의 삶은 겹치기 땅 주인 양반들의 수탈로 도탄塗炭에 빠져들었다.

토지세인 전정田政은 원래 토지를 소유한 지주층이 물게 되어 있었으나 전라, 경상 지방에서는 모두 소작농들이 물고 있었다. 당시의 상황이 오죽했으면, 소작으로 생계를 꾸려가던 일반 백성들은 '송곳 꽂을 땅'도 없이 등뼈가 휘도록 시달리다가 온갖 세금을 내지 못해 심야에 도주하는 일까지 벌어졌겠는가? 이런 전정의 폐단에 대해서 정약용丁若鏞(1762~1836)은 "목민관의 직책 54조 중에서 전정이 가장 어려우니, 이는 우리나라의 전법田法이 본래부터 잘못되어 있기 때문이다… 개량改量은 전정의 가장 큰 일인 것이다. 묵은 것을 조사하고 숨은 것을 캐내어 구안苟安(편안함을 꾀함)을 도모하되 제대로 안될 때는 힘써 개량해야 한다."(정약용 지음, 노태준 역해,『목민심서』, 홍신문화사, 2004, 189쪽)라고 지적하며 이의 근본적인 개혁을 강조하였다.

한편 군정軍政은 성인 장정에 부과되는 군포軍布, 즉 병역세인데 균역법均役法의 실시로 군포 부담이 줄긴 하였으나 양반층의 증가와 균역 부담에서 벗어나려는 양민의 증가로 가난한 농민에게 전가되어 그 부담이 더욱 커지게 되었다. 이처럼 당시의 양반들은 병역의무도 없었다. 그것도 어려워지자 고을 당국에서는 할당량을 채우기 위해 죽은 사람에게 까지 군포를 부담시키는 백골징포白骨徵布, 어린아이를 장정으로 편입시켜 징수하는 황구첨정黃口簽丁 같은 희한한 군포

정약용

제도까지 시행하였다. 어디 그뿐이었는가. 견디다 못한 소작농들은 야밤에 마을을 몰래 떠나기 일쑤였고, 당국에서는 이를 막기 위해 그 부담을 일가친척에 지우는 족징族徵이나 이웃에 떠넘기는 인징隣徵까지 시행하였다. 이들 양반들은 권리만 향유했지 의무와 책임은 없었다. 권한이 있는 곳에 책임이 뒤따르는 소위 '노블레스 오블리주noblesse oblige'가 지금 우리 사회에서도 제대로 지켜지지 않아 정부요직 임명을 위한 청문회 때 당사자들이 구차한 변명으로 빠져나려고 발버둥치는 꼴인데, 견제기능이 없던 당시 양반사회에서는 더더욱 생각도 할 수 없는 한심한 작태였다. 이런 군정의 폐단에 대해서 정약용은 "첨정簽丁(병역의무자)으로부터 포布를 거두는 것은 양연梁淵(중종 때의 문신)으로부터 시작되어 오늘에 이르고 있는데 그 폐단이 커서 백성들의 뼈에 사무치는 병통이 되고 있다. 이 법을 고치지 않으면 백성은 모두 죽게 될 것이다."(앞의 책, 251쪽)고 개탄하였다. 1803년 정약용은 강진에 유배 중 일 때, 군포의 착취를 견디다 못해 자신의 생식기를 잘라버린 남편을 본 부인이 울부짖는 것을 보고 당시의 비통한 상황을 「애절양哀絶陽」이라는 시를 통해서 이렇게 묘사하였다.

애절양哀絶陽

갈밭마을 젊은 아낙네 목 놓아 길게 슬피 우는 소리 　　蘆田少婦哭聲長

관문 앞 달려가 통곡하다 하늘보고 울부짖네 　　哭向縣門號穹蒼

출정나간 지아비 돌아오지 못하는 일 있다 해도 　　夫征不複尙可有

사내가 제 음경陰莖 잘랐단 소리 들어본 적 없네 　　自古未聞男絶陽

시아버지 3년 상 벌써 지났고, 갓난애 배냇물도 안 말랐는데

　　舅喪已縞兒未澡

이 집안 삼대 모두 군적軍籍에 실렸다네 　　三代名簽在軍保

억울한 하소연 하려해도 관가 문지기는 모두 호랑이 같고

　　薄言往愬虎守閽

이정은 으르렁대며 외양간 소마저 끌고 갔다네 　　里正咆哮牛去早

우리 남편 칼 들고 방에 들어가더니 피가 방바닥에 흥건하네

　　磨刀入房血滿席

스스로 한탄하기를 "애 새끼 낳은 죄로구나!" 　　自恨生兒遭窘厄

누에치던 방에서 고환睾丸까는 형벌도 억울한데 　　蠶室淫刑豈有辜

민땅 자식의 거세도 진실로 또한 슬프거늘 　　閩囝去勢良亦慽

자식 낳고 사는 이치는 하늘이 준 것이요 　　生生之理天所予

하늘의 도는 남자 되고 땅의 도는 여자 되는 것이거늘

乾道成南坤道女

거세한 말과 돼지도 슬프다 할 만도 하네　　　　　　　騸馬豶豕猶云悲

하물며 백성이 후손 이을 것을 생각함에 있어서랴!　　況乃生民思繼序
부잣집들 일 년 내내 풍악 울리며 흥청망청하면서　　豪家終世奏管弦
낟알 한 톨 비단 한 치 바치는 일 없네　　　　　　　　粒米寸帛無所損
다 같은 백성인데 이다지도 불공평할까　　　　　　　均吾赤子何厚薄
객창에 우두커니 앉아 시구편*을 거듭 읊노라　　　　客窓重頌鳲鳩篇

　그래도 군정은 환곡에 비해서 차라리 나은 편이었다. 환곡은 원래 나라에서 춘궁기에 가난한 농민에게 쌀을 빌려주었다가 추수기에 최소한의 이자만 붙여 되돌려 받는 제도로 출발하였으나, 각 고을 관청에서는 빌려준 쌀에 터무니없는 이자를 받아 관청의 각종 연회비에 충당하거나 관리들의 사복을 채우는 일로 악용하기 일쑤였다. 더욱 가관인 것은 가난한 소작농에게 필요 이상의 쌀을 강제로 빌려주고 빌려줄 때, 그 쌀에 가능한 한 겨를 많이 섞어 양을 부풀려 주고 되돌려 받을 때는 철저하게 그 질을 체크하였다. 참으로 어처구니없는 수탈행위였다. 이런 환곡(환상)의 폐단에 대해 정약용은 "환상還上

*시구편鳲鳩篇:『시경』에 나오는 뻐꾸기 노래.

이란 사창社倉(흉년에 가난한 백성을 구제하기 위해 나라에서 설치한 창고) 이
한번 변해서 된 것으로, 곡식을 내어 파는 것도 아니고 곡식을 사들
이는 것도 아니면서 백성들에게 뼈에 사무치는 병통만 안겨주니 백
성이 죽고 나라가 망하는 것이 순식간에 달려 있다…."(앞의 책, 208쪽)
라고 개탄했다. 이러한 삼정의 문란은 세도정치와 함께 조선 왕조의
몰락을 재촉하는 또 하나의 큰 요인으로 작용하였다.

빈발하는 민란

　이처럼 세도정권의 매관매직과 지방토호들의 발호로 삼정이 문
란해짐에 따라 민란民亂이 빈발하였다. 순조 때, 특히 1862년(철종 11)
'임술 민란' 이후 후기 조선 사회는 '민란의 시대'라는 말까지 나오
게 되었다. "1862년 전국 각지에서 일어난 이 민란은 조선후기 사회
경제적인 변화의 와중에서 농촌 지식인들과 가난한 농민층이 연합
하여 누적된 봉건적 수탈체제와 부패한 관료들에 대항하여 일으킨
반봉건적 투쟁이었다. 당시 가난한 농민층의 몰락은 지주층의 무거
운 소작료 징수에도 원인 있었지만, 농민이 국가에 부담하는 각종 세
금과 여러 명목의 잡부금이 큰 원인이 되었다. 그리고 이러한 과중한
세금과 잡부금의 징수 과정에는 부패한 관료들과 아전들의 농간이
심하였고, 이 때문에 농민들은 이중고통을 받았다."(고성훈 외 지음, 『민

란의 시대』, 가람기획, 2000, 180쪽) 이러한 결과는 세금 징수 체제인 '삼정의 문란'으로 귀결된다. 그러나 이러한 징수 체제의 모순을 당시 정부는 해결할 능력도 없고 의지도 없었다. 국왕은 나약하고 무능하여 척족들의 위세에 무방비 상태였고, 탐욕스러운 세도정권의 집권자들은 사리사욕에 빠져 국가통치의 원칙이나 백성들의 고통을 외면하였다. 그러다보니 말단 관원들까지 가세하여 각종 이권과 뇌물이 성행하여 민생이 도탄에 빠져들게 되었고, 그것은 필연적으로 기층민중의 저항으로 이어질 수밖에 없었다.

물론 조선 사회에서의 민란은 간헐적으로 발생하여 왔지만, 본격적인 대규모 민중운동의 형태로 민란이 일어난 것은 앞서 말한 바와 같이 후기 조선 왕조 순조 때부터 더욱 빈발하였다. 즉 1801년(순조 8) 함경도 단천·북청 민란에 이어 1811년(순조 11) 2월 황해도 동북쪽 곡산谷山에서의 민란(아전들과 상인들이 유착된 환곡 포탈과 부사의 가렴주구로 발단)을 필두로 1811년(순조 11) 12월 '홍경래의 난'이 가장 조직적인 대규모 민란이었다. 홍경래洪景來(1771~1812)는 본관이 남양으로 평안도 용강 출신이었다. 그는 젊었을 때 과거에 뜻을 두고 1798년(정조 22) 28세 때 소과인 사마시司馬試에 응시하였으나 실패하였다. 그는 이 실패가 평안도민에 대한 차별 때문이라고 생각하였고, 이에 대한 반감과 선동이 이 난의 직접적인 동기인 것으로 알려지고 있다. 그러나 따지고 보면 그 근본 원인은 당시 안동김씨의 세도정치 횡포로 관직을 사고파는 소위 매관매직과 삼정이 문란해져 민생이 도탄에 빠져 있었기 때문에 이러한 사회적 모순에 대한 불만과 비판이 그의 현실개혁 의지를 부추겼기 때문이었다.

홍경래를 중심으로 한 이 난은 1811년 12월 18일에 시작해서 관군과 약 4개월여 동안 치열한 공방전 끝에 실패로 끝났다. 4월 19일 새벽 주동자 홍경래와 김이대·윤언섭·양시위·홍총각 등 다른 참모들도 관군에 의해 전사하고 나머지 참모대장 우군칙·이희저·최이륜 등은 난군에 섞여 달아났으나 곧바로 체포되어 서울로 압송된 후 처형되었다. 그밖에 체포된 난민은 2,983명이었고, 이 중 아녀자와 유소년을 제외한 1,917명이 모두 참수에 처해졌다. 공교롭게도 40년이 지난 1851년 중국에서도 홍슈취안洪秀全(1814~1864)이 '태평천국의 난'을 일으켜 거의 10여 년간 중국 전역을 휩쓸었다. 홍슈취안도 과거에 낙방한 후 꿈에 옥황상제와 예수 그리스도를 만나 계시를 받고 그리스도교와 중국 전래의 사상을 융합한 상제교上帝敎(옥황상제)를 만들고 반외세, 반만주족滿洲族 구호를 외치며 광서성 금전촌金田村에서 난을 일으킨 것이다. "밭이 있으면 같이 갈고(유전동경有田同耕), 밥이 있으면 같이 먹고(유반동식有飯同食), 옷이 있으면 같이 입고(유의동천有衣同穿), 돈이 있으면 같이 쓰자(유전동사有錢同使)"라는 이 단순한 슬로건은 시름에 빠진 중국 민중에게 진한 울림으로 다가와 전국 방방곡곡에 퍼져 나갔다. 다급해진 청국 정부는 서구 열강의 최신식 무기지원을 받아 1864년이 되어서야 겨우 반군을 진압하였다. 이때 진압군 지휘관 쩡꿔판曾國藩(1811~1872)과 리훙장李鴻章(1823~1901)은 서양무기의 위력에 감탄하고 약 30년간 개혁·개방을 서두르며 소위 양무운동洋務運動(선진 서양기술을 통한 중국 근대화·군사 자강운동)을 전개하여 지도층 스스로가 문명 근대화를 추진해 나갔다. 그러나 조선의 위정자들은 청국의 경우와 달리 대원군의 경우처럼 '빗장수비'로 선진문물을 철저히 배격하였으며, 지배층은 반성의 기미도 없이 민중을 더욱 수탈하였다.

이처럼 '홍슈취안의 난'도 홍경래의 난과 상황과 여건이 비슷해서 어쩌면 홍경래의 난이 '태평천국 난'의 원조 격인 셈이었다. '홍경래의 난'은 비록 실패로 끝나고 말았지만 조선사회 봉건체제의 붕괴를 촉진하는 도화선으로 작용하였다. 홍경래는 죽은 후에도 그 신화가 이어졌고 이 난을 관망하며 소극적인 태도를 보였던 소농 빈민층은 그 후 '임술민란'에서 적극적인 주도층으로 성장하였다. 즉 1862년(철종 13) 임술년壬戌年에는 2월 '진주민란'을 필두로 그해 전국 도처에서 무려 37차에 걸친 민란(소위 '임술민란')이 발생하였다. 오죽 했으면 이때부터 1894년 고종 대의 '갑오동학농민전쟁'(후술, 훗날 농민혁명으로 승화함)까지를 '민란의 시대라'는 별칭까지 붙이게 되었겠는가. '진주민란'이 발생하게 된 직접적인 계기가 된 것은 경상우병사 백낙신의 탐학과 착취에서 비롯된 것이었다. 농민 봉기군은 2월 18일 머리에 흰 띠를 두르고 진주성으로 쳐들어가 백낙신의 죄를 묻는 한편 악질적인 아전 여러 명을 죽이고 원한을 샀던 토호들의 집을 불태워 버렸다. 6일간 지속된 이 난은 23개 면을 휩쓸었고, 10여 채의 집이 불에 타는 등 커다란 재물 손실이 발생하였다.

이러한 민란은 그 후에도 전국 각지로 계속 이어져 1869년부터 1971년 사이 '광양 난'과 '이필제의 난'이 그 대표적 민란이었다. 이 난은 1871년(고종 8) 3월 10일 이필제李弼濟(1824년 충남 홍주 태생)가 동학의 제2대 교주인 최시형과 함께 경북 영해에서 처음 봉기한 사건으로 알려졌는데, 실상은 1869년부터 1871년 말 체포되어 처형당하기까지 3년여 동안 진천, 진주, 영해, 문경 등지에서 연속적으로 반정부 투쟁을 벌인 대표적인 민란이었다. 민란은 그 후 홍길동의 '활빈당' 의적활동과 1891년 '제주민란', 그 뒤를 이어 1894년 '갑오동학농민전쟁', 1898년 2월 제주에서의 방성칠(전라도 화순 동복 사람으로 1894년 제주로 이주하여 화전민으로 살다가 난을 주도)의 난과 1901년 5월 '이재수(제주 대정현 관노官奴 출신)의 난'까지 계속 이어지게 된다. 이와 같은 연이은 민란(총 100여 회)에도 불구하고 조정에서는 이의 근본적인 대책을 강구하지 못하였고 미온적인 땜질 대응책으로 일관하였다. 즉 중앙정부에서는 민란이 발생하면 선무사宣撫使를 파견하여 농민들을 무마하거나, 안핵사按覈使를 파견하여 진상을 조사하여 농민들의 지탄을 받는 지방관을 극소수 교체하는 정도에 그쳤다. 그러나 이러한 정부의 미온적, 임시방편적인 조처가 토지문제나 조세문제 등 농민들이 제기한 문제의 근본적인 해결책이 될 수는 없는 것이었다. 결국 민란의 빈발은 조선사회의 몰락을 예고하는 전주곡이었다.

'막장 드라마' 같은 조선 후기 과거시험 백태

과거제도科擧制度는 고려 광종光宗(서기 925~975) 때부터 시행되어 왔으며 조선 왕조대에 와서 제도적인 문제점을 보완하여 인재의 등용문으로 자리 잡아왔다. 조선의 과거 시험 종류는 대별해서 문과·무과·잡과가 있었다. 문과의 경우 그 절차를 보자. 조선 양반들이 관리가 되기 위해서는 먼저 예비시험인 소과小科를 치러야 한다. 소과는 단계별로 1차 시험인 초시와 2차 시험인 복시가 있고 시험과목에 따라서 생원시와 진사시로 나뉘었다. 생원시에는 사서삼경, 진사시에는 문장실력을 테스트했다. 단 생원시건 진사시건 어느 과목을 택할지는 응시자의 선택에 달려 있었다. 1차 시험과 2차 시험에 통과해야 본 시험에 응시할 자격이 있었다.

다음으로 본 시험인 대과大科, 즉 문과文科 시험을 치르게 되었는데 문과 시험에 통과해야 관직에 나갈 수 있었다. 그렇기 때문에 많은 양반 자제들은 이 시험에 뜻을 두게 되었다. 문과 시험은 1차, 2차, 3차 시험으로 치러졌다. 응시생은 1차 시험에서 경학經學(공자와 맹자의 가르침의 본뜻을 탐구하는 학문)·문장·책문策文(시대의 물음에 대한 답변, 문과 최종 합격자 33명에 대한 등수를 정하는 시험)의 과목을 통과해야 했다. 문과 1차 시험 합격자는 240명이었다. 이들 240명이 다시 2차 시험을 치렀고 여기서 최종 33명이 추려졌다. 2차 시험과목은 1차 시험과 동일하지만 시험을 보는 방식이 달랐다. 먼저 경학 시험이 구두시험(시험관과 응시자 1대 1 질의응답)으로 진행되었다. 이 구두시험에 통과해야 다음시험에 응시할 수 있었다. 여기서 탈락하면 지금까지의 모든 시험이 무효가 된다. 구두시험에 통과하면 문장과 책문시험을 보게 되었다. 책문시험까지 통과한 33명이 과거시험 최종합격자가 되었다. 마지막 3차 시험에서는 2차 시험 합격자의 성적 순위를 가릴 뿐이며 여기서 떨어지는 경우는 없다. 이 3차 시험은 국왕이 참석한 가운데 치르는 시험으로 전시殿試라 했다. 전시에서는 현재 국가가 당면한 현안문제를 어떻게 해결할 것인가 하는 문제가 주어졌다(김홍집은 경과 정시에서 최종 급제함). 시험문제는 국왕이 직접 출제하는 경우도 있고, 시험관이 올린 문제 중 국왕이 선택하기도 했다. 전시에서 33인의 등급은 갑과 3명, 을과 7명, 병과 23명으로 매겨졌다. 그래서 갑과 1등을 장원급제라 불렀다. 그리고 장원급제자는 종 6품 또는 정 6, 7품에 제수되었다. 다른 급제자가 종 9품에서 관리생활을 시작하는 것에 비하면 장원급제자는 7년이나 단축된 품계를 받게 되니 대단한 대우였다. 그리고 장원급제자는 청요직淸要職(의정부·이조·병조·사헌부·사간원·홍문관·성균관 등 핵심 포스트)에 기용되었다. 당시 장원급제자의 평균 연령이 35세였다고 하는데, 갑신정변 주동자 김옥균은 1872년 2월 알성시謁聖試를 통해 불과 22살 나이에 갑과에 장원급제하고 성균관 전적典籍(특 핵심부서가 아닌 점을 고려, 관례인 종6품보다 서열이 위인 정6품에 제수된 것으로 보임)에 임명되었으니 수재 중의 수

재라 할 수 있을 것이다.

초기에는 모든 합격자에게 백패白牌라는 증서를 발급했으나, 후에 문과 합격자의 경우는 타 부문 합격자와 구별하기 위해 홍패紅牌를 주었다. 문과는 3년마다 치르는 정기 시험인 식년시式年試와 비정기 시험인 증광시增廣試(나라에 경사가 있을 때 치르는 시험, 갑신정변 주역 서광범은 21세 때 이 시험 병과에 합격), 별시別試(천간天干에 병丙자가 붙어 있을 때 치르는 과거), 알성시謁聖試(왕이 문묘文廟에 참배할 때 성균관 유생들을 대상으로 치르는 과거제도) 등이 있었다. 위에서 말한 바와 같이 당시 김옥균은 알성시 갑과에 장원급제하고도 성균관 전적, 홍문관 교리校理 등 한직에 머물러 있었으나 민비 양조카 민영익은 김옥균보다 5년 늦은 1877년 18세 때 과거에 급제(?)한 후 이듬해인 19세 때 이조참의(정3품)를 거쳐 지금의 대통령 비서실장 격인 도승지都承旨가 되었다. 정실 인사의 대표적 사례다.

그런데 이러한 과거제도는 조선 중기 이후 과거 응시자의 수효가 엄청나게 늘어나 응시 장소와 응시자 관리문제로 어려움이 많아졌다. 이런 상황을 두고 북학파 박지원은 "과거장에 들어가려니 응시자만도 수만 명에 달하였는데 과거장에 들어갈 때부터 서로 밀치고 짓밟아 죽고 다치는 사람이 많았다"고 지적하였다. 더구나 그 많은 응시자의 답안지를 몇 명의 관리가 채점하다 보니 늦게 제출하는 응시자의 답안지는 그냥 묻혀버리는 일이 허다하였다. 그래서 시제試題를 빨리 확인하고 재빨리 써 내기 위해 몇 명이 조를 짜서 마치 전쟁을 치르듯 과거시험에 응해야 했다. 그러다보니 응시자에 대한 관리가 소홀해져 제대로 된 합격자를 고르는 것은 어려울 수밖에 없는 것은 당연지사였다.

그러나 이 정도는 그나마 나은 편이었다. 순조 이후 특히 고종대에는 과거시험이 복마전伏魔殿 내지 '막장 드라마'가 돼버렸다. 이때에는 안동김씨와 여흥민씨 세도가들의 응시자에겐 아예 답이 미리 주어졌고, 답안지를 제출하는 방식도 집에 가서 답안지를 작성해서 가져 온다든지, 또는 감시하라고 붙여 놓은 포졸들이 모범 답안지를 가져다주는 사례가 빈번하였다. 그러니 이런 상황에서 인재를 제대로 뽑을 수 있었겠는가? 참으로 어처구니없는 과거시험 백태였다. 물론 이러한 황당한 과거시험에서도 양심적이고 정도를 걸어간 선비들도 많이 있었다.

당시 이런 일련의 과거시험폐단을 '감인고堪忍苦'라고 하였는데 그 기막힌 실례는 다음과 같다.

고반顧盼: 고개를 돌려서 옆 사람 답안지 베끼기(가장 보편적인 수법으로 응시자 곁에 실력이 있는 보조자를 곁에 두고 베낌)

낙지落地: 답안지를 일부러 땅에 떨어뜨려 다른 사람이 보게 하는 것(이 방법은 응시자 사이에서 이뤄지기도 하고 매수된 시험관이 직접 해주기도 함)

설화說話: 옆 사람과 의견을 나누어 답안지를 작성(이 방법도 앞의 고반과 같은 수법임)

수종협책隨從挾冊: 관련 책 자체를 아예 가지고 들어가 베끼는 수법 (커닝 페이퍼를 콧구멍 속에 숨기는 의영고義盈庫, 붓 속에 숨기는 협서狹書 등이 있었음)

암표暗標: 응시자가 시험관과 미리 정해 놓은 표시를 시험지에 표시해서 자신을 알리는 방법

외장서입外場書入: 시험지가 외부에서 들어오는 것. 말 그대로 외부와 짜고 모범답안지가 과거장 안으로 들어오는 것을 말한다. 더 심한 경우는 응시자가 밖에 나가서 답안지를 작성한 후 이를 제출하거나 또는 아예 응시자 대신에 써서 제출하는 경우도 있었다.

그리고 문제지를 응시자에게 모두 주는 것이 아니라 전면에 붙여 놓으면 와서 보고 답안을 작성하기 때문에 심지어 답안지 작성에 유리한 장소를 잡기 위하여 사람을 사 미리 선점하는 방식도 동원되었다. 이들은 답안지를 채점하기 좋은 순서(300장) 이내에 들도록 앞 쪽에 끼워 넣는 임무까지 맡았다. 이러한 난장판 과거시험은 지방 초시 시험장에서 더 그러했다.

그 밖에 **자축자의환롱**字軸恣意幻弄(엉터리 시험지를 낸 다음 채점자가 가필 등 손을 봐서 합격시키는 방법), **정권분답**呈券分遝(시험지 바꿔치기), **혁제공행**赫蹄公行(시험제목을 미리 아는 것), 그리고 가장 악질적 부정행위인 **절과**竊科(합격자의 답안지에서 이름 부분만 정해진 사람과 바꿔 붙임) 등 부정행위가 천태만상이었다. 그 밖에 왕이나 왕비 척족 자제를 과거시험에 합격시키기 위해서 수험생들을 들러리로 동원하여 시험을 치르

는 방법도 있었다. 더욱 어처구니없는 일로 고종 때에는 과거시험 합격자를 돈으로 사고파는 매과賣科까지도 성행하였다. 이런 가운데서도 당시 음서제도蔭敍制度(부조父祖의 음덕에 의해 그 자손을 관리로 서용敍用하는 제도로 고려 성종 때부터 시행됨)도 과거제도와 엄연히 공존하여 5품 이상의 상급관리들은 과거를 거치지 않고 자손을 관직에 임용토록 하는 경우도 허다했다. 이런 음서제도로 권력의 대물림은 그 당시는 물론 오늘날에도 암암리에 엄존하고 있으니 한심한 작태가 아닐 수 없다. 어떻든 이러한 어처구니없는 과거제도의 폐단으로 국기가 계속 문란해짐에 따라 김홍집 내각은 1894년 갑오개혁 때 말도 많고 탈도 많은 과거제도를 폐지하게 된다.

조선 판 '메시아' 최제우의 동학 창도

이런 난세에 고달픈 삶에 지친 민중은 구원의 '메시아'를 갈구하는 법. 그 '메시아'적 존재가 바로 최제우崔濟愚(1824~1864, 호 수운水雲)다. 잔반殘班(가세가 몰락해가는 양반) 서얼庶孼 신분인 경주 출생 최제우는 20여 년간의 구도 끝에 1860년(철종 11) 서학西學으로 칭하는 천주교에 대응해서 동학東學이라는 새로운 종교를 창도하였다. 창도 당시 동학은 시천주侍天主 신앙을 중심으로 모든 사람이 내 몸에 '한울님'을 모시는 입신에 의해서 군자가 되고 나아가 보국안민輔國安民의 주체가 될 수 있다는 구제신앙에서 출발하였는데, 2대 교주 최시형崔時亨(1827~1898)때에는 '사람 섬기기를 한울같이 한다'는 사인여천事人如天으로 발전하였다. 동학의 교리 중에 보국안민과 광제창생廣濟蒼生이라는 이름에서도 알 수 있듯이 그 속에는 양반정치를 개혁할 것과 시운에 따라 새로운 사회, 즉 후천後天이 개벽한다는 뜻이 들어 있었으며, 척왜·척양斥倭斥洋 반외세 사상과 만민평등사상까지 들어 있어서 일반 민중들이 쉽게 호응하였다. 이렇게 해서 동학은 하나의 민족적 사상과 민족 신앙으로 자리하게 되었고, 이 동학사상은 후에 일어날 동학농민전쟁을 뒷받침하는 핵심 이데올로기로 성장하게 된다.

창도된 지 3년째인 1862년(철종 13)부터 최제우는 경상도 각지에 교단의 지부라 할 수 있는 '접소接所'를 설치하고 명망이 있는 사람을 접주接主로 임명하여 교세를 크게 확장해나갔다. 교세가 날로 커지자 당국에서는 동학도 서학, 즉 천주교와 마찬가지로 민심을 현혹시킨다는 불온신앙으로 규정하고 1862년 9월 최제우를 체포하였으나 수천 명의 신도들이 그의 석방을 탄원하며 시위를 벌이자 할 수 없이 그를 무죄 방면하였다. 이에 자신감을 얻은 최제우는 교세를 더욱 확장하여 1863년 마침내 교도 3천여 명, 13개 접소를 확보하게 되었다. 그해 8월 최제우는 향후의 사태에 대비하여 최시형崔時亨을 제2대 교주로 지명하였다. 우려하던 대로 그해 11월 당국에서는 동학의 교세 확장을 두려워한 나머지 경주에서 초대 교주 최제우를 체포하고 서울로 압송절차를 밟았다. 그가 서울로 압송되는 도중 1863년 12월 8

일 재위 14년 만에 철종이 죽게 되자 당국에서는 그를 경상감영慶尙監營으로 이송하여 이듬해(고종 원년) 3월 10일 대구 남문 밖에서 '사도난정邪道亂正'과 혹세무민惑世誣民이라는 죄목으로 효수梟首에 처하고 측근 10여 명을 유배 조치하였다. 그때 그의 나이 41세였다. 이와 같은 탄압조치에 의해 동학의 교세는 한때 위축되는 듯했으

최제우

나 일반 민중에 깊이 뿌리내린 동학의 교세는 쉽게 무너지지 않고 암암리에 재기를 다져나갔다.

한때 산속으로 도피했던 2대 교주 최시형은 더욱 사상적 기반을 정비하고 다지면서 동학을 국내외 정세에 큰 영향을 미치는 민족 종교로 성장시키게 된다. 최시형은 후에 동학 농민혁명을 지원하였다. 그 후 동학 농민군이 관군·일본군의 연합군에 의해서 공주 우금치 전투에서 참패하고, 논산을 거쳐 장수 등지에서도 연패하자, 최시형은 영동·청주 등지로 피신했다가 1898년 원주에서 송경인의 밀고로 관군에 붙잡혀 서울로 압송, 처형되었다. 이런 수난을 겪으면서 발전한 동학은 최시형의 뒤를 이어 제3대 교주가 된 손병희孫秉熙(1821~1922)에 의해 1905년 천도교로 개칭되어 오늘에 이르고 있다. 그 후 손병희는 1919년 민족 대표 33인 중 한 명으로 3·1운동을 주

도하며 기미독립선언문을 낭독한 후 일경에 체포되어 징역 3년형 선고를 받고 투옥 중 병보석으로 풀려나 1922년 사망하게 된다. 이처럼 19세기 민중사상을 결집한 동학사상은 고달픈 기층민중의 정서를 흡수 통합, 본격적인 사회 변혁의 사상적 구심점이 되었으며, 이는 결국 1894년 '갑오동학농민전쟁'의 사상적 기반이 되어 훗날 조선봉건체제를 붕괴시키는 '태풍의 핵'으로 작용하였다.

그 밖에 영·정조 이후 간헐적으로 민간에 유포되기 시작한『정감록鄭鑑錄』사상이 순조 이후 사회가 더욱 혼란에 빠지면서 탄력을 받아 이반되어가는 민심을 부추겼다.『정감록』은 조선 왕가의 선조先祖인 이심李沁이라는 사람이 정씨의 조상인 정감鄭鑑이란 사람과 만나 금강산 비로대에서 서로 주고 받은 문답을 기록한 책으로 알려져 있다. 필사筆寫가 반복되면서 다양한 판본이 나왔지만, 그 핵심은 머지 않아 이씨 조선 왕조가 망하고 계룡산에 정鄭씨가 나타나 도탄에 빠진 백성을 구한다는 것이다. 그래서 정씨가 나라를 세워 대략 800년 지속되고, 그 다음 조趙씨 왕조가 가야산伽倻山에서 약 500년, 그 후에는 범范씨가 완산完山에서 약 700년, 그리고 최종적으로는 왕王씨의 송악松嶽 도읍이 700~1,000년 재차 지속된다는 것이다. 이러한 주장은 소위 국가의 흥망성쇠와 인물의 출현을 예언한 도참설圖讖說에 바탕을 두고 있으며, 성리학을 중심으로 한 조선 왕조의 지배 이데올로기에 대항한 민중의 저항 이데올로기의 산물이기도 하다. 이처럼 사회가 혼란스러울 때 민중들은 지배계급의 폭압에 맞설 수 있는 메시아를 갈구하게 되고 이러한 분위기를 틈타 행동으로 옮기는 '영웅' 들이 사회 곳곳에서 분출하게 되는데, 이러한 현상은 후기 조선 왕조가 그만큼 썩어 스스로 몰락을 재촉하는 증거이기도 하였다.

제2장

열강의 개방 압력과 개화사상의 대두

　19세기 후기 조선 내부의 암담한 시대상황과 달리 외부세계는 급변하고 있었다. 서구 열강의 서세동점西勢東漸이 본격화하면서 이들의 동양제국에 대한 통상요구를 통한 개방압력은 노골화하기 시작하였다. 그 결과로 중국은 영국과의 아편전쟁阿片戰爭(1840~1842)에서 패배한 후 난징조약南京條約(1842)에 의거 개항을 하게 되었다. 이어서 1856년 10월 '애로(Arrow)호 사건'(광저우廣州 주지앙珠江에 정박하고 있던 애로 호에 게양된 영국 국기가 바다에 버려진 사실이 영국 측에 알려지자 이를 트집 잡아 영국이 중국을 침략한 사건)을 계기로 중국은 영국과 프랑스의 연합함대에 굴복, 톈진조약天津條約(1858)을 체결하였고, 이어서 굴욕적인 베이징조약北京條約(1860)까지 체결, 사실상 문호를 전면 개방하였다.

　일본의 경우도 밀려오는 구미제국의 신 군사력과 막강한 자본주의 경제력 앞에 속수무책 개항·개방으로 전환, 1868년 9월 일본 천황은 연호를 메이지明治로 개원開元하고 문명개화로 선회하였다. 강대국들의 개방압력에 굴복한 중국과 일본의 심상치 않은 현실을 직간접으로 듣고 보아온 조선 선각자들(박규수·오경석·유대치)은 문호개방과 개화의 필요성을 절감하게 된다. 그리고 이들 선각자들의 영향을 받은 지도층 신진 엘리트들(김옥균·박영효·홍영식·서광범 등)은 전향적인 사고를 지닌 김홍집·김윤식 등 선배 지식인들과 선진 서양문물 서적을 접하며 '닫힌 세상'이 아닌 '열린 세상'을 꿈꾸게 된다. 그러나 이들 개화파는 현실 인식과 개화의 실천방법을 놓고 강온 양파로 나뉘게 된다.

김홍집, 난세에 태어나다

이런 급박한 시대상황은 조선만이 강 건너 불구경하듯 안전지대일 수는 없었다. 당초에는 열강의 조선에 대한 관심은 깊지 않았으나 1787년(정조 11) 프랑스 선박의 제주도 해역 측량을 필두로, 1816년(순조 16) 영국 함대의 조선 서남해 연안 측량과 군산만 입항으로 열강의 개방 압력 징후가 나타나기 시작하였다. 마침내 1832년(순조 32) 6월 영국은 황해도 창선도昌善島(몽금포 앞바다)를 거쳐 충청도 고대도古代島에 20여 일간 상선을 정박시켜 놓고 통상을 요구하고 들었다. 그리고 1846년(헌종 12) 6월 프랑스 동양함대 사령관 세실(Jean Cecille)이 3척의 군함을 이끌고 들어와 7년 전, 즉 1839년(헌종 5) '기해박해己亥迫害' 때 프랑스 신부 3명을 처형한 것에 대한 책임을 따지고 들었다. 세실은 충청도 홍주 외인도에 함선을 정박시켜 놓고 조선

정부에 납득할 만한 해명을 요구하는 서한을 전달하면서 이듬해에 그 답을 받으러 오겠다는 말을 남기고 떠났다. 이들은 이듬해 6월 전년의 통보대로 해군 대령 피에르(La Pierre)가 2척의 군함을 이끌고 조선 해안에 출동하여 지난번 요구사항에 대한 답변, 신앙의 자유보장, 통상허용 등을 요구하러 오다가 전라도 고군산열도에서 좌초, 영국 군함에 구조되어 돌아갔다. 그 후에도 열강제국의 통상요구는 산발적으로 늘어나 1848년(헌종14)에는 "국적을 알 수 없는 많은 '이양선異樣船'(이상한 모양의 배라는 뜻으로 열강의 함선을 말함)들이 조선 동서남 해안에 부지기수로 출몰"하였다.(『헌종 실록』) 이런 어수선한 상황에서도 조선 당국은 의구심 반 호기심 반 어정쩡하게 대응하였다. 그러나 열강의 개방 압력은 얼마 후 현실로 나타나게 되었다.

즉 프랑스는 '기해박해' 때의 프랑스 신부 처형을 문제 삼아 1866년 9월(음) 극동함대 사령관 로즈(Roze)가 이끄는 군함 7척과 대포 10문, 총병력 2,800여 명으로 강화도를 공격해 온 것이다. 이른바 병인양요丙寅洋擾다. 이때 프랑스군은 문수성과 정족산성에서 양헌수梁憲洙(1816~1888) 등이 이끄는 조선 방어군에 대패하고 그해 11월 퇴각해야만 했다. 그러나 프랑스군은 외규장각外奎章閣에 있던 고서 345권과 정부 재정 비축용 은금괴 180상자를 약탈하고 살인·방화·파괴를 자행하였다. 이처럼 열강의 압력이 가중되고 있는 상황에서 안으로는 세도정치의 횡포와 삼정의 문란으로 정국이 혼란에 빠져들었으며, 설상가상으로 헌종 재위 15년 동안 무려 9년에 걸쳐 기근과 수

재가 발생하여 민심이 흉흉해졌
다.

이런 난세에 김홍집金弘集은
1842년(헌종 8) 7월 6일 당시의 습
속에 따라 서울 용산방龍山坊 외가
창녕성씨成氏 재순載淳의 집에서 출
생하여 '북촌' 순화방順化坊(지금의
청운효자동) 본가에서 성장하였다.
김홍집의 초명은 굉집宏集(청조淸朝
건륭제乾隆帝의 본명이 애신각라홍력愛
新覺羅弘歷이었기 때문에 그 이름을 피하
는 '피휘법避諱法'에 따라 초기에는 '홍

김홍집

弘' 대신에 굉宏으로 썼음)이고, 본관은 경주, 자字는 경능景能 호는 도원道
園 또는 이정학제以政學齊라 하였다. 그의 시조는 신라 경순왕 셋째아
들인 김은설金殷說이고 중시조는 고려 때 장군 김순웅金順雄이다. 김
순웅의 12대손 제숙공齊肅公 김곤金稇은 고려 말 밀직부사密直副使로서
조선 개국 3등 공신으로 좌찬성을 지냈다. 김곤의 10대손인 김주신金
柱臣은 실학자 박세당朴世堂(1629~1703)에게 수학하였고 순안順安 현감
때 그의 딸이 숙종의 계비 인원왕후仁元王后로 책봉되면서 경은부원
군慶恩府院君이 되었다. 김주신의 5대손인 김영작金永爵과 우계牛溪 성
혼成渾의 10대손인 창녕성씨成氏와의 사이에 3남(장남은 항집恒集: 요절,

차남은 승집升集)으로 태어난 아들이 바로 김홍집이다. 이렇게 볼 때 김홍집 가계는 대대로 상당히 뼈대 있는 가문을 이어 왔다고 볼 수 있다. 하지만 김주신은 권세를 부리지 않고 조신하였으며 도학을 존숭하면서 청빈한 선비의 가풍을 이어갔다. 김홍집의 부친 김영작은 소론 척족으로 이름난 경주김씨 가문의 후손으로 이吏·호戶·예禮·병兵·참판參判·한성부漢城府 좌·우윤左右尹, 대사헌大司憲·대사성大司成·홍문관제학弘文館提學 등을 역임하고 고종 초에 개성유수開城留守를 지냈으며 1867년(고종 5) 67세로 사망하였다.

그의 유작으로는 『소정시邵亭詩 문고』 6권과 『청조의례淸朝儀禮』 10권 등이 있다. 그는 생전에 조선 말기 많은 실학자들 및 선구적인 개화사상가 박규수 등과 교류하였다. 따라서 김홍집이 부친의 막역한 지우인 박규수의 문하로 들어간 것은 자연스러운 일이었다. 김영작은 평소 이들과 교류하며 북한산 승가사 등지에서 다양한 시사詩社를 열어 시문을 익히고 실용학문의 체득과 개화사상에도 관심을 가졌다. 그가 개화에 눈을 뜨게 된 것은 동지중추부사同知中樞府事(종2품) 시절 청나라의 변모한 모습에 자극을 받은 것이 계기가 되었고, 그것을 아들 김홍집에게 전수하게 된 것이다. 이처럼 김홍집에게 공직자로서의 본분과 학문적 영향을 직접 준 사람은 당연히 부친 김영작이었다. 부친의 유지遺旨를 받들어 김홍집은 훗날 관직에 들어가서도 재색財色(재물과 여자)을 멀리하고 청빈한 생활을 영위하였다. 특히 당시의 선택받은 사회적 신분이었지만 그가 축첩蓄妾을 하지 않았다는 것은 매우 높이 평가할 만한 몸가짐이라 할 것이다.

김홍집은 성장하면서 고전 한학을 두루 익히면서도 실학, 특히 북학에도 관심을 가졌다. 무능한 왕들의 치세 속에서 후기 조선 왕조가 칠흑 속에서 방향타를 잃고 위기를 겪으면서도 한 줄기 빛이 있었으니 그것은 다름 아닌 실사구시實事求是(사실에 의해 진리를 탐구하는 것으로 이 말은 후한後漢 반고班固의『한서漢書』에 처음 나옴)를 추구하는 '실학實學'의 생성이었다. 유형원柳馨遠(1622~1673)·이익李瀷(1681~1763)·정약용丁若鏞(1762~1836) 등으로 대표되는 이들 실학파는 두 파로 분류되는데 그 하나가 소위 경세치용經世致用(모든 학문은 실제 정치 사회에 유용해야 된다는 이론. 중국 청나라 초기 이후의 지배적인 학풍이며 통치이념이었음) 실학파로 이들은 관념론에 치우친 성리학의 한계를 벗어나 현실을 중시하며 농촌문제의 개선에 깊은 관심을 가졌다. 이러한 경세치용 실학은 특히 정약용에 의해 집대성 되었으나 그 자신이 권력의 중심축에서 밀려난 남인南人 계열이었기 때문에 당대에는 큰 빛을 보지 못했다. 한편 이와는 달리 이용후생利用厚生(생산의 발달과 민생의 풍요를 지향하는데 중점을 두는 이론. 이 말은『서경書經』에 처음 나옴)학파 또는 '북학파로' 불리는 실학파에는 홍대용洪大容(1731~1783)·박지원朴趾源(1737~1805)·박제가朴齊家(1750~1805) 등이 있다. 이들은 국민경제를 향상시키기 위해서는 농업보다 상공업의 육성과 외국과의 통상이 시급하다고 판단하고 선진 청나라의 문물을 조속히 받아들여야 한다고 주장하였다. 이들 북학파들은 청국을 왕래하면서 그곳의 진보적인 사상가들은 물론 서양 선교사들까지도 접촉하면서 선진 문명·문화에 큰 자극을 받고 그 전파에 힘을 썼다. 그 일환으로 홍대용은 『연기燕記』, 박지원은 『열하일기熱河日記』, 그리고 박제가는 『북학의北學議』를 썼다. 특히 박제가는 이 책을 통해서 명분론적인 '화이사상華夷思想'을 지양하고 실질적인 '북학'('북학'이란 말은 맹자가 처음 쓴 말로 초나라의 진량陳良이 북쪽 중국으로 유학, 북방의 학자들도 그보다 뛰어나지 못했다는 데서 유래함)에 의해 선진국의 좋은 점을 배우고 생산력을 증강하여 나라를 부강케 해야 한다고 주장하였다.

당시 조선의 유학자들은 명나라가 망하고 청나라가 세워진 후에도 유아독존 '중화사상中華思想'을 탈피하지 못하고 북방문화나 여타 외국문화를 천시하는 시대착오적인 생각에 치우쳐 있었다. 따라서 송시열을 중심으로 한 이들 유학자들은 형식적으로는 '사대事大'를 하는 척하면서 '화이북벌론華夷北伐論'을 펴고 있었기 때문에 진보적인 이들 북학파는 이에 맞서 청나라의 발전한 물질문명을 수용하는 데 앞장섰다. 김홍집은 이와 같은 '실사구시' 학문에 관심을 갖고 이를 습득하였으며, 당시의 진보적인 인물로 무반신분이며 자신보다 20여 년 위인 강위姜瑋(1820~1884) 등과도 격의 없이 교류하였다. 이처럼 김홍집은 학문이나 인격이 뛰어난 사람과는 출신성분과 연령에 구애하지 않고 교분을 쌓았는데, 이러한 그의 개방적인, 그러면서도 실질 검박 조신한 성품은 죽는 날까지 변치 않았다. 강위는 불운한 인물이었다. 그는 과거 시험에 여러 번 응시하였으나 문벌상의 제약으로 번번이 낙방하자 과거를 단념하고 실학자 민노행閔魯行 (1782~?)과 김정희金正喜(1786~1856) 문하에서 실사구시 학풍을 익히고 후에는 초의선사草衣禪師(1786~1866, 조선 후기 진보적 성향의 대표적인 대선사大禪師 문필에도 밝았음), 신헌申櫶(1810~1888, 조선 말 외교관) 등과도 교류하였다. 강위는 김정희의 금석학金石學 영향을 받아 금석문을 익히고 시문에도 능하였다. 그는 김택영金澤榮(1850~1927)·이건창李建昌 (1852~1898)·황현黃玹(1855~1910) 등과 함께 조선 말 4대 시인으로 꼽히며 김삿갓처럼 방랑시인이기도 하였다.

박규수 문하생들과의 개화사상 습득

이런 저간의 상황들로 미루어 김홍집은 관계에 진출하기 전부터 실학과 개화사상에 눈을 뜨기 시작한 것으로 보이며, 박규수朴珪壽 (1807~1876)가 '북촌' 서울 집에 있을 때 틈틈이 그의 집을 방문하여 개화사상을 접하였다. 박규수가 평안도 관찰사 직을 마치고 1869년 4월 서울로 돌아온 후 그의 집은 개화사상의 최초 선각자 오경석吳慶 錫(1831~1879)·개화파의 정신적 지주 유대치劉大致(1831?~1884?), 그리고 뜻있는 젊은 엘리트 개화파(김옥균·박영교와 박영효 형제·홍영식·서광범 등)의 집회소가 되었는데 김홍집도 이 무렵부터 박규수 집을 자주 출입하며 이들과 교분을 다지게 되었다. 김홍집은 이 개화파 모임의

박규수

일원으로 젊은 개화파보다 나이가 좀 많은 김윤식, 그리고 박규수 문하생은 아니지만 개화사상에 관심이 많은 어윤중과 각별한 교분을 쌓았으며, 이들은 훗날 김옥균·박영효 등 급진 개화파와는 달리 온건 개화파로 정치적 운명을 함께 하게 된다.

이처럼 김홍집은 아버지 김영작과 개화사상 선각자 박규수와의 친분관계로 일찍부터 개화의 바람을 호흡하기 시작하였다. 박규수는 연암燕巖 박지원朴趾源(1737~1805)의 친손자로 서울 북촌 가회동에서 부친 박종채朴宗采의 3남 중 장남으로 태어났다. 그는 태어나기 전 조부 박지원이 68세로 사망하고 부친이 내세울 만한 관직(경산현령에 그침)에 이르지 못하였으나 천생이 총명하여 14세 때 학문이 크게 발전, 풍양조씨 가문의 조중영과 학문적 교류를 하였으며 19세 때에는 효명세자(1809~1830, 순조와 순원왕후 외아들)와 친교를 맺고 그에게 『주역』을 강독해주기도 하며 교분을 두텁게 쌓았다. 그러나 효명세자가 대리청정 4년 만인 22세의 나이로 요절(후에 익종으로 추존됨)하자 상심하여 과거 응시의 뜻을 접고 무려 18년간 학문에만 전념하다가 42세 때인 1848년(헌종 14)에야 과거(증광시 병과)에 급제하여 사간원 정언에 제수(대신들의 추천을 받지 않고 왕이 바로 관직을 임명하는 방식)된 후 병조정랑을 거쳐 1850년 (철종 1) 부안현감, 1854년 경상좌도 암행어사, 1854년 곡산부사, 동부승지, 1861년 6월까지 6개월간 청국 사절단 부사로 청국에 다녀온 후 9월에 성균관 대사성에 제수되었다. 이때의 청국방문은 박규수의 대외인식에 큰 변화를 가져다주었다. 그리고 1862년 그의 나이 56세 때 '진주 민란'의 안핵사按覈使(지방에서 일어난 일을 조사하기 위해 중앙에서 파견한 관리)로 나가 사태를 원만히 수습하였다. 1864년 그의 나이 58세 때 대왕대비 신정왕후의 배려로 승진을 거듭하여 한성판윤, 도승지, 사헌부 대사헌, 이조참판 등을 지녔으며, 1866년(고종 3) 60세 때에는 평안도 관찰사에 제수되어 그해 7월 미국 선박 제너럴셔먼호를 격침하는 성과를 올려 더욱 인정을 받게 되었다. 제너럴셔먼호 사건이 일어난 지 두 달 후인 1866년 9월(음) '병인양요'가 일어나면서 위정척사衛正斥邪(바른 것을 지키고 옳지 못한 것을 물리친다는 새로운 유교적 정치 윤리사상)운동이 대두하자 박규수는 이 점을 비판하고 개탄하였다. 위정척사사상의 바탕은 성리학이다. 그러나 성리학은 점차 형식화·전통화·도식화하면서 그 본질을 상실해갔다. 이를 반성, 시정하기 위해 '실학實學'이 대두하였는데, 그 실학은 기본적으로 유교의 테두리 안에 있었기 때문에 별다른 마찰을 불러일으키지 않았다. 그러나 서세동점의 여파로 천주교라는 서학이 전래하자 유교질서는 흔들리기 시작하였다. 이러한 역사적 상황에서 위정척사사상은 싹트기 시작한 것이다. 천주교가 전통사회질서를 위협하는 불온사상으로 인식되었기 때문에 '정학正學'인 유교를 강화, 선양하고 '사학邪學'인 천주교를 배척할 필요성이 제기된 것이다. 이러한 위정척사사상은 훗날 수신사 김홍집이 1880년 일본에서 가지고 온『조선책략朝鮮策略』으로 말미암아 1881년(辛巳年) '신사척사론辛巳斥邪論'(정학正學을 지키고 사학邪學을 배척하는 유교의 벽이단闢異端 즉 이단을 물리친다는 이념을 대변하는 반외세사상)으로 발전하며 개화파와 척사파 간의 갈등이 재점화하게 된다. 위정척사사상에 반감을 가진 박규수는 그 후 한때 한성판윤과 형조판서를 겸직하기도 하였으며, 1872년에는 중국 사절단 정사正使(사절단 대표)로 베이징을 방문(7월~12월)하였는데 그때 실질적인 개화의 선각자 오경석이 역관으로 수행하였다. 이 무렵의 중국 방문은 박규수에게 개화의 필요성에 대한 신념을 확고히 해주었다.

원래 '개화開化'란 말은 일본이 1860연대 '메이지유신明治維新'이후 서양문물을 적극 수용하면서 널리 사용하기 시작하였다. 물론 이 말은 일본에서 처음 만들어 사용한 것은 아니고 타국의 문물을 모방, 발전시키는데 탁월한 능력을 지닌 일본이 중국의 고전에 있는 말을 차용해서 쓰기 시작한 데서 그 유래를 찾을 수 있다. 즉 '개화'란 말은『역경易經』에서 나오는 '개물성무開物成務'와 '화민성속化民成俗'의 합성어로서 개물성무는 사람이 알지 못하는 것을 개발하고 사람이 이루고자 하는 것을 이루게 한다는 뜻이며, 화민성속은 무지한 백성을 교화하여 미풍양속을 만든다는 뜻이었다. 따라서 이 두 말을 합쳐 개화란 말이 나오게 된 것인데, 결국 이는 새로운 것을 개발하고 백성을 교화한다는 뜻이었다. 이런 의미를 띠고 있는 개화사상은 박규수와 역관 출신 오경석吳慶錫(1831~1879), 그리고 한의사이며 만민평등 불교사상에 해박한 유대치劉大致(본명 유홍기劉鴻基 1831?~1884?)에 의해서 조선의 현실에 맞게 그 기반이 조성되었으며, 이들은 당시 선진 서양 문물을 적극 수용, 비약적인 발전을 거듭하고 있는 중국(청)과 일본에 비해 아주 뒤져있는 조선의 위기상황을 깊이 통찰하고 있었다.

이들 3인의 개화사상 선각자들은 당면한 국가의 위기상황을 깨닫고 조선의 실정에 맞는 개화사상을 정립하여 조선의 개화를 열망하는 그들 문하생들에게 적극 전수하였다. 즉 조선 왕국과 조선 민족은 심각한 위기에 직면해 있는데, 이 위기는 일차적으로 서양열강의 동양침탈로 말미암아 생긴 것이고, 이러한 사태가 조선에도 곧 불어닥칠 것이다. 이러한 민족적 대위기 속에서 조선의 정치는 부패했고 조선의 사회와 경제는 세계의 대세 속에서 매우 낙후하였다. 따라서 이러한 위기를 타개하기 위해서는 일대 혁신을 단행하지 않으면 안 된다. 여기에서 말하는 일대 혁신이란 조선 왕조의 부분적 개혁이 아니라 사회 전반에 걸친 일대 경장更張·개혁을 의미하는 것이다.

그런 점에서 이들의 개화사상은 기존 체제를 유지하며 위기를 타개하려는 위정척사파들의 사상과는 정면으로 반하는 것이었다. 그리고 이러한 일대 혁신은 반드시 자주적으로 단행해야 하며 붕괴해

가는 중국에 의존해서는 안 되고 새로운 혁신 정치세력이 필요하다고 판단했다. 또한 조선도 세계 대세에 보조를 함께해야 하는데 이를 위해서는 선진 과학기술을 도입하고 근대 시민사회로 나아가야 한다는 것이다.

또한 이들 3인은 조선 왕조의 고질적인 병폐인 양반신분제도를 폐지해야 하며, 그러기 위해서는 나라 안의 각계각층에서 능력 있는 인재를 골고루 등용해서 적재적소에 배치해야 한다는 것이다. 이와 함께 이들은 국방력 강화의 필요성에 인식을 같이 했는데 박규수의 관서지방 해안방위책과 오경석의 화륜선火輪船 개발 역설은 국방력 강화의 필요성에 대한 의지의 표현이었다. 그리고 이들은 대원군의 쇄국정책이 시대착오적인 맹목적 국수주의에 기인한다고 판단하고 하루 속히 자주적 실력을 배양한 후 개항·개국해야 한다고 생각하였다.

엘리트 개화파의 세 결집과 양분된 개화노선

이들 개화의 선각자 3인 중 김홍집과 김윤식, 그리고 김옥균 등 젊은 엘리트들에게 가장 먼저 개화의 필요성을 일깨워준 사람은 역관 오경석이었다. 조선시대 문물은 그 유입처가 주로 중국과 일본이었기 때문에 그 중심적인 채널은 사신과 함께 상대국을 왕래하였던 역관譯官들이었다. 이들 역관들은 주로 중국을 자주 왕래하며 중립적인 시각에서 새로운 문물을 여과 없이 받아들이는 데 인색하지 않았다. 그들은 신분질서의 벽이 되고 있는 유학儒學의 도그마에 빠져들고 싶지 않았고, 그렇기 때문에 현실의 변화에 적극적이었다.

그 대표적인 인물 오경석은 역시 역관 신분인 아버지 오응현의 5남 1녀 중 장남으로 태어났으며, 그의 다섯 형제도 모두가 역과에 합격하였다. 오경석은 어릴 때부터 자연스럽게 진보적인 세계관을 키워 나갔으며, 그의 지적 호기심을 자극한 책은 실학자 박제가朴齊家(1750~1805)의 『북학의北學議』를 비롯한 기타 여러 문집들이었다. 또한 오경석은 김정희金正喜(1786~1856)의 금석학에도 관심을 갖고 자신의 저서 『삼한금석록三韓金石錄』에 김정희가 발견, 판독한 진흥왕 순수비 등을 수록하기도 하였다. 오경석은 23세 때인 1853년 4월 중국어 통역관 자격으로 처음 중국에 가 이듬해 3월까지 체류하면서 중국이 위기에 처해 있음을 직감하였고, 또한 중국 동남지방 청년층 지식인들과도 교류하면서 사상에 큰 변화를 갖게 되었다. 오경석은 역관 실무자로서 중국을 수시 방문, 다양한 외교활동을 펴면서 귀국 길에 많은 신서적, 특히 서양의 신문명이 소개된 책자를 구해 왔다. 그가 가지고 온 주요 신서적은 『해국도지海國圖志』·『영환지략瀛環志略』·『박물신편博物新編』 등 10여 종에 달하였다. 『해국도지』는 중국의 위원魏源(1794~1857)이 1844년 저술한 책으로 '양이洋夷'의 침략에 대비하기 위한 책으로 그 속에는 영국을 비롯한 세계 각국의 지리·역사·국방·병기·과학·기술 등과 선거제도까지 담고 있는데, 이 책은 조선 개화파에게 결정적인 영향을 미쳤다. 『영환지략』은 중국의 서계여徐繼畬(1795~1873)가 1850년에 쓴 책으로 열강의 국가별 지도와 6대주별로 세계 지리를 설명한 책으로 이 책 역시 '양이'의 침략에 대비하기 위한 책으로 당시 동양인이 서양을 이해하기 위한 필독서였다. 『박물신편』은 영국인 벤저민 홉슨(Benjamin Hobson 1816~1873)이 쓴 책을 번역한 것으로 서양의 해부·병리학 해설서다. 당시 조선의 개화파로서는 이 모든 책들 중 어느 한 권도 소홀히 넘길 수 없는 귀중한 것이어서 뜻있는 조선 젊은이들의 호기심을 크게 자극하고, 개안시키는 데 더할 나위 없는 책들이었다. 김홍집의 동료 김윤식도 이 책들이 이들 개화파 지식인들에게 많은 영향을 끼쳤다고 증언하였다. 후기 조선 정치사에 '태풍의 핵'이 될 이들 엘리트 개화파의 면모를 일별해 본다.

개화파의 대표적 인물, **김옥균**金玉均(호는 고우古愚, 후에 고균古筠으로 고침)은 1851년 1월 23일(음) 지금의 충남 공주시 정안면 광정리에서 안동김씨 김병태金炳台와 부인 송씨 사이에서 3남매(2남 1녀) 중 장남으로 태어났다. 김옥균은 두뇌가 명석하고 시문과 서예, 바둑(성년기에 아마 5단 실력), 그리고 각종 기예에 능한데다가 사람을 끄는 친화력을 겸비하여 그의 주변에는 항상 많은 사람들이 모여들었다. 그가 어릴 때 다음과 같은 글을 지어 주변 사람들을 놀라게 했다. "달은 작지만 천하를 비춘다月雖小照天下." 비록 단문이지만, 소년의 큰 꿈을 예측케 하는 범상치 않은 문구이다. 김옥균은 여섯 살 때 오촌 당숙 부사府使 김병기金炳基의 양자로 들어가 11살 때 양부가 강릉부사로 전근함에 따라 율곡의 고향이기도 한 그곳 강릉에서 한학을 체계적으로 습득하였다. 그러니까 포구 강릉의 정취는 김옥균의 입지를 키워주는 큰 자양분이 되었다.

그 후 양부는 임지를 이곳저곳 옮겨 다녔기 때문에 그는 아들 옥균의 장래를 위해서 김옥균이 16세를 넘길 즈음 서울 북촌 '홍현紅峴'(지금의 서울 정독도서관 뒤뜰)에 집을 마련하여 그곳에서 학문을 익히고 양반집 자제들과 교분을 쌓도록 해주었다. 마침내 김옥균은 그의 나이 20세 전후인 1869년 후반에서 1870년 초 사이에 박규수 문하에 들어가 앞으로 그와 의기투합할 양반집 젊은 엘리트들, 즉 홍영식·박영효·박영교·서광범 등을 만나게 되며, 그리고 이들보다 조금 나이가 많은 김홍집·김윤식 등과도 교분을 쌓으며 학문을 익혔다. 천부적으로 명석하고 흡인력이 강한 김옥균은 얼마 되지 않아 이들의 리더가 되었으며, 박규수와 그의 사랑방 손님들(오경석·유대치 등)의 관심을 끌기에 충분했다.

김옥균은 1872년(고종 9년) 알성시謁聖試(왕이 전날 문묘에서 공자를 모시는 석전제釋奠祭를 지내고 다음날 시행하는 특별 과거시험) 갑과甲科에서 장원급제하였다. 그때 그의 나이 22세, 남자로서 자신의 미래를 책임지고 행동할 나이였다. 그는 급제 후 사헌부 지평持平(정5품), 그리고 2년 뒤인 1874년 2월에는 홍문관 교리校理(정5품)가 되어 그 후 근 10

년간 시독관으로 있으면서 경연經筵(왕에게 경서를 강독함)에 참여하였다. 그러나 그런 직무는 당시의 급박한 시대 상황과 그의 웅지雄志에 비춰볼 때 별 실권도 영향력도 없는 한직이었다. 당시 국정의 요직은 모두 민비척족들이 차지하고 있었다. 예컨대 민태호(임오군란 후 군무·감공監工 등을 총괄하는 독판督辦직을 맡았으며 갑신정변 때 살해됨)의 아들이며 민승호(당시 병조판서로 1874년 11월 28일 뇌물 상자를 풀다가 그 상자가 폭발하여 자신은 물론 노모와 부인 아들까지 사망하는 참변을 당함)의 양자로 민비의 조카가 된 민영익閔泳翊(1860~1914)은 김옥균보다 5년 후인 1877년 과거에 합격(이 때의 과거는 사실상 민영익을 합격시키기 위한 특별 전형)하고도 승승장구, 이듬해 불과 19세의 나이에 대궐 인사를 총괄하는 이조참의와 지금의 대통령 비서실장 격인 승정원 도승지라는 막강한 벼슬에 오르며 벼락출세의 길로 들어섰다. 이쯤 되고 보면 민비를 둘러싼 세도정치의 횡포가 얼마나 극에 달했는지, 그리고 김옥균과 젊은 엘리트들의 불만이 어느 정도였는지 가히 짐작할 수 있다.

박영효朴泳孝(1861~1939, 본관 반남潘南 호는 춘고春皐)·**박영교**朴永敎(1849~1884) 형제: 박영효는 1861년(철종 12) 6월 12일(음) 경기도 수원에서 진사 박원양의 3남 2녀 중 막내로 태어났다. 그가 열한 살 때인 1872년 4월 당시 철종의 장녀 영혜옹주(박영효보다 두 살 위로 결혼 3개월 만에 요절)와 결혼하여 철종의 사위, 즉 부마駙馬가 되고 금릉위錦陵尉라는 호칭을 받으며 일약 왕족의 대열에 서게 되었다. 그의 나이 14세 때인 1875년 경 형 박영교와 함께 친척뻘인 박규수 집에 출입하며 개화사상을 접하게 된다. 박영효는 "박규수 집에서 『연암집燕巖集』을 통해 인간 평등사상을 배웠다."고 회상했다. 당시 한성 근교 봉원사의 개화승 이동인李東仁과 탁정식卓挺埴을 만난 것도 그 무렵이었다. 박영효는 부마가 된 덕에 약관 20세인 1881년 8월 의금부 판사에 올랐으며, 1882년 9월에는 임오군란 때 일본인 피해에 따른 사죄의 뜻으로 약 4개월간 수신사 대표로 일본에 파견된다. 한편 형 박영교는 나이에 비해 뒤늦게 1881년 문과에 급제하여 홍문관 수찬修撰(사서史書를 편찬하는 정6품)과 교리校理(앞의 부서 정5품), 그리고 후에 암행어사와 좌승지에 오른다.

홍영식洪英植(1855~1884, 본관 남양南陽, 호는 금석琴石)은 1855년(철종 6) 12월 29일 부친 홍순목洪淳穆(고종 때 영의정)의 둘째아들로 태어났다. 그는 1873년(고종 10) 4월 26일 실시된 문과의 병과에 합격하여 다음해인 1874년 2월 규장각 대교待敎(정7품) 1879년 6월 동 직각直閣(정5품), 1881년 7월 이조참판에 올랐고, 이에 앞서 4월에는 '신사유람단'의 일원으로 일본에 파견된다. 귀국 후 홍영식은 통리기무아문統理機務衙門(1880년에 창설한 군사업무 총괄 관아)의 부경리副經理, 1882년 6월 홍문관 부제학, 1883년 7월 미국 파견 보빙사報聘使 부대표, 동년 12월 외아문 협판外衙門 協辦, 1884년 4월 우정총판이 되어 김옥균과 함께 '갑신정변'을 주도한다.

서광범徐光範(1859~1897, 본관 대구, 호는 위산緯山)은 『동국통감東國通鑑』(단군조선에서 고려 말까지의 역사를 편년체로 기록한 사서)을 쓴 서거정徐居

正의 후손으로 순조 때 영의정을 지낸 서용보徐龍輔의 증손이며 평양
감사를 지낸 조부 서대순徐戴淳, 이조참판을 지낸 서상익徐相翊의 아들
이다. 어릴 때부터 박규수 문하에 출입, 21세 때 급진개화파에 참여
하였다. 1880년 6월 증광별시增廣別試 문과의 병과에 급제하여 주로
규장각과 홍문관에서 근무하였으며, 후에 승정원 동부승지를 거쳐
1883년 7월 민영익을 보좌하여 보빙사의 일원으로 미국을 방문한
후 선진문물을 접하고 개화의 필요성을 절감, 김옥균과 함께 '거사'
에 적극 참여하게 된다.

김윤식金允植(1835~1922, 본관 청풍淸風, 호 운양雲養)은 서울에서 태어나
박규수 문하에서 김홍집과 문우文友로 가깝게 지내다 후에 그와 평
생의 정치적 동지관계를 유지한다. 김윤식은 개화파 다른 동료들보
다 늦게 25세(1859년)가 되어서야 스승 유신환兪莘煥(1801~1859, 이이李
珥의 학설을 추종하는 기호학파畿湖學派의 거두로 개화성향 학자)의 영향을 받
아 그의 사망 후 박규수 문하에 들어갔다. 1865년(고종 2) 31세 때 초
시에 합격하고 40세 때인 1874년 대과에 급제한 후 그해 12월 병조
정랑이 되었다. 그리고 5년 만에 정3품 벼슬인 형조참의에 올랐다.
1879년 9월 김윤식은 영선사營繕司 대표자격으로 69명의 유학생을
이끌고 중국을 방문하여 그곳 관계 인사들과 서구열강에 대한 조선
의 문호개방문제를 협의하였다. 김윤식은 그의 저서『운양집雲養集』
을 통해서 '자강론自强論'을 역설하였으며, 그의 자강론은 1884년 3
월 통리교섭통상사무아문이 되면서 더욱 꽃을 피운다.

어윤중魚允中(1848~1896, 본관 함종咸從, 호는 일재 一齋)은 경기도 광주에서 태어나 충청도 보은에서 성장, 조실부모(9세 때 모, 16세 때 부 사망)하고 주경야독하며 20세 때인 1868년(고종 5) 7석제七夕製(지방 유생 50명을 선발해 바로 전시 자격을 주는 특별 과거제도)에서 장원급제한 후 승정원 정7품으로 정계에 입문하였다. 그는 박규수 문하에서 직접 수학하지는 않았으나 문우 김홍집·김윤식 등과 교류하며 온건 개화노선을 견지, 이들과 정치적 운명을 함께한다. 어윤중은 1880년(고종 17) 홍문관에서 당시 부교리인 김옥균과 함께 봉직하였으며, 이듬해 조사시찰단 단장으로 일본을 시찰하게 되었는데, 그때 박정양·홍영식·조병직·민종목·유길준·윤치호 등 명문가 자제 12명이 시찰단 일원으로 동행하였다. 1882년 2월 어윤중은 문의관 직함을 갖고 이조연과 함께 텐진으로 가 때마침 영선사로 와 있는 김윤식과 만나 리홍장 및 해군 총독 저우푸周馥와 만나 조·미 통상 문제, '조·청 상민수륙무역장정 朝靑商民水陸貿易章程'문제 등을 협의하였다. 귀국 후 어윤중은 고종의 특명을 받아 감생청減省廳(정부조직 구조조정 전담부서)을 설치하고, 이를 총괄하는 구관당상句管堂上에 임명되어 정부부서 통·폐합을 통한 재정절감을 꾀하였다. 그 밖의 당시 개화파 인물들로는 이들보다 몇 살 연하로 훗날 개화운동에 적극 가담한 서재필徐載弼(1864~1951)과 유길준兪吉濬(1856~1914), 그리고 개화승開化僧 이동인李東仁과 탁정식卓挺埴이 있는데, 이들도 일본에 자주 드나들며 개화운동에 적극 참여하였다.

그러나 이들 개화파의 정신적 지주인 박규수가 1876년 12월 27일 (고종 12) 수원유수 재임 4개월 만에 70세로 사망하자 구심점을 잃고 시국관에 대한 의견대립이 표면화하여 개화세력은 두 파로 갈리게 된다. 한 파는 제반 정책을 온건하게 실시하여 조선 사회가 점진적으로 개화되어야 한다고 생각하고 있었으며, 다른 한 파는 개화를 급진적으로 추진하여 사회개혁을 조속히 실현해야 한다고 주장하였다. 전자는 당시 주로 집권세력에 가담한 김홍집·김윤식 등 청장년층으로 중국의 자강운동(양무운동) 방식을 선호하였으며, 김옥균·박영효 등 후자는 대부분 20대를 전후한 젊은이들로 일본의 '메이지유신' 처럼 조속한 개화를 선호하였다. 그리고 이들 젊은 급진 개화파는 자기파를 '개화당開化黨' 또는 '독립당獨立黨'이라 자칭하였고, 김홍집·김윤식 등 온건 개화파 쪽을 '수구당守舊黨' 또는 '사대당事大黨'이라 불렀다.

온건 개화파는 김홍집金弘集·어윤중魚允中·김윤식金允植·이조연李祖淵·김기수金綺秀·박정양朴定陽 등이다. 이들은 대부분 개항 이후 나라의 주요정책을 결정하던 집권세력의 중심부에 있었다. 이들 온건 개화파의 생각은 조선이 시급하게 받아들여야 할 것은 서양의 과학과 기술이며, 종교 사상은 서양보다 동양이 더 우월하므로 굳이 본받을 필요가 없다는 것이었다. 이른바 그 핵심은 동도서기론적東道西器論的 개화였다. '동도서기' 사상은 서양의 기술을 받아들여 나라를 부강하게 하면서 중국의 가치와 문화를 계승, 발전시킨다는 '중체서용

中體西用', 서양의 기술과 일본의 문화를 합일하여 수용하는 '화혼양재和魂洋才' 사상으로 조선식 새로운 실용사상이다. 동도서기론은 척양척왜斥洋斥倭를 주장한 최익현崔益鉉(1833~1906) 등의 위정척사론과 '척사'의 의미에서는 그 맥락을 같이하지만, 현실적인 자강을 도모하기 위해 서양의 과학 기술문명만은 수용하자는 이른바 채서사상採西思想이라고 불 수 있다.

한편 급진개화파는 김옥균·박영효·박영교·서광범·서재필(후에 참여) 등이다. 이들은 박규수가 사망한 뒤 한의사 출신으로 불교의 만민 평등사상을 신봉하는 유대치의 지도를 받게 되면서 온건 개화파와는 달리 급진적인 개화가 필요하다고 생각하였다. 이들 급진 개화파의 생각은 마치 1911년 10월 중국 '신해혁명辛亥革命'의 주역 쑨원孫文(1866~1925)이 중국의 혁명을 주도하며 "황허黃河가 맑아질 때까지 기다릴 수 없다"는 이치와 같았다. 온건 개화파가 서양의 기술만을 받아들이자는 주장에 반해 이들 급진 개화파는 서양의 과학·기술뿐만 아니라 사상·제도·문화까지도 조속히 받아들여야한다는 것이었다.

어떻든 이들 개화파는 개화의 수용방법에서는 차이가 있었지만, 강온 양파 모두 개화의 필요성에 대한 인식을 같이하면서 앞으로 후기조선 왕조의 정치 중심부에서 부침을 거듭하며, 양자는 서로 운명적인 순망치한脣亡齒寒의 관계를 유지하게 된다.

제3장

'문 열기'와
'문 닫기' 세력의 충돌

　　병인양요(1866)와 신미양요(1871) 두 차례의 양요洋擾에서
외견상 승리를 거두고 자신감을 갖게 된 대원군은 철저한 '문
닫기' 정책에 들어갔다. 그러나 그 승리는 '상처뿐인 영광'이
요 실익이 없는 이름뿐인 승리였다. 열강의 주목적은 조선의
개항을 위한 무력 시위였지 싸움이 주목적이 아니었다. 일본
은 일본대로 이 틈을 타 '메이지유신'으로 강화된 힘을 만만한
조선쪽으로 돌려 교묘하게 '운요호사건'(1875)을 일으키고 조
선으로부터 굴욕적인 '강화도조약'(1876)을 이끌어내 향후 조
선 침탈의 야욕을 시험하게 된다. 조선 정부는 김홍집을 수신
사로 파견, 불리한 조약개정 교섭과 일본의 국내 정세를 파악
토록 하였다.

　　이때 김홍집은 도쿄 주재 청국 공사관 관계 인사들과 국내
외 정세를 논하고 참찬관 황쭌셴에게서 조선의 외교정책에 참
고가 되는 『조선책략』을 받아 와 향후 대외전략의 지침으로
삼고자 했으나 수구세력들의 강력한 반발에 부딪혀 무산되고,
그 자신도 사임하는 정치적 시련에 직면하게 된다. 그리고 반
왜反倭·반개화·위정척사 감정은 뜻밖에도 정부의 구식군인들
의 반란, 즉 '임오군란(1882)'으로 이어졌다. 자체 해결능력이
없는 조선정부는 청국에 진압요청을 하여 사태를 수습하였으
나 이로 인해 조선은 지원국 청국에 큰 빚을 지면서 코가 꿰이
게 되고(조선이 청국의 속국屬國임을 재확인), 일본에 대해서도
피해를 보상하며 굴욕적인 '제물포조약'(1882)을 체결하였다.
이를 빌미로 청일 양국군이 조선 땅에 주둔하게 되고 명색이
국왕인 고종은 안방에 잔소리 많은 두 '시어미'를 모시는 '팔
자 사나운 며느리' 신세가 되어 향후 국권까지 빼앗기는 단초
를 제공하게 되었다.

고종의 등극, 민비와 대원군의 갈등

1863년 12월 8일 철종이 재위 14년 만에 후사後嗣 없이 급서하자 대원군의 둘째아들 명복命福(아명이며 후에 재황載晃, 왕위에 오르기 전 익성군翼成君으로 책봉됨)이 1863년 12월 13일 왕위(고종)에 올랐다. 대왕대비 신정왕후 조趙씨(1808~1890, 풍양조씨 즉 헌종의 외조부 조만영의 딸이자 후에 익종으로 추존된 효명세자의 비로 헌종의 친모)는 안동김씨의 세도정치를 막기 위하여 대원군, 그리고 그의 부인인 여흥민부대부인驪興閔府大夫人과 은밀히 짜고 1866년 3월 21일 민치록閔致祿(1799~1858)의 딸(자영玆暎, 고종보다 한 살 위)을 왕비로 삼았다. 민비는 고려 말 충렬 충선왕 때 찬성사贊成事를 지낸 민종유의 후손이다. 조선조에 들어와서 여흥민씨 가문은 세종 때 개성유수를 지낸 민심언, 명종 때 좌찬성을 지낸 민제인, 숙종의 장인(인현왕후 아버지)으로 노론 척신이던 민유중, 숙종 때 좌찬성을 지낸 민진후 등을 배출하였다. 특히 민유증은 여흥민씨 가문을 빛낸 중시조 격이었다. 그러나 18세기 영·정조 이후 민비의 집안은 옛 명성을 이어가지 못하였다. 민비 조부 민기현이 순조 때 개성유수를, 부친 민치록이 장악원掌樂院(궁중음악을 관장하던 부서) 첨정僉正(종4품)에 오른 정도였다.

이런 집안 출신의 민비는 1851년(철종 2) 9월 25일 민치록과 그의 재취부인 한산 이씨를 어머니로 하여 경기도 여주군 근동면 섬락리에서 태어났다. 민치록은 슬하에 1남 3녀를 두었으나 그 중 셋은 일찍 죽고 딸 하나인 민비만 남게 되었다. 민치록 역시 민비가 8세 때 부인과 어린 딸을 두고 일찍 죽게 되어 홀어머니와 고단하게 자란 민비는 친지의 주선으로 서울 안국동 감고당感古堂(경복궁과 창덕궁 사이에 있던 저택으로 현 덕성여고 자리)으로 옮겨 성장하였다. 이 집은 원래 숙종비 인현왕후仁顯王后 친정집이며 인현왕후가 장희빈의 간계에 의해 폐출된 후 살던 민씨 가문의 집이다. 대원군 부인은 이때 자기와 12촌간인 총명한 민비를 눈여겨 봐 둔 것이다. 그리고 이들이 그녀를 왕비로 삼은 것은 아들이 선대의 다른 왕들처럼 왕비의 척신들에게 휘둘리지 않기 위함이었다.

익성군 고종이 왕위에 오른 것도 대왕대비 신정왕후의 지략인데, 그녀는 의도적으로 고종을 아들로 삼아 철종이 아니라 익종의 뒤를 이어 왕이 되게 함으로써 안동김씨가 더 이상 들어설 여지를 차단해 버렸다. 이렇게 해서 조대비는 막후에서 수렴청정垂簾聽政하며 고종의 후견인 역할을 하고 고종의 아버지 대원군으로 하여금 실권을 장악하게 하였다. 마침내 대원군의 쇄국정치 시대가 시작된 것이다.

홍선대원군 이하응李昰應(1820~1898)은 인조의 3남인 인평대군麟坪大君의 6대손인 남연군南延君의 넷째아들로 태어났다. 그의 호는 석파石坡로 12세 때 어머니, 17세 때 아버지마저 여의고 사고무친四顧無親 상태에서 청소년기를 불우하게 보냈다. 1843년 23세 때 홍선군에 봉해졌으며, 1846년 오위도총부

흥선대원군 이하응

의 도총관 등 한직을 지내며 소위 안동김씨의 세도정치 체제에서 허송세월 해야 했다. 그는 안동김씨의 세도정치를 비켜서서 위장전술로 장안의 건달, 시정잡배들과 어울려 지냈기 때문에 '궁도령'이라는 비웃음을 사기도 했다. 그런 그가 1862년 12월 자신의 둘째아들 명복이 왕위에 오르고 자신 또한 홍선대원군興宣大院君으로 봉해진 후 조대비로부터 섭정의 대권을 위임받으면서 안동김씨가 들어설 자리를 철저히 봉쇄하고 무소불위의 권력을 장악하였다. 대원군은 집권 후 서원의 통폐합과 잡세의 폐지, 탐관오리 단속, 의정부 부활, 비변사備邊司(국방을 관할하는 병조의 외청) 폐지 등을 단행하여 민심수습책

을 강구하는 한편 왕권을 강화하기 위하여 경복궁景福宮 중건을 추진하고 천주교를 탄압하고 열강의 개방 압력을 봉쇄하는 무리수를 두며 철권정치와 쇄국정치를 펴나갔다. 특히 경복궁 중건은 백성들의 원성을 사기에 충분했다.

원래 경복궁은 1395년(태조 4)에 창건되어 그해 10월 태조가 입궐하면서 태조의 명을 받아 정도전에 의해 경복궁이라는 명칭이 붙여졌다. 그러나 이 궁궐은 1553년(명종 8) 화재가 발생하여 역대로 내려오던 진귀한 문화재들까지 거의 불타버렸으나 많은 인력(문헌에 의하면 약 2,200명)이 동원되어 1554년 9월에 중건되었다. 그 후 이 궁궐은 1592년 임진왜란으로 인해 크게 소실됨에 따라 왕궁으로서의 역할은 창덕궁으로 옮겨졌다. 경복궁의 중건은 273년간 이루어지지 못하다가 1865년 4월(고종 2) 고종을 수렴청정하던 신정왕후의 지시와 대원군의 주도로 같은 해 5월 공사를 시작하여 1868년 6월 말 1차로 완료하고 7월 2일 국왕의 이어移御가 이뤄졌다. 그러나 경복궁이 궁궐로서 제대로 면모를 갖추기까지에는 무려 7년이나 걸렸는데 대원군은 그 비용을 충당하기 위하여 당백전을 발행하는 등 무리수를 두어 후에 스스로 하야를 초래하는 요인이 되기도 하였다. 어떻든 고종은 이때부터 러시아 공관으로 1년간 피신(아관파천俄館播遷)할 때까지 경복궁과 창덕궁昌德宮에서 번갈아 거처하며 집무를 했다. 창덕궁은 1405년(태종 5) 경복궁에 이어 둘 째로 세워진 왕궁으로 태종이 개경에서 한양으로 환도하면서 정궁인 경복궁을 비워두고 경복궁 동

쪽인 향교동에 궁궐을 지어 창덕궁이라 칭하였다. 이때부터 왕들은 창덕궁을 다른 어떤 궁보다 선호하였다. 아관파천 1년 후 고종은 을미사변을 겪은 경복궁으로 돌아가기를 꺼려하고 경운궁慶運宮(순종이 즉위하며 덕수궁德壽宮으로 개칭)으로 이어하여 1907년 7월 일본 당국에 의해 강제 퇴위하여 죽을 때까지 그곳 함녕전咸寧殿에서 머물렀다.

경운궁은 순종이 황제에 즉위 후 11월 창덕궁으로 이어한 후 궁궐로서의 지위를 상실하게 된다. 그리고 경운궁은 조선 초기 세조가 세웠는데, 그 궁은 남편(도원군, 후에 덕종으로 추존)을 잃고 궁궐을 떠나는 큰며느리 소혜왕후昭惠王后 한씨(인수대비仁粹大妃: 연산군 어머니 윤씨를 폐비한 주역)를 가엾게 여겨 사저로 쓰도록 하기 위한 것이었다. 이후 한씨의 차남 자을산군(성종)이 보위에 오르게 되자 장남인 월산대군이 이 집을 물려받았고 임진왜란 때 선조가 임시로 이곳에 거처하면서 궁이 되었다. 1608년 선조가 죽은 후 광해군이 이곳에서 즉위하였는데, 그해 복구가 끝난 창덕궁으로 광해군이 이어할 때 경운궁이라는 이름을 붙여 주었다. 이상이 경복궁·창덕궁·경운궁(덕수궁)의 간략한 내력이다.

이야기는 다시 본 내용으로 돌아가자. 대원군의 쇄국정치는 신미양요로 이어졌다. 1871년 5월 16일(음 3월 27일) 미국은 5척의 군함과 대포 85문, 1200여 명의 병력을 이끌고 나가사키를 출발하여 경기도 남양부 풍도에 진입하였다. 이들은 1866년 7월에 있었던 제너럴셔먼호 사건(평안도 관찰사 박규수가 지휘한 평양 관민이 미국 상선을 침몰시킨 사건)을 침공의 구실로 삼은 것이다. 로저스가 이끄는 미국의 아시아 함대는 제너럴셔먼호 사건에 대한 관련자 문책과 상응한 배상, 그리고 일방적인 통상조약을 요구하였다. 이에 어재연魚在淵(1823~1871)이 이끄는 조선군은 병력과 장비의 열세에도 불구하고 결사항전을 벌여 미국 함대를 격퇴하였다. 그러나 전투 내용을 보면 조선군의 패배였다. 미국 측은 단지 3명의 전사자를 냈을 뿐이었고 조선 측 사망자는 무려 350명에 달하였다. 미국의 퇴각은 조선의 결사항전에 대한 잠정후퇴였다. 그들은 통상이 주목적이었지 전쟁이 목적이 아니기 때문이었다. 그러나 대원군은 이것을 열강에 대한 승리로 착각하고 더욱 철저한 문 닫기 '빗장수비'로 쇄국정책을 펴나갔다.

이처럼 대원군의 대외인식과 월권이 지나치게 되고 고종이 성년이 되면서 며느리 민비와 크고 작은 일로 갈등을 빚게 되었다. 두뇌 회전이 빠른 민비는 1873년 11월 초산 실패(첫 출산 아기는 항문폐쇄라는 희귀병으로 출산 후 3일 만에 죽음) 후 두 번째 아이 출산을 앞두고 자신감이 생겼다. 이에 민비는 최익현의 대원군 사퇴요구 상소문 등 여론의 악화로 입지가 좁아진 시아버지 대원군을 하야시켜 경기도 양주 골로 내 몰았다. 마침내 안동김씨의 세도정치보다 더한 여흥민씨 세도정치가 시작된 것이다.

김홍집, 역사의 무대로 다가서다

이 무렵 나라 안팎이 어수선한 시기, 김홍집은 26세 때인 1867년(고종 4) 2월 23일(음) 식년시式年試 진사과에 급제한 그해 10월 15일 전시殿試와 이듬해 3월 11일 치러진 경과정시慶科庭試 문과에 급제하였다. 경과정시는 문과의 최대 관문이며 최고 등용문으로 나라의 경사가 있을 때 시행되는 과거인데, 그 경사는 경복궁 중건과 순조 비인 순원왕후純元王后 사후 대왕대비가 된 신정왕후神貞王后(1808~1890) 조씨의 회갑기념이었다. 정시 합격 다음날 김홍집은 승정원 사변가주서承政院 事變假注書(정7품으로 사초史草를 담당하는 사관史官)로 임명되었다. 그 자리는 품계는 낮지만 홍문관·예문관과 함께 앞으로 출세가 보장되는 중요 직책이었다. 그 후 5월 15일 김홍집은 대일對日 관계 외교문서를 취급하는 권지승문원 부정자權知承文院 副正字 직을 겸임하여 외무관련 직책의 첫발을 딛게 되었다. 부친 김영작은 그의 아들 홍집이 과거에 급제하여 벼슬길에 오를 때 무엇보다 국록을 헛되게 하지 않도록 국사에 충실하라고 신신 당부하였다. 김홍집이 쓴 부친의 다음 묘지명이 이를 뒷받침해 주고 있다.

출사한 뒤 사군에 늘 근심하는 한 가지 마음이 있었다. 이르기를, '기청氣淸(기가 청명함)·용숙容肅(용모가 엄숙 단정함)·언아言雅(말이 고움)·정지情摯(정이 후하고 진지함)'라고 했다. 군자가 아니고서는 어찌 능히 이럴

고종

김홍집은 벼슬길에 오른 지 이듬해 7월 15일 부친상, 2년 뒤인 1870년 2월 26일 모친상까지 치르면서 4년 동안 관직에서 물러나 있었다. 이후 관직에 복귀하여 예문관 검열과 훈련도감 종사관·사간원 정원 등을 거쳐 1875년 흥양(지금의 전남 고흥)현감 직을 성공적으로 수행한다. 그 무렵(1876년) 전국적으로 커다란 한해旱害가 발생하였으며, 흥양도 예외는 아니었다. 이때 김홍집은 27차에 걸쳐 기우제문을 짓고 사직단社稷壇과 험준한 산에 올라 천지신명에게 간곡한 기우제를 올렸다. 그 가운데 사직단 기우제에서 올린 한 제문은 다음과 같다.

토지신을 모신 거룩한 제단에 신명이 깃드시어 토지로서 뭇 백성을 기르시고 곡식으로 먹이시니 나라와 고을에서 제사를 받들지 않음이 없습니다. 그대의 은택恩澤이 널리 퍼졌네. 바다로 둘러싸여 있는 이 남쪽 지방은 일찍부터 땅이 기름지기로 이름났으며, 지나간 세월에는 천지신명이 복을 내리시어 농사가 자주 풍년이 들었거니와 어쩐 일인지 근일에 와서는 상서로운 조짐이 나타나지 않아 봄에서부터 여름에 걸쳐 가물었습니다. 때로는 빗방울이 뿌려지기도 하지만 날이 곧 개이고 햇볕이 내리쪼이니 보리이삭이 시들고 벼 심을 논도 말라버렸습니다. 그 허물은 태수太守인 이 몸이 소임을 다하지 못하였기 때문입니다. 근심스런 이 마음은 타는 듯 하고 두려움과 회한을 금할 길 없습니다. 천지신명의 흠양을 바라오며 풍성한 제수를 올리는 바입니다. 단비를 내리심이 아직도 늦지 않으니 천지신명이시어 먼저 구름을 일으키시라. 삼가 천지신명의 은덕을 바라오며, 우리 흥양 땅에 은혜를 베푸소서.(도원상공기념사업추진위원회,『개화기의 김총리』, 아세아문화사, 1978, 48쪽 인용문 재인용)

이 제문에서 알 수 있는 바와 같이 김홍집은 흥양 땅의 자연재앙을 태수인 자신의 부덕한 소치로 돌렸다. 그의 목민관으로서의 치적은 탁월했다. 당시 전라감사 조성교의 김홍집에 대한 추동절 고과考課, 후임 정범조와 이돈상의 고과에서 모두 '상上'이었으며, 그리고 1878년 전라도를 암행하던 암행어사 심동신도 서계書啓에서 "김홍집의 몸가짐이 매우 청렴하여 국고에 틀림이 없는 실상과 전곡간錢穀間에 모두 상세한 수량을 조사하여 보고하고 있다"고 평가하였다. 또한 제도권 관리의 인물 평가에 대체로 인색한 황현黃玹도 김홍집의 목민관으로서의 치적을 이렇게 평가했다.

김홍집은 병자년(1876)에 일병日兵들이 침략할 때 흥양현감으로 있으면서 굶주린 백성 만여 명을 구제하였다. 또 그가 다니던 길옆에는 정려

旌閭(충신·효자·열녀 등의 치적을 기리기 위해 그 고을에 세운 비각)가 있었는데 그는 그곳을 지나 갈 때마다 타고 가던 말에서 반드시 내려 경의를 표하므로 그의 노복奴僕들은 그가 모르게 말에서 내린 횟수를 기억해 볼 정도였다. 그는 아무리 비가 오는 어두운 밤이라도 말에서 내려 경의를 표하였다. 그의 조행操行은 이와 같이 근신勤愼하였다.(황현,『매천야록梅泉野錄』, 金濬 편역, 교문사, 1996, 373쪽)

이처럼 김홍집은 관직에 있을 때 어떠한 보직을 맡더라도 항상 조신하고 근검절약하여 공직자로서의 사표가 되었으며 이는 죽는 날까지 변함 없이 초지일관했다.

일본의 조선 침탈 '탐색전'-운요호사건

고종이 즉위하고 대원군이 섭정하며 대책 없는 '빗장수비' 쇄국정책을 펴나가자 조선의 국내정세는 더욱 암담한 분위기로 치달았다. 병인양요(1866)와 신미양요(1871) 두 차례의 양요를 지켜본 일본은 '메이지유신'의 성공으로 급신장한 국력을 시험하기 위하여 그간 만만하게 보아 온 조선을 시험무대로 선택하였다. 고종 친정이후 조선과의 외교교섭이 여의치 않자 왜관 주재 일본 관리는 무력에 의한 조선 개방정책을 본국에 건의하였다. 이러한 방법은 서구열강의 압력으로 일본이 개항했던 경험을 조선에 적용코자 한 것이다. 일본 정부는 마침내 군함 세 척을 조선 근해로 출동시켜 그중 한 척인 운요호雲揚號(한국어 표기 운양호)로 조선과의 충돌을 의도적으로 유도하였다. 일본은 향후 조선은 물론 중국 대륙까지 침탈하기 위한 속셈으로 '메인 게임'에 앞서 '탐색전' 내지 '평가전'을 위해 운요호를 선발, 적지 조선으로 출동시킨 것이다. 운요호는 1875년 5월 25일(음 4월 21일) 예고도 없이 부산항에 입항하였다. 조선 측의 항의에도 불구하고 일본은 납득할 만한 이유도 없이 외교 교섭이 지연되고 있다고 황당한 까탈을 부리며 "군함이란 전투만 하는 것이 아니고 자국 사신을 보호하는 데도 사용할 수 있다"는 궁색한 이유를 댔다.

운요호는 6월 20(음 5월 17일) 부산항을 떠나 한때 조선령 동해를 휘젓고 다니다가 3개월 후 본국 지령을 받고 9월 20일(음 8월 21일) 강화도 근처 동남방 난지도蘭芝島에 서서히 접근한 다음 식수가 떨어졌다는 핑계를 대고 선원 수십 명(총 탑승인원은 65~75명)이 함선에서 하선, 보트로 강화부江華府 초지진草芝鎭 포대砲臺로 무단 상륙하였다. 조선 측에서 볼 때 이는 명백한 영토 침범이었다. 이를 본 조선 수비대가 그냥 수수방관만 할 수 없는 일이었다. 사실 일본은 그것을 노린 것이었으며, 조선은 그들의 각본대로 덫에 걸린 셈이었다. 먼저 조선 수비대가 자위권 차원에서 엉성한 무기로 사격을 개시하였다. 일본 운요호 측도 기다렸다는 듯이 최신식 포로 응사하며 정식 교전을 벌였다. 교전의 결과는 뻔했다. 이 교전에서 조선 측 병사는 36명이나 전사하였으나 일본 측은 경상자 두 명뿐이었다. 이 사건 후 일본 당국은 적반하장 격으로 생트집을 잡아 조선 정부에 피해 배상을 요구하였고, 힘이 없는 조선은 우여곡절 끝에 울며 겨자 먹기 식으로 협상에 응해야 했다. 이때 영돈영부사領敦寧府事 김병학·영중추부사領中樞府事 이유원·영의정 이최응 등 수구파는 협상에 불응할 것과 강경 대응을 주장했고, 제너럴셔먼호 사건 때 평안도 관찰사로 수훈을 세운 개화파 박규수만이 협상은 물론 차제에 개항까지 해야 한다고 주장하였다. 그때 상황은 대원군은 물론 최익현 등 위정척사파들이 힘을 쓰지 못하던 때였기에 개화파의 의견이 더 먹혀들어갔다. 결국 일본의 각본대로 조선과 일본은 1876년(고종 13) 2월 27일(음 2월 3일) '강화도 조약'(정식 명칭은 '조일수호조규朝日修好條規' 또는 '병자수호조규'라고도 함)을 체결하게 된다. 당시 조선 측 대표는 대관판중추부사大官判中樞府事 신헌申櫶과 부대표 예조판서 윤자승, 일본 측 대표는 특명전권변리대신 육군중장 겸 참의개척장관 구로다 기요타카黑田淸隆와 부대표 이노우에 가오루井上馨였다. 이 조약은 형식상으로 조선의 자주권을 인정함으로써 상호 대등한 조약인 것 같지만 실제로는 청국의 영향력을 배제하면서 후에 정한론征韓論을 정당화한 교묘한 불평등 조약이었다. 즉 전문 12관款 중 제1관款에 "조선국은 자주지방自主之邦이며 일본과는 평등지권平等之權을 보유한다"고 규정하였는데, 이는 조선을 청국으로부터 독립시키고 청국을 조선 지배권에서 배제하여 일본이 영향력을 대신하겠다는 속셈이 담겨 있었다. 제4관과 5관에서는 부산항과 아울러 서해와 동해를 개방하여 일본의 무상출입을 허용하였으며, 제10관은 일본 거류민의 조선에서의 치외법권을 인정하는 것이었다. 결국 일본은 이 조약을 계기로 종전보다 훨씬 용이하게 조선에 진출할 수 있게 되었다. 반대로 조선이 일본에서 누릴 조항은 별로 없었다. 이 조약은 누가 봐도 불평등 조약이었다.(최덕수 외 지음, 『조약으로 본 한국 근대사』, 도서출판 열린책들, 2011, 21~48쪽 참고 정리)

강화도 조약이 체결된 지 20일 후인 1876년 3월 18일(음 2월 22일) 고종은 홍문관 응교應敎 김기수(1832~?)를 예조참의로 승진시키고 대일 수신사로 임명하였다. 수신사 정사正使 김기수와 일행 75명은 4월 27일(음 4월 4일) 부산항에서 출발 5월 29일(음 5월 7일) 도쿄에 도착, 일 천황을 접견한 후 약 20일간 머물면서 일본 측의 전략에 따라 극진한(?) 대접을 받았다. 수신사 일행은 귀국할 때 일본 정부로부터 예조판서 앞 공한을 가져왔는데 그 내용은 강화도 조약 제11관에 의거 일본 외무성 이사관을 서울에 파견한다는 것이다. 이에 따라 8월 5일(음 6월 16일) 조선 당국은 형조참판 조인희를 강수관講修官으로 임명, 일본 측과 실무협상을 벌여 8월 24일 무역 규칙, 즉 전문 11칙의 통상장정通商章程을 체결하였다. 그런데 이 통상협정 중 제6칙과 7칙이 조선 측에 아주 불리한 독소조항이었다. 즉 제6칙은 "조선국 제 항구에 체류하는 일본인은 쌀과 잡곡을 조선에서 수출할 수 있다"고 되어 있고, 제7칙은 "일본국 정부에 소속된 제 선박은 항세港稅를 납부치 않음"으로 되어 있었다. 이로 인해 조선의 주식인 미곡이 대량 일본으로 유출하게 되었고, 관세도 면제 받게 되었다. 이 쌀 '수출'은 일본 측 말로 수출이지 사실상 수탈이었다. 뿐만 아니라 조일수호조규 부록과 통상장정이 조인된 8월 24일(음 7월 6일) 조선 측은 일본에 "화물출입에도 특별히 향후 수년간 면세를 허용한다."라고 회신하여 일본은 선박은 물론 상품의 수출입까지도 관세 면제를 받게 되었다. 다만 일본 공사의 서울 주재문제는 타결을 보지 못하고 추후 논의하기로 하였다. 후에 조선 측은 해양지식 부족과 일본의 기만 외교의 결과물인 무관세 협정의 부당성에 대해 청국과 일본의 관세 협정을 통해서 알게 되었다. 이에 따라 조선 정부는 1878년 9월 6일(고종 15, 음 8월 6일) 경상도 관찰사에게 명을 내려 각 품목별로 세율을 정하고 이를 책자로 만들어 동래부에 송부, 시행토록 하였다. 정부의 명을 받은 동래부사 윤치화는 부산의 두모진豆毛鎭에 해관을 설치하고 9월 23일부터 과세하겠다는 취지를 부산 주재 일본 관리관에 통보하였다. 이에 일본 정부는 11월 6일 대리공사 하나부사 요시모토花房義質를 부산에 급파하여 무력시위를 하자 조선 정부는 할 수 없이 해관 설치를 없던 일로 하였다. 그리고 '강화도조약' 제4관으로 부산의 개항이 재확인 되고, 제5관으로 경기·충청·전라·경상·함경 5도 연해 중에 2개 항구를 개항키로 하였으며, 1879년 8월 28일(고종 16, 음 7월 11일)에는 원산항 개항을 합의, 조인하였다.

김홍집, 외교무대 주역으로 등장하다

개항 후 국제 동향을 주시해 온 조선 정부는 김기수에 이어 1880년(고종 17) 3월 23일(음) 김홍집을 수신사, 5월에는 예조참의로 임명하였다. 당시 정국을 주도하고 있던 민비세력은 하는 수 없이 일본의 무력에 굴복, 개항을 하게 되었으나 급변하는 국제정세에 능동적으로 대처해 나갈 수 없었으므로 개화파를 기용하지 않을 수 없었다. 이에 따라 조선 정부는 불리한 조약 개정 교섭과 일본의 국내정세를 파악하기 위하여 시무時務에 밝은 김홍집을 수신사로 임명한 것이다. 김홍집은 마침내 외교무대의 최일선에 주역으로 등장하게 되었다. 수신사로 일본으로 떠나기에 앞서 국왕을 알현한 자리에서 국왕은 김홍집에게 다음과 같이 하교하였다.

국왕: 저 왜국倭國과 통호通好한지도 이미 3백 년이 되었는데도 그들의 정상情狀은 옛날부터 교묵狡黙(교활하고 속내를 들어 내지 않음)하였다. 근일에는 비록 전과는 다르다고는 하나 그래도 그들의 본마음을 더욱 헤아리기 어렵다. 그런데 그들의 사신이 자주 우리나라에 왔으니 우리로서도 사례의 뜻을 표하지 않을 수 없다. 그대가 총명하고 학식이 있어 이에 그대를 엄선하여 왜국에 보내는 것이니 모든 일을 잘 처리하도록 하라.

김홍집: 신이 재주는 용루庸陋하고 식견이 부족하여 명을 받들어 감당할 수 있을 지 매우 염려 되옵니다.

국왕: 그대가 총명한 줄은 조정에 있을 때부터 이미 아는 바이고 조정의 중론도 그러하니 그 사명을 능히 감당해낼 줄 안다.

김홍집: 더욱 황공하옵니다.

국왕: 전 수신사 김기수가 갔을 때 왜국의 정세에 대해서는 추측할 수 없었다 하였는데 오늘에 있어서는 더 추측하기 어려울 것 같구나.

김홍집: 여러 해 동안 왜국의 사신이 왔을 때 대립되는 문제점이 많이 있었으니 이번 사행使行에 있어서는 왕년보다 더 어려울 듯하옵니다.

국왕: 개항과 관세를 정하는 일 등에 대해서는 정부가 훈령을 내릴 것이며 그 밖의 난처한 일이 생기면 주저하지 말고 나라 이익에 맞게 조처하라.

1880년(고종 17) 6월 25일 김홍집의 수신사 일행 58명(일행 중에는 재야 개화파 인사 강위도 참여)은 부산을 떠나 7월 6일 도쿄에 도착하였다. 김홍집은 도착 3일 만에 외무성을 예방하여 예조판서 윤자승尹滋承(1865~?)의 서계書啓를 전달하였다. 그 서계 별칙에는 부산항 세수를 수년간 면제키로 한 것은 일시적인 권의權宜에 의한 것으로 징세를 더 이상 늦출 수 없으므로 조례를 협의하여 장정章程을 제정할 것을 바란다는 내용과 방곡防穀문제 등이 수록되어 있었다. 이러한 불평등 조약과 그 부수 조약들이 일본의 강요에 의한 것이었지만 한편으로는 체결 당사자들의 국제법 실무지식의 부족이 큰 요인이었다. 우선 김홍집은 7월 20일과 7월 26일 회담을 통하여 불평등 조약 개정을 시도하였다. 김홍집은 하나부사 공사와 인천 개항 및 공사 주경 駐京 문제를 협의하였으나 본국의 뜻은 변동이 없다 하여 더 이상 논의되지 않았다. 다음으로 김홍집은 미곡 금수 및 관세에 관한 문제의 일괄 타결을 주장하였으나 일본은 조선 미곡의 일본 금수를 반대하고 관세문제도 회피하였다. 한편 당시 수신사 김홍집에 대해서 「도쿄일보」는 매우 우호적으로 보도하였으며, 특히 「도쿄일일신문」은 사설(양력 8월 22일자)에서 "이번 수신사가 우리 정부에 청구하는 주요 안건은 3개 조항으로서 그 1은, 인천항의 개항 사절, 그 2는 미곡의 일본 수출을 금지하는 것, 그 3은 해관세칙海關稅則을 개정하는 것들일 것"이라고 보도하고, 이어 8월 23일자 사설에서는 "공사를 서울에 주차駐箚하는 문제도 포함될 것이며, 일본으로서는 이 4개 조항을 조선의 뜻대로 받아들여도 큰 손해가 없다면 조선 관민의 요구를 들어주는 것이 대계大計"라고 논평하였다.

이처럼 일본 측은 김홍집 수신사 측 요구를 회피하는 한편 후일을 위해 수신사 측에 대한 예우는 깍듯이 하면서 김 빼기 작전으로 일관하였다. 또한 일본 측은 조선이 서양과의 수교를 통하여 러시아의 남진 정책에 대처해야 한다는 것과 공사를 일본에 파견하여 급변하는 국제정세를 살피고 인재를 선발하여 일본에 보내어 강대국의 언어를 익혀야 하며 군기軍器를 스스로 만들어 자강책을 강구할 것을 권고하였다. 주일 청국 공사 허루장何如璋도 러시아의 남하 침략에 대비하여 수교할 것을 권유하는 등 일본과 대동소이한 방안을 권고하였다. 허루장은 근년(1880)에 러시아가 병선을 증파하고 있는데 '이리분쟁'(청국과 러시아의 국경분쟁)이 수습될 전망임에도 불구하고 병선을 증강하고 있는 것은 그들의 의도가 조선침략이라는 점을 강조하며 은연중에 공로의식恐露意識, 즉 러시아에 대한 공포증을 조장하였다. 허루장은 이에 대한 대책으로 소위 '균세지법均勢之法'(세력균형에 의한 등거리 외교)을 강조하며 이를 위해서는 외국과의 조약체결이 대세임을 피력하고 그러기 위해서는 우선 미국과의 조약체결이 필요하다고 조언하였다. 이에 대해 김홍집은 만국공법을 통해 균세개념을 인식하고 있으나 국내 사정(위정척사 운동) 때문에 여의치 않다고 토로하였다.

1881년 일본 측 하나부사가 고종을 알현하여 국서를 봉정함으로써 공사의 주경駐京 문제가 해소되고, 조선 측은 김홍집을 강수관講修官으로 임명, 협상을 진행한 결과, 1881년 2월 28일(고종 18, 음 2월 1일) 인천항을 개항키로 하였다. 그러나 이 무관세 문제는 그 후에도 계속 불씨로 남아 1883년 6월이 되어서야 조선 측은 독판교섭통상사무督辦交涉通商事務 민영목을 전권대신으로 하고 협판교섭통상사무協辦交涉通商事務 김홍집을 실무책임자로 내세워 일본 측 하나부사 공사와 협상을 재개하여 조선에 대한 수출상품에 대한 8%의 관세율을 적용키로 최종합의, 그해 11월 3일 조선은 7년간이나 계속된 무관세 협정을 끝내고 잃었던 관세권을 아쉽게나마 회복할 수 있게 되었다. 이 협정으로 김홍집의 외교적 역량이 인정되는 계기가 되었다.

이 무렵 정부는 김홍집과 온건 개화파의 한 사람이며 신사유람단 일원으로 일본에 가 있는 어윤중에게 특별 임무를 부여하여 톈진으로 가도록 하고, 한편 김윤식을 영선사로 임명하여 역시 톈진으로 보냈다. 톈진에 도착한 어윤중은 1881년 11월 27일 북양통상대신北洋通商大臣 리훙장李鴻章(1823~1901)을 만나 미국과의 수교에 관해 자문을 받았으며, 김윤식은 일반인의 이목을 피하기 위해 병기제조학습을 위한 생도 26명, 공장工匠 13명 등 총 69명을 이끌고 톈진에 도착한 후 1882년 1월(음 1881년 11월) 보정부保定府로 리훙장을 방문, 미국과의 수교 등 제반 외교 현안문제 등을 자문 받았다. 그 사이에 리훙장과 미국의 해군 제독 겸 외교관인 로버트 윌슨 슈펠트(Robert Wilson Shufeldt, 1822~1895) 사이에 조선과 미국 간의 협상 조인문제를 협의하였고, 리훙장과 김윤식 간에 6차에 걸쳐 협의를 거친 후, 마침내 1882년 5월 8일(음 3월 21일) 중국 측의 마젠종馬建忠·딩루창丁汝昌 등이 슈펠트 군함을 타고 인천항에 도착하였고 조선 측에서는 이에 대비하여 경리통리기무아문사經理統理機務衙門事 신헌申櫶(1810~1888)을 전권대사, 동 김홍집을 부관 종사관으로 임명하여 향후 협상에 임하도록 하였다. 마침내 그해 5월 22일 조선과 미국 양국은 제물포에서 전문 14관으로 작성된 '조미수호통상조약'에 조인하였다. 이 조약 제1조는 "일방이 제3국에 의해 강압적 대우를 받을 때에는 다른 일방은 중재를 한다"고 명시하고 있기 때문에 조선은 여기에 큰 기대를 걸었으나 시간이 지나면서 이 문구는 별 실효성이 없게 되었다.

그리고 미국은 조미조약에서 최혜국 대우권을 얻었는데 이는 당시 세계적 추세인 강대국의 약소국에 대한 이권침탈을 위한 미사여구 독소조항이었다. 이어서 영국과는 6월 6일, 6월 30일에는 독일과 그 밖에 이탈리아·러시아·프랑스 등과도 통상조약을 체결하였다. 이들과의 조약 내용을 다 열거할 수는 없지만 조선은 일본과 달리 대외 개방에 대한 사전 준비도 없이 일거에 불평등 조약을 체결하였다. 그야말로 '운요호사건'을 계기로 조선은 열강과의 개방, 통상에서 무분별한 조약을 체결하고 말았다. 대외 개방 준비태세가 제대로 안 된 조선으로서는 마치 '둑이 터져 봇물이 쏟아지는' 격이었다.

황쭌셴의 『조선책략』과 김홍집의 시련

김홍집은 일본과의 현안(인천항 개항 및 무관세 조항 개정 등) 교섭이 여의치 않자 청국 공사 허루장과 참찬관 황쭌셴을 8월 20일(음 7월 15일)부터 9월 7일까지 여섯 차례나 만나 필담으로 세계정세와 일본의 내정, 외교 및 통상문제 등 여러 가지 관심사를 논의하고 조언을 구하였다. 다음은 그 내용 중 일부이다.

1880년 8월 20일 김홍집이 허루장과 황쭌셴 일행이 묶고 있는 숙소를 방문하여 당일은 상호 의례적인 팔담을 나누었다.

황쭌셴: 본인의 좁은 소견으로는 만약 귀공께서 도쿄에 상주할 수 있다면 반드시 나라 일에 도움이 될 것입니다. 지금 대세는 실로 4천 년 만에 처음 있는 일로 순舜·탕湯·무武(중국의 이상적인 제왕으로 꼽는 요堯와 순舜은 오제五帝에 포함시켜 제帝라 불렀고, 그 뒤의 탕과 무는 왕이라는 호칭을 붙여 탕왕 무왕이라 하였음)도 미처 생각지 못했던 것입니다. 옛 사람의 처방을 가지고 오늘의 병을 치료하는 것은 불가능합니다. 귀공의 총명과 견문으로써 나날이 장래를 개척하고 국시를 주관하여 나가신다면 반드시 동양을 위하여 복이 될 것입니다.

김홍집: 이번 길은 수십일 동안에 일을 끝내고 바로 돌아가기로 했으니 도쿄에 상주할 수는 없습니다. 세계 대세는 참으로 고견 그대로 입니다만 폐국弊國(우리나라)은 외지 한 구석에 있으므로 예로부터 외국과 더불어 교류하지 못했고 오늘에 와서는 바다로 선박들이 잇따라 오기 때문에 응접하기에 소란스럽습니다. 그러나 나라가 작고 힘이 약하여 그들로 하여금 두려움을 알고 물러가도록 하기가 쉽지 않으니 매우 걱정스럽습니다.

황쭌셴: 지금 하신 말씀을 듣고 보니 나라에 충성하고 겨레를 사랑하는 마음이 말 끝에 넘치는 것을 충분히 알 수 있습니다. 귀국에 대한 중국의 은의恩義가 매우 굳은 것은 천하의 모든 나라에서 유례가 없는 일입니다. 그러나 이 은의를 만세에 보전할 길을 생각한다면 오늘의 급선무는 자강自强을 도모하는 데 힘쓰는 것뿐입니다.

김홍집: '자강' 두 글자는 지당하고 더할 나위 없는 말씀입니다. 어찌 감히 경복敬服하지 않겠습니까?

8월 21일에는 김홍집이 청 공사관을 방문하여 두 번째 회담을 가져 황쭌셴은 조선의 관심사인 관세문제라 밝히고, 이에 대해 황쭌셴은 허루장이 상무商務에 이해가 밝기 때문에 잘 협조해줄 것이라고 밝히고 적극 도와주겠다고 하였다. 이어서 8월 22일에는 김홍집 일행이 태정대신 산조 사네토미三條實美(1837~1891, 메이지 정부 초기 최고 관직 태정대신을 지냈고 후에 천황보좌역인 초대 내대신을 지냄)를 비롯한 일본 각 부 대신을 순방하였으며, 이어 8월 23에는 허루장이 김홍집을 찾아와 관세문제와 러시아 동향에 관해 의견을 교환하였다.

허루장: 근자에 일본에서는 서양 각국과의 조약을 개정할 논의를 하고 있습니다. 개정을 의도하는 것은 외국상인 관리 및 통상 세법 등 전반적인 사항입니다. 그 안건이 극히 상세하고 또한 매우 공평하며 대개 서양 각국에서 통용되고 있는 장정章程이므로 만일 각국 통상이 두루 이를 따른다면 이번 걸음은 결코 헛되지 않을 것입니다.

김홍집: 어제 일본 측에 초안을 보냈습니다. (중략) 어떤 사람은 말하기를 "미곡 수출을 금지할 수 없을 때에는 세금을 무겁게 매기고, 그 나머지 수출품은 모두 세금을 매기지 않으며, 수입품도 서양 물품에만 중과세하고 일본의 하찮은 물건에 대해서는 특별히 면세하는 것이 좋다"

고 하는데, 이는 어떤지요?

허루장: 그것은 폐단이 크므로 시행함이 옳지 않습니다. 귀공께서 세법 초안을 보시면 아실 것입니다. 그들에게 답하기를 "항구를 더 개방하는 것은 매우 좋은 일이나, 본국으로부터 오는 결정을 기다려 이 문제를 함께 의논하여 좋은 규정을 타결 하도록 하는 것이 좋겠다고 하면, 그들이 스스로 응답하지 않을 수 없을 것입니다.

허루장: 그리고 근일 서양 각국에는 '세력균형'이라고 하는 법칙이 있어서, 만약 한 나라가 강한 나라와 인접하여 후환이 두려우면 다른 나라들과 연합하여 견제책을 강구하고 있습니다. 이것 또한 부득이한 외교의 한 방법입니다.

김홍집: '균세均勢' 두 글자는 근래에 와서 비로소 만국공법에서 찾아볼 수 있습니다. 그러나 우리나라에서는 옛 법도를 고수하여 외국을 대하기를 마치 홍수나 맹수같이 합니다.

8월 25일 김홍집은 청 공사관을 방문하여 관세문제를 논의했다. 허루장은 러시아가 청과 조선에 위협적인 존재임을 강조하며 미국과의 수교 통상을 권유했다. 그 후 허루장 공사가 참찬관 황쭌셴黃遵憲(1848~1905)으로 하여금 조선이 미국과 수교를 하기 위한 방안을 작성하여 김홍집에 주도록 권함에 따라 9월 6일 황쭌셴이 『사의조선책략私擬朝鮮策略』(이하『조선책략』, 형식상 개인적인 의견의 조선책략이란 의미이나 이는 청국의 외교정책 기본 노선임)이라는 제목의 소책자를 김홍집에 건네주었다. 이 내용의 요지는 아래와 같다.

아! 러시아가 낭진狼秦(이리같이 욕심이 많은 진나라)처럼 정벌에 힘써 경영해 온 지 3백여 년, 그 첫 대상은 유럽이었고 다음에는 중앙아시아였으며 오늘날에 와서는 다시 아시아로 옮겨져 마침내 조선이 그 피해를 입게 된 것이다.

그렇다면, 오늘날 조선의 책략은 러시아를 막는 일보다 더 급한 것이 없을 것이다. 러시아를 막는 책략은 어떠한가? 중국과 친밀(親中國)하고 일본과 맺고(結日本) 미국과 이어짐(聯美國)으로써 '자강自强'을 도모할 따름이다. 중국과 무엇을 말함인가? 조선은 동 서 북이 러시아와 지정학거으로 거리를 두고 있으나 직접 경계를 이루고 있는 나라는 중국뿐이다. 중국은 땅이 넓고 물자가 풍부하며, 그 형국이 아시아를 차지하고 있기 때문에 러시아를 제어할 나라는 천하에 중국만한 나라가 없다고 생각한다. 또한 중국이 사랑하는 나라는 조선만한 나라가 없다. (중략) 오늘날 조선은 중국 섬기기를 마땅히 예전보다 더욱 힘써 천하의 사람들로 하여금 조선과 우리 중국은 정리가 한 집안 같음을 환히 알도록 하여야 할 것이다. 대의가 밝혀지고 성원이 절로 커지면 러시아 사람들은 그 형세가 외롭지 않음을 알고 조금은 머뭇거리고 기피할 것이다. 일본은 그 힘이 겨룰 수 없음을 헤아리고 함께 화친하자고 할 것이다. 일본과 맺어야 한다는 것은 무엇을 말함인가? 조선이 중국 이외에 가장 가까운 나라는 일본뿐이다. 옛날 선왕이 사신을 보내어 통교한 나라는 맹부盟府(맹세한

문서를 받는 관부)에 실려 있고, 그들은 대대로 맡은 일에 충실하였다. 근일에 와서는 북으로 이리와 호랑이가 어깨와 등을 걸터타고 있어, 만일 일본이 땅을 잃으면 조선 팔도가 스스로 보전할 수 없게 되고 조선에 한번 변고가 생기면 구주九州·사국四國(단군 조선시대 일본은 본국과 함께 구주 사국이 마한 관경에 속해 있었음)이 또한 일본의 차지가 되지 못할 것이다. 그러므로 일본과 조선은 실로 보거상의輔車相依(수레의 덧방나무와 바퀴가 서로 벗어날 수 없는 것처럼 서로 도와서 의지한다는 뜻)의 형세에 놓여 있다. (중략) 미국과 이어져야 한다는 것은 무엇을 의미하는가? 조선의 동해로부터 곧장 가면 아메리카가 있으니 곧 합중국이 도읍한 곳이다. 그 나라는 본래 영국에 속해 있었는데 (중략) 땅이 넓어 남의 토지를 탐내지 않고 남의 국민을 탐내지 않고 굳이 남의 정사政事에 관여하지 않는다. 그와 중국과는 조약을 맺은 지 10년이 되었는데, 그간 양국 간에는 작은 분쟁도 없다. 일본과의 왕래에 있어서는 통상을 권유하고 연병練兵을 권고하고 개약改約을 협조하였으니 이는 만천하가 다 아는 사실이다. (중략) 그러므로 미국이 오는 것은 우리를 해칠 마음이 없을 뿐만 아니라 오히려 우리를 이롭게 하는 것이다.(황쭌쏀 지음, 조일문 역주, 『조선책략』, 건국대학교출판부, 2001. 발췌정리)

위의 본문 내용에서도 알 수 있는 바와 같이 황쭌셴이 『조선책략』에서 주장한 요지는 조선의 방아책防俄策(러시아 방어책)으로 '친중국親中國', '결일본結日本', '연미국聯美國'이다. 먼저 '친중국'으로 조선과 중국 두 나라는 지금까지의 긴밀한 관계를 유지하여 러시아를 견제하는 것이며, '결일본'은 일본이 조선을 침략하려는 것이 아니라 러시아에 쫓겨 조선과 '순치脣齒'의 관계를 맺으려 하고 있으므로 조선은 대계를 도모하여 지금까지의 관계를 증진하고 '외원外援'을 맺어야 한다는 것이다. 그리고 연미국은 미국 및 유럽 제국이 조선과 수교하려는 것은 러시아가 조선을 강점하려는 것을 견제하는데 있으며, 특히 미국은 조선을 이롭게 하려는 뜻이 있고 외교 사절이 주재한다 해도 비용을 스스로 부담하기 때문에 접대비용을 염려할 것이 없다는 것이다. 또한 그들은 예수교를 신봉하는데, 천주교와는 달리 정치에 관여하지 않으며, 앞으로 유럽 제국과 수교하지 않을 수 없기 때문에 미국과 평등한 조약을 체결하여 유럽 제국이 이를 따르도록 해야 한다는 것이다. 따라서 조선이 친중국·결일본·연미국 하는 것을 외교노선으로 삼는다면 중국과는 구래의 체제를 다소 변통하고 일본과는 조규를 수정하며 미국과는 급히 조약을 체결하여 자강책을 서둘러야 한다는 것이다. 요컨대 이 책자의 핵심은 열강과의 우호관계는 '균세均勢', 즉 세력균형(balance of power)의 중요성이며, 그러기 위해서는 대내적으로 자강하고 대외적으로 균세를 하면 러시아 세력을 막을 수 있다는 것이다. 그만큼 러시아의 동진東進 남하정책이 조선은 물론 중국에 큰 위협을 초래하므로 친중국·결일본은 물론 연미국의 중요성을 특히 강조하고 있다. 이렇게 해서 황쭌셴의 『조선책략』은 향후 김홍집 외교전략의 교과서가 되었다.

1880년 9월15일 김홍집일행은 부산에 도착하여 10월 2일(음 8월 28일) 복명서 격인 신행별단信行別單과 함께 균세의 당위성을 강조한 『조선책략』 및 황쭌셴과 나눈 필담「대청흠사필담對淸欽使筆談」(유고로 남음), 그리고 양무서적인 정관잉鄭觀應(1842~1922)의 『이언易言』(서양 문물제도·문화 소개서)을 가지고 와 이중『조선책략』과『이언』을 국왕에 바치고 복명하였다. 앞에서 본 바와 같이 일본과의 현안문제 협상에는 실패하였으나 일본이 유럽 제국과 협상 중인 조약개정 후 관세 자주권의 원칙하에 조일 통상조약을 개정해야 한다는 전향적인 복명서를 제출하였다. 다음으로 일본의 동정, 즉 그 침략성 여부를 확인한 결과 당분간 일본이 침략할 가능성은 없을 것 같다고 복명하였다. 김홍집이 이렇게 판단한 이유는 첫째 일본 정부는 러시아가 남하하려는 급박한 정세 하에 조선과 '순치상의脣齒相依'하는 관계를 원한다는 인상을 받았다. 이는 김홍집이 허루장이나 황쭌셴과 접촉하는 과정에서도 사실임을 확인하였다. 그리고 왕이 러시아의 동정에 대해서도 하문하자, 김홍집은 무엇보다 러시아의 남하가 중국 및 일본을 비롯한 서구 열강이 우려하는 것이라고 복명하였다. 그리고 끝으로 김홍집은 조선이 자강해야 한다는 데 왕과 인식을 같이하고 그러기 위해서는 대외적으로 "타국과 틈이 생기지 않아야 된다"고 밝히고 외교의 강화가 시급하다고 복명하였다. 김홍집의 별단 복명서 외에 고종과의 기타 대화 내용(일부 발췌)은 다음과 같다.

고종: 별단 복명서는 이미 보았는데 그 외 다시 상주上奏할 말이 없는 가?

김홍집: 특별히 더 드릴 말씀은 없사오나 왜국의 정세를 살펴본 즉 악의는 없는 듯합니다.

고종: 관세를 정하는 일은 아직 정하지 못하고 왔는가?

김홍집: 별단에 이미 품달稟達한 바와 같이 그 나라에도 지금 조약의 개정문제가 있다고 들었는데 그 때문에 서둘러 결정하지는 못했습니다.

고종: 개항문제는 다시 더 말이 없던가?

김홍집: 하나부사 공사가 다시 사적으로 묻기에 전과 다름없다 했더니 그 후에 더 이상 말이 없었습니다.

고종: 일본이 각국의 어학교육기관을 널리 설치하여 널리 교육한다고 들었는데 그 규모가 어느 정도인가?

김홍집: 신이 직접 그 실태를 파악치 못했습니다만, 듣기로는 각국 언어교육기관을 모두 망라한 것으로 알고 있습니다.

고종: 그 나라(일본)가 지금 로국露國을 두려워하고 있는가?

김홍집: 그러합니다.

고종: 그들의 병기는 지금 서양 각국의 병기와 견줄 만한가?

김홍집: 그들이 배우는 서양 병기에 대해 스스로 이르기를 아직은 서양에 이르지 못한다고 하였습니다.

고종: 가옥제도는 많은 변혁이 있던가?

김홍집: 서양제도를 따른 부분도 있었으나 아직 구제도를 벗어나지는

못하고 있습니다.

고종: 로국露國이 중국으로 향할 때 어느 길을 경유할 것이라 하던가?

김홍집: 그들의 소문으로는 우리나라 동남해로를 경유하여 중국으로 간다고 합니다.

고종: 청국 공사 또한 로국을 근심하여 우리나라에 일이 생겼을 때 도와줄 의향이 있던가?

김홍집: 신이 몇 차례 청국 공사를 만나 이 일에 대해 서로 의논하였는데 몹시 걱정하고 있었습니다.

김홍집의 이러한 판단은 본인의 현지 분위기 느낌과 황쭌셴과의 필담에서 크게 영향을 받은 것이다. 고종은 김홍집의 능력을 평가하여 1880년 10월 그를 이조참의, 11월에는 예조참판, 그리고 12월에는 통리기무아문統理機務衙門(국군기밀과 일반관청업무를 총괄, 추진하는 정부기구로 초대 총리대신은 영의정 이최응 이었으며 아문 산하에 사대·교린·군무·통상·어학 등 12사가 있었음)을 설치하여 그 통상당상通商堂上(정책 결정에 참여하는 정 3품 이상의 고위관직)에 김홍집을 임명하였다.

그런데 『조선책략』 못지않게 왕을 비롯한 조야에 관심을 끈 것은 정관잉의 『이언』이었다. 정관잉은 어렸을 때부터 미국 선교사로부터 영어를 배운 상하이와 홍콩 등지에서 30년 간 외국상사의 위탁판매업무를 했다. 그는 서양인들과 교류하면서 서양문물의 습득과 중국의 부국강병문제에 관심을 갖게 되었다. 그는 스스로 터득한 서양

지식과 서양서적을 참고하여 『이언』을 썼다. 『이언』이라는 책 제목
은 『시경詩經』 '대아편大雅編'(덕의 기본인 말과 행위를 다룬 부분)에 나오는
'쉽게 말하지 말라'라는 뜻의 '무이유언無易由言' 구절에서 따온 것으
로 정관잉은 오히려 '쉽게 말하고자 한다'라는 취지로 이런 제목을
택하였다. 이언은 19세기 후반에 중국의 개화사상이 서양기술의 습
득만을 강조하는 양무론洋務論에서 서양 정치와 제도까지도 받아들
여야 한다는 변법론變法論으로 전환하는 데 크게 기여하였다. 뿐만 아
니라 『이언』이 당시 조선에도 끼친 영향이 매우 컸다. '임오군란'이
진압된 후 고종이 나라에 이로운 구언령求言令을 내리자 많은 사람들
이 『이언』을 대거 참고하여 적극적인 개혁추진을 건의했다. 특히 김
홍집과 함께 동료 어윤중도 『이언』을 감명 깊게 읽고 후일 일본 시찰
단의 일원으로 1881년 도일한 뒤 중국을 거쳐 귀국하는 도중 상하이
로 가서 정관잉을 직접 만나기도 했다. 일부 개화파 인사들이 이 책
을 백성들에게 읽히기 위해 속히 복각復(覆)刻(한번 새긴 책판을 원본으
로 삼아 다시 목판으로 새기는 일)할 것을 건의하자 고종도 이를 받아들
여 즉시 사역원司譯院에 『이언』의 복각을 명하였다. 이 두 책을 통해
서 조선에서의 개화바람이 급물살을 타기 시작했다고 말해도 과언
이 아닐 정도였지만, 이에 대한 반론도 만만치 않았다.

마침내 1880년 11월 3일(고종 17년, 음 10월 1일) 병조정랑 유원식劉元
植은 다시 상소문을 통하여 "조선 책략에 야소耶蘇(예수)·천주의 학을
유교의 주朱(성리학을 집대성한 주자의 유교 이론)·육陸(육왕학陸王學: 육구연

陸九淵의 학풍을 이어 왕수인王守仁이 집대성한 유학)과 같다고 하였는데 이는 심히 성현을 모욕하는 언사이므로 수신사 김홍집은 마땅히 이를 통감하고 위정척사의 뜻을 표시했어야 될 것인데 그렇게 하지 못하고 함부로 받아 온 것은 잘못이다"는 등의 내용으로 김홍집을 탄핵하였다. 이에 조정에서는 유원식이 조정을 비방하였다는 죄목으로 그를 평안도 철산으로 유배조치 했는데, 김홍집은 이에 대한 책임을 느끼고 다음과 같이 이조참의 사직을 상신하였다.

변변치 못한 신이 외람되게 수신사의 명을 받아 현해탄을 건너가 모든 풍물이 생소한 일본 현 정세를 논하며 능히 그 안위安危를 엿보지 못하였으나 왕은에 힘입어 다행히 보빙報聘(국교)하는 일을 끝내고 왔습니다. 신이 일본의 사관舍館에 머물러 있을 때 중국 공사와 자주 접촉하여 천하대세를 논하고 외세의 핍박을 개탄하면서 수족 같은 조·중 양국이 서로 결속하여 이 난국을 타개하는 것이 시급하다는데 의견을 같이 했습니다. 토론만으로 부족하여 문자로 기록하니 수천의 글이 이루어졌는데 그것을 일조일석에 해독될 수 있는 것이 아니옵니다. 신이 출발 전일에 황쭌셴이 그 책자(『조선책략』)를 저에게 전해주었는데 그 용의주도한 계획이 그렇게도 소상한데 어찌 그것을 허황된 거짓이라 하겠습니까? 첫째로는 국토에 관한 것이고, 내용으로는 조정에서 채택할 만한 것인데 신이 어찌 그것을 받아오지 않을 수 있겠습니까.

병조정랑 유원식의 상소문을 살펴본 즉 황쭌셴의 『조선책략』중 야소

(예수), 천주학을 주륙朱陸(주자와 육상산)의 주장과 비슷하다고 한 구절이 있는데 이것을 옳지 않다고 하여 극력 변론하였고 , 또 신이 큰소리로 그를 면전에서 책망하지 않고 순진하게 이를 받아 왔다고 논박하였는데 그 의도가 준엄하여 오히려 신이 부끄러울 지경입니다. 의도를 반박하고 배척함이 이에 이르니 죄과가 비로소 나타나 몸 둘 바를 모르겠으며, 이러한 경황 속에서 조목별로 구체적으로 해명하는 상소를 올릴 겨를도 없었습니다.

그런데도 뜻밖에도 이조참의를 제수하시니 신은 너무도 황공하고 떨립니다. 직명이 지나치고 기량器量이 그 직책을 맡기에는 부적당하여 신은 그 직을 사퇴하기에 급급하여 다시 장황하게 진술하여 바칠 겨를이 없습니다. 원컨대 전하께서는 신의 정상을 통찰하시어 새로 제수하신 이조참의 직책을 다시 거둬주시고 신의 죄를 다스리시어 세인의 평판에 진사陳謝케 하고 천한 몸이 분수에 맞춰 살게 해주십시오.(앞의 책『개화기의 김총리』115~117쪽 인용문 발췌정리)

김홍집은 재차, 삼차 사직상소를 올렸다. 김홍집의 이와 같은 간절한 자책에도 불구하고 사직을 받아주지 않던 고종은 5월 15일 유림들에 대한 궁여지책으로 「척사륜음斥邪綸音」을 전국에 반포함으로써 각 지방의 상소제기를 막으라고 하명하였다. 그러고 나서 고종은 김홍집의 사직을 받아들여 더 이상 유림들의 준동이 없도록 하라는 교지를 전국에 하달하였다. 그러나 유생들의 상소는 그것으로 끝나지 않고 계속 조직화되어 이어져 갔다. 이러한 일련의 사태는 개화·개혁을 추진하려는 김홍집에게 앞으로 닥쳐올 수많은 정치적 시련의 첫째 관문이었다.

이듬해인 1881년 3월 25일(고종 18, 음 2월 26일) 경상도 예안 유생 이만손李晩孫(1811~1891) 일파가 '영남 만인소嶺南萬人疏'라는 이름으로 조정에 상소문을 올렸다. 이 상소는 서두에서 "수신사 김홍집이 가져온 황쭌셴의 책자가 유포되는 것을 보고 저절로 머리카락이 곤두서고 쓸개가 흔들리며 통곡하였다"고 말하면서 중국·일본·미국과 연합하여 러시아를 막는다는 것은 불합리하다고 지적하였다. 또한 서학西學에 종사하여 치재·권농·통공에 진력한다는 것에 대해 우리에게는 고래로부터 양법·선규良法 善規가 있으므로 서학에 종사할 필요가 없다고 주장하였다. 끝으로 황쭌셴이란 자는 중국인이라 하지만 일본의 세객說客이며 야소耶蘇의 선신善神일 것이라고 말하고, 그와 같은 불온서적을 가져온 김홍집을 엄벌하고 그 책자를 불속에 던져 위정척사의 대도를 명시하라고 주청하였다. 다음은 '영남 만인소'의 본문 일부이다.

엎드려 수신사 김홍집이 가지고 와서 유포한 황쭌셴의 사사로운 책자를 보건대 어느새 털끝이 일어서고 쓸개가 떨리며 이어서 울분이 복받치고 눈물이 흐릅니다.

아아! 천하가 생긴 지는 이미 오래됩니다. 요순 주공 공자가 앞에서 열

고 자사·맹자·정자·주자가 뒤에서 밝힘으로써 백성은 그 도리를 다하고
만물의 근본 법칙을 지키기에 온갖 힘을 다하였으며 하늘이 정한 질서
(삼강오륜)를 펴고 악을 다스리는 성과를 거두기에 항상 조신하여 왔나
이다. 어쩌다 간사한 말과 빗나간 행동이 그 사이에 싹트면서 이를 물리
치고, 끊어버리고, 몰아내고 또한 없애버렸습니다. 양묵楊墨(중국 전국시
대 초기 사상가인 양주楊朱와 묵자 즉 묵적墨翟)의 학문이 인의를 논하지만
이를 홍수보다도 더 강력히 배척하고 노불老佛(노자와 석가)의 견해가 심
성을 가르치지만 이를 사사로운 원수보다도 더 공박하였나이다. (중략)
청컨대 신들은 다시 사적에 실린 사실들을 따라 엎드려 아룁니다. 6국(제
齊·초楚·연燕·조趙·한韓·위魏)이 연합하여 진을 물리친 것은 모두 영토가
서로 인접하여 겹겹이 막힌 국경을 넘고 풍속이 서로 비슷하였기 때문
입니다. 일찍이 겹겹이 막힌 국경을 넘고 만리 바다를 건너서 순치脣齒의
외교를 맺었다는 일은 들어 본 적이 없습니다. (중략) 더욱 통분할 일은
저 황쭌셴이란 자가 중국인으로 자칭하면서 일본의 세객說客이되고 예
수의 선신이 되고 기꺼이 난적의 효시가 되어 스스로 금수와 같은 무리
에 끼어드니 고금 천하에 어찌 이런 도리가 있겠습니까? (중략) 그리하여
한 나라 백성으로 하여금 성의聖意가 어디에 있는가를 깨닫도록 하시고
주공·공자·정자·주자의 도를 더욱 밝게 가르치시면 모두가 윗사람을 섬
기고 어른에게 헌신하는 마음이 생길 것입니다. (중략) 울분이 가슴을 메
워서 진정할 수 없습니다. 큰 소리로 울부짖음에 말을 어떻게 써야 할지
를 모르겠습니다. 엎드려 비옵건대 전하께서 신들을 어여삐 살피셔서 소

疏를 받아 주신다면 이는 한 나라의 다행이 아니라 실로 천하의 다행일 것이며, 한 시대의 다행이 아니라 만세의 다행일 것입니다.(앞의 책,『조선책략』부록「영남만인소」109~126쪽 발췌정리)

이 상소문은 김홍집을 탄핵하는 글이기도 하지만, 실은 정부 당국을 공격하는 글이었다. 이에 대해 민비 척신의 중심인물인 민태호가 이만손을 조용히 불러 주의를 주었지만 다음 달 또다시 상소할 기세여서 당국에서는 그를 전라도 강진으로 유배조치했다. 그 뒤에도 이와 유사한 상소가 계속 이어져, 강원도 유생 홍재학(후에 처형), 경기도 유생 신섭 등도 강한 상소를 하여 김홍집의 입지를 더욱 난처하게 만들었다.

임오군란과 불길한 후유증

앞에서도 살펴 본 바와 같이 고종의 개화의지가 어느 정도 확고해지고 개화파가 국정에 적극 참여하면서 국정의 흐름은 개항 이후 개화의 방향으로 진행되어 갔다. 물론 위정척사파들의 저항은 계속 되어 정국 혼란의 불씨로 작용하였다. 1881년 1월(고종 17, 음 12월) 조정에서는 새로운 정세에 부합한 관제개혁에 착수하여 의정부 밑에 통리기무아문統理機務衙門을 설치하였다. 이 관제는 대체로 중국의 총리

아문總理衙門 기구를 모방한 것으로 이 아문에는 사대교린·군무·변정邊政·통상·군물·기계·기연譏沿·이용·전선典選·어학 등 12사를 두어 각기 사무를 분장토록 하였다. 한편 군제도 종래의 5영(훈련도감·어영청·수어청·금위영·총계청摠戒廳)을 2영(무술영武術營·장어영壯禦營)으로 개편하고 별도로 무술영 예하隸下에 별기군을 창설하고, 일본 공사관 소속의 공병소위 호리모도 레이조堀本禮造를 교관으로 하여 신식훈련을 시작하였다. 1881년 11월(고종 18, 음 9월) 통리기무아문에서는 김윤식을 영선사로 하여 38명의 학도 기술직을 중국에 파견하여 톈진 기기국에서 군기제조를 학습케 하였다. 그러나 학도들은 근대적 기술에 대한 기본지식을 갖고 있지 못하였기 때문에 제대로 학습을 받지 못하였고, 또한 조선 정부에서도 지원이 부족하여 1년 뒤 전원 귀국하고 말았다. 그런 가운데서도 김윤식은 과학서적을 기증받아 그 내용을 「한성순보」에 전재하여 개화사상을 전파하였고 톈진에서 중국인 기술자를 데리고 와 삼청동에 기계창을 세웠다. 이와 함께 정부에서는 1881년 4월(고종 18, 음 3월) 지난해 김홍집 수신사 일원 3명을 일본에 파견, 동제련과 피혁제조기술을 습득토록 하였다.

당시 조선 정부가 강한 의지를 가지고 추진한 개화정책의 하나는 일본으로 신사유람단을 파견하는 것이었다. 1881년 2월(고종 18, 음1월) 정부에서는 조사朝士 12명(조준영·박정양·엄세영·어윤중·홍영식·민종묵·강문형·조병직·이종영·심상학·이원회·김종원 등)과 수행원 50명 등 총 62명을 선발하여 위정척사파의 반발을 의식해 동래부 암행어사라는 명목으로 서울을 떠나게 하여 부산에서 출발토록 하였다. 이들은 나가사키에서 3개월간에 걸쳐 일본 정부의 문교·내무·농상·외무·대장(재무)·군부 등의 각 성省과 세관·조폐 등의 시설 등을 두루 시찰하였다. 유람단은 귀국하여 복명서를 제출, 정부의 개화정책 추진에 힘을 보탰다. 그 가운데 안종수가 쓴 『농정신편』(전4책)이 그 대표적인 예이다. 그리고 어윤중의 수행원이었던 유길준과 유종수는 게이오기주쿠慶應義塾, 윤치호는 동인사同人社, 김양한은 조선소에 들어가 수학하였다.

앞에서 언급한 바와 같이 김홍집의 귀국 보고에 의한 개화정책이 급물살을 타면서 위정척사파의 반발이 고조되는 가운데 '영남 만인소' 영향으로 정국이 술렁대자 이 움직임을 누구보다 더 큰 관심을 갖고 지켜본 사람은 다름 아닌 흥선 대원군이었다. 그는 일찍이 위정척사를 단행하여 양이攘夷를 실현한 장본인이었다. 물론 그는 서원 철폐 등으로 유생들의 원망을 사 정권에서 물러나기도 하였지만(사실 민비는 그것을 구실삼아 대원군을 권좌에서 밀어냄), 척사斥邪 문제에 있어서는 척사파와 일치하였다. 그의 의중이 표면화된 사건이 바로 '이재선 사건'이다. 별군직別軍職 이재선李載先은 대원군의 서자였다. 그는 나이 40에 이르도록 서자라는 딱지 때문에 제대로 된 벼슬자리를 얻지 못하고 대원군의 부름만 기다리고 있었다. 그럴 즈음 '영남만인소'가 나온 후 전국 유생들이 궐기하는 것을 보고, 이때 활약한 강달선·이철구·이두영·이종학 등 4인이 이재선과 의기투합하여 모종의 일을 꾸몄다. 이들은 사재를 털어 군자금을 마련한 다음, 강화부 인천부의 포수, 함경도 출신의 일부 의기투합자들을 포섭하였다. 이들은 1881년 9월13일(고종 18, 음 8월 21일) 경기도 감시監試, 초시初試가 실시되던 날 거사키로 계획을 세웠다. 즉 과거가 실시될 때 전국의 유생들이 서울에 몰려들 것이고, 이 속에 강달성 등이 유건유복儒巾儒服으로 차려 입고 있다가 적절한 때 시정의 잡배들까지 동원, 이들을 3군으로 나누어 1군은 대원군을 모시고 창덕궁에 침입하여 국왕을 폐위함과 동시에 2군은 민비 척신들을 살해한 다음, 3군은 일본공사관과 평창에 있는 별기군 교련장을 습격하여 일본인을 살해하고 무기를 탈취하자는 작전을 세웠다. 그러나 이들의 무모한 거사계획은 광주廣州 장교 이풍래가 8월 28일(음) 당국에 밀고함으로써 이재선 이하 30여 명이 의금부와 포도청에 일제히 검거되었다. 마침내 1881년 10월 1일(음) 안기영·권정호 등이 대역부도죄로 능지처사되었고 주모자 이재선은 제주도로 유배되었다가 10월 27일(음) 사사되었다. 두 말할 것도 없이 이 사건의 몸통은 대원군이었으나 당국에서는 유야무야 대원군 개입을 불문에 붙였다. 이 모의는 해프닝으로 끝났지만 유학자들을 비롯한 일반 백성들은 개항 이후 호시탐탐 조선을 침략하려는 일본의 의도와 조선 당국이 추진하는 개화정책에 계속 저항감을 표출하였다.

그런데 이와 같은 반왜反倭·반개화·위정척사 감정은 뜻밖에도 구식군인들의 반란으로 이어졌다. 1881년 4월 23일(고종 18) 나라에서는 개화정책 추진의 일환으로 신식군대인 별기군別技軍(당상堂上 민영익, 영관 윤웅렬)을 창설하고 일본인 공병소위 호리모토 레이조堀本禮造를 초빙하여 훈련을 전담하게 했다. 그리고 같은 해 12월에는 기존의 5군영을 2군영으로 축소 개편하였다. 요즈음 식으로 말하자면 군부를 구조 조정한 셈이었다. 그러나 별기군 조직개편에도 불구하고 구식 병졸들에게는 별로 나아진 것이 없었고 상대적으로 별기군 대우는 후해졌다. 따라서 군영에 속하는 병졸, 이른바 구식군인들은 별기군을 질시하게 되었고 그 불만은 정부쪽으로 향하였다. 더구나 구식군대에게는 계속 임금을 체불하다가 선혜청에서 13개월 만에 지급한 쌀에는 모래와 겨가 많이 섞여 있을 뿐만 아니라 그나마 정량에도 미달하였다. 이렇게 된 것은 일본과 '강화도 조약' 체결 이후 대량의 미곡이 일본으로 유출된 것이 큰 원인이었다. 마침내 격분한 구식 군대는 1882년 7월 19일(음 6월 3일)관계요로에 몰려가 불만을 토로하며 시정을 호소하였다. 그러나 당국의 태도는 미온적이다 못해 강압적으로 대처하였다. 궁지에 몰린 구식군대는 7월 30일 오후 5시 30분을 기해 폭동을 일으켰다. 반군은 먼저 동별영東別營 무기고를 습격하여 총기를 탈취하고 포도청에 난입하여 김영춘 등 동료를 구출하고, 의금부를 습격하여 투옥중인 백락관을 석방하였다. 백락관은 충청도 유생으로 척사·척왜를 외치며 남산에 봉화를 올리다가 체포되어 투옥 중이었다. 이어서 반군은 서대문 밖 경기 감영을 습격하여 관찰사 김보현을 찾았다. 그때 김보현은 피신하고 없자 반군은 무기고를 습격하여 총기를 약탈하고 일부는 강화유수 민태호와 그 척신들의 집을 습격하는 한편, 일부는 선혜청 당상 민겸호 집을 습격하고 다시 일본 공사관에 난입하여 불을 질렀다. 그리고 반군은 피신하는 일본인 교관 호리모토와 세 명의 일본인(육군 소속 일본어 교관 2명 외무성 순사 1명)을 살해하였다. 그러나 하나부사 요시모토花房義質 공사와 직원들은 미리 알고 도망쳤다. 그들은 천신만고 끝에 양화진을 거쳐 인천에 도착, 7월 26일 영국 측량함의 도움을 받아 7월 29일 나가사키에 도착하였다.

반군은 내친 김에 부패의 온상으로 지목한 민씨 일파와 친일파로 규정한 개화파 인물들까지 없앨 작정을 하고 입궐 중이던 민겸호와 경기도 관찰사 김보현까지 살해하였다. 기세가 오른 반군은 대원군의 복귀를 주장하는 한편 창덕궁을 공격하였으며, 7월 24일(음 6월 10일) 고종은 사태를 수습하기 위해 하는 수 없이 대원군을 다시 불러들였다. 10년 만에 재기한 대원군은 통리기무아문을 폐지하고 맏아들 이재면에게 병권과 재정권을 맡기고 다시 실권을 장악하였다. 이 사이 반군은 민비를 찾았으나 눈치 빠른 민비는 무예별감 홍재희의 도움으로 황급히 궁궐을 빠져 나와 경기도 광주, 여주를 거쳐 장호원의 친척 민응식 집에 피신하였다. 그러면서 민비는 자신이 공격대상인 것을 알고 왕후가 죽었다고 백성들에게 알리도록 하였다. 이에 따라 조정에서는 반신반의하는 백성들을 설득하기 위해 "중궁전이 오늘 오시午時 승하하였으므로 거애擧哀의 절차는 의례대로 할 것이며 망곡처소望哭處所는 명정전明政殿 뜰로 한다"는 교지를 내리고 민비의 국상을 공식 공표하였다. 이 꼼수에 대원군은 알고도 속고 모르고도 속아 며느리 장례식까지 치르는 해프닝을 벌였다.

그러나 문제는 그것으로 일단락 된 것이 아니고 상황은 일파만파 더 꼬여만 갔다. 사건이 확대되자 당시 미국과 수호조약을 체결하기 위해 청국에서 리훙장과 교섭 중이던 김윤식과 어윤중이 본국의 긴급훈령을 받고 리훙장에게 파병요청을 하였다. 리훙장으로서는 미묘한 사안이기는 하였지만 내심 바라던 일이었다. 마침내 8월 10일(음 6월 27일) 청의 지휘관 마젠종馬建忠과 북양함대 제독 딩루창丁汝昌이 이끄는 세 척의 군함이 조선 측 어윤중과 함께 제물포항에 들어오고, 8월 20일(음 7월 7일)에는 광동수사제독廣東水師提督 우장칭吳長慶이 거느린 3,000명의 청군이 인천항에 정박 중인 일본 군함을 피하여 마산포에 도착하였다. 이때 조선 정부에서는 부랴부랴 병조판서 조영하, 공조판서 김홍집을 접견관으로 보내고 김윤식으로 하여금 우장칭을 맞이하도록 하였다. 당시 24세의 청년 사관 위안스카이遠世凱(1859~1919)도 우장칭과 동행하였다. 청군의 개입으로 8월 26일(음 7월 13일) 군란이 진압되면서 청군의 대표 마젠종은 대원군이 이 사건을 원격 조정한 것으로 보고 껄끄러운 대원군을 체포하여 본국 텐진으로 압송했다. 정계에 복귀한 지 한 달 만에 청국으로 납치된 대원군은 1885년 8월 27일까지 3년 동안이나 텐진에서 연금당하는 수모를 겪어야 했다. 대원군이 납치되어 간 지 10여 일 후 영의정 홍순목(개화파 홍영식의 부) 이하 고위급들이 민비를 환궁시키고자 장호원으로 내려가고, 우장칭의 지시로 청군 100여 명이 청주로 출동, 민비를 호위하여 9월 12일(음 8월 1일) 환궁 조치하였다.

사후처리로 군란의 주모자 김장손·유춘만 등 8명과 주 가담자 11명 등 총 19명이 10월 5일(음 8월 24일)까지 모두 참수되고 군란은 종결되었지만, 그 후 조선은 청국과 일본의 틈바구니에서 '고래 싸움에 등 터지는 새우 꼴'이 되었으며 상황은 더욱 심각한 국면으로 치달아 급기야는 나라가 망하는 단초가 되고 말았다. 군란 진압 후 조선 정부에서는 조영하趙寧夏를 진주사陳奏使로, 김홍집을 부사副使로 임명하고 어윤중을 문의관問議官으로 하여 청국에 파견하였다. 이들은 우선 임오군란 때 군대를 파견해준 청국 정부에 사의를 표명하고 마젠종 등 청국 대표와 협상하여 1882년 10월 4일(고종 19, 음 8월 23일) '조·중상민수륙무역장정朝中商民水陸貿易章程'을 체결하였다. 이 장정의 조약은 전문 8조로 되어있는데 내용은 통상에 관한 것보다 오히려 정치문제에 중점을 두고 있었다. 다분히 일본을 견제하려는 의도가 담겨 있었다. 이 조약은 어차피 양국이 동등한 입장에서 체결한 것은 아니었지만 장정章程 서문에서 "이번에 정한 바 수륙무역장정은 중국이 '속국屬國'을 우대하는 뜻에서 작성한 것이므로 각국이 모두 균점할 수 없다."라고 하여 양국의 종속관계를 명백히 하였다.

이 군란의 여파로 조선에서의 청국의 발언권이 강화된 것은 당연지사였다. 군란 뒤 정부는 리훙장의 추천으로 조선에 온 독일인 묄

렌도르프(Paul Georg von Möllendorff,
1847~1891. 한국명 목인덕穆麟德, 묄렌도르
프가 청국 주재 독일 영사관에 근무하던 중
이홍장이 지방관 시절 두 사람은 친분을 맺
게 됨)의 자문을 받아 12월 26일(음 11
월 17일) 통리기무아문 및 통리내무아
문을 설치하고 1월 12일에는 통리아
문을 통리교섭통상사무아문, 통리내

묄렌도르프

무아문을 통리군국사무아문으로 개칭하여 전자는 외교통상 관계 업
무를, 후자는 군국의 기무를 비롯하여 내정 일체를 관장케 하였다.
당시 이 두 관청에는 당대의 실력자들이 배치되었는데 전자는 독판
督辦에 조영하, 협판協辦에 민영익·김홍집, 참의에 김만식·김옥균, 그
리고 후자의 독판에 민태호, 협판에 김윤식, 참의에 홍영식·어윤중
등이 임명되었다. 그리고 군제도 개편되었는데, 군란 뒤 서울에 진
주한 우장칭의 주도로 친위부대가 편성되었다. 즉 우장칭은 위안스
카이 등 휘하의 장교를 교관으로 삼아 장정 1,000여 명을 선발, 훈련
하여 이들을 친군영이라 칭하고 좌우 2영으로 나누어 이조연을 좌
영 감독, 윤태준을 우영 감독으로 하는 등 군 조직개편도 완전히 청
국이 주도하였다. 한편 재정·경제, 외교 면에서도 당장 중국총판조
선상무中國總辦朝鮮常務라는 직함을 가진 천수탕陳樹棠이 재정고문으로,
그리고 친청파인 독일인 묄렌도르프가 외교고문으로 임명되어 청국

은 조선의 경제·외교를 좌지우지 하다시피 하였다. 그 증거의 하나로 군란 뒤 청국 상점 수가 부쩍 늘었고 1884년(고종 21)에는 청국 상인의 수효가 350여 명에 달하였다. 오늘날 화교華僑라고 하는 조선 내 중국인 거류민은 임오군란 때 중국군을 따라 약 40명 정도 들어온 것이 최초인데 그 수효가 점차 늘어나 독자적인 문화권을 형성해 왔다. 그러나 현재 이들 화교는 한국인의 타민족에 대한 배타적인 성향 때문인지 점차 타국으로 빠져나가는 추세다.

일본은 일본대로 더 실속을 챙겼다. 일본은 군란 때 살해당한 자국민 피해와 공사관 안전 및 자위권 강화를 명분으로 시비를 걸어와 결국 8월 30일(음 7월 17일) 조선과 '제물포 조약'을 맺었다. 이에 따라 조·일 양국은 "조선은 5만 원을 일본국 관리 피해자의 유족들에게 지불한다. 일본이 입은 손해 배상 및 공사관 안전을 위한 비용 50만 원을 5년에 걸쳐 분할 납입하고 사절단을 일본에 파견하여 공식 사죄할 것" 등 6개항 외에 "일본 외교관의 국내 각지 통행의 안전 보장과 부산·인천·원산항을 확장하여 일본 선박왕래의 편의 제공을 약속할 것" 등을 합의하였다. 그 밖의 조항들도 모두 불평등 조약 내용들이었다. 결국 '군란'의 결과 조선에는 청국과 일본의 두 군대가 주둔하게 되어, 명색이 군왕인 고종은 마치 한집에서 두 시어미를 모시고 시집살이를 톡톡히 하는 불쌍한 '며느리' 신세가 되고 말았으며, 훗날 국권까지 빼앗기는 수모를 겪어야 했다.

이 사건을 계기로 급진개화파와 온건 개화파 간에 현실인식과 대처방법을 놓고 갈등이 깊어졌다. 김옥균을 중심으로 한 급진 개화파는 김윤식이 리훙장과의 조약협상에서 조선은 청의 '속방屬邦'이라는 시대착오적인 문구를 넣은 데 분개하였으며, 대원군이 납치되어 텐진으로 끌려 간 것은 국가적 수치요 모욕이라고 성토하였다. 반면 김윤식과 어윤중 등 온건 개화파는 조선의 현 상황이 청국의 영향력을 벗어날 수 없다는 현실을 받아들이고 점진적 개화정책으로 실리를 챙기자는 논리를 폈다. 이처럼 국내에서 급진·온건 개화 양파 간의 대립각이 첨예화하고 있을 때 일부 청국 주둔병이 서울 광교 조선인 약국에서 약을 무상으로 가져가려다가 주인과 실랑이를 벌이던 중에 약국 주인을 폭행하는 일까지 벌였다. 이들은 한술 더 떠 사건을 보도한『한성순보』발행처인 박문국에 떼지어 몰려가 난동과 횡포를 부렸지만 당국에서는 속수무책이었다. 작은 일 같았지만 강자의 예사롭지 않은 횡포는 자주의식이 강한 젊은 엘리트들, 특히 급진 개화세력들의 분노를 사기에 충분했고, 이는 향후 모종의 '결행'을 부추기는 기폭제로 작용하였다.

제4장

———

급진 개화파의 새판 짜기
―갑신정변

고종은 개화의 필요성에 대해서 개화파와 인식을 같이하면서도 이를 추진하는 방법과 시기를 놓고 매번 실기하는 우유부단함을 보였다. 특히 급진 개화파가 볼 때 정부의 각종 개혁정책은 별 내용도 실효도 없는 변죽만 울리기일 뿐이었다. 정부의 재정·경제 정책은 말할 것도 없고 특히 '인사는 만사'라는 말을 무색케 할 정도로 고종은 민비의 치마폭에 휘말려 실권이 있는 요직은 여전히 민비의 척족에 맡기는 바람에 어느 것 하나 공정하게 진척되는 것이 없었다. 갈 길은 멀고 해는 저물어 가는 상황에서 급진 개화파는 초조해졌다. 신해혁명辛亥革命의 주역 쑨원孫文이 '황허黃河가 맑아질 때까지 기다릴 수 없다'고 한 말이 급진 개화파에게 딱 맞는 표현이었다. 마침내 1884년 12월 4일(음 10월 17일) 급진 개화파는 일본병력의 지원을 받아 거사를 결행하였다. 그러나 이들의 '새판 짜기' 원대한 꿈은 청국군 개입으로 '3일천하'로 끝나고 조선정부는 일본의 배상요구에 따라 굴욕적인 '한성조약'을 체결(양력 1885년 1월)하였다. 이를 계기로 청일 양국은 조선의 운명에 불길한 '톈진조약天津條約'을 체결(양력 1885년 4월)하여 향후 두 나라가 조선에 대한 지배권 쟁탈전을 벌이는 구실을 마련하게 된다.

지지부진한 개화정책 추진

임오군란 후 조선의 국력을 얕잡아 보기 시작한 청국은 사사건건 조선정부의 내정을 간섭하기 시작하였다. 그러면 그럴수록 급진 개화파는 일본에 더욱 접근하였다. 1882년 8월 조선 정부는 '임오군란' 사태를 수습하기 위한 대책의 일환으로 박영효를 특명 전권대사로 하여 일본에 사절단을 파견하였다. 그때 종사관 서광범과 함께 김옥균도 고문자격으로 동행하였으며, 실세인 민영익도 내부 감독관 임무를 띠고 이들과 함께 사절단에 참여하였다. 그러나 말이 사절단이지 이들 사절단은 너무도 초라한 모습이었다. 그도 그럴 것이 당초 목적인 배상금 탕감문제로 일본과 비굴한 협상을 벌여야 했기 때문이었다. 그나마 다행이라 할까, 이 사절단은 외무성 이노우에 가오루井上馨와 협상하여 배상금 50만 원에 대한 상환기한을 당초 5년에서 5년 더 연장하여 10년으로 하고 매년 5만 원씩 분할 납입키로 합의하였다. 그리고 차관교섭 끝에 17만원을 받았지만, 그 가운데 5만원은 앞서 약속한 일본인 관리 유족피해보상금 조로 공제하고 나머지 12만 원을 받았으나 이 역시 사절단 경비와 유학생 학비지원 등에 충당해 버렸다. 그야말로 말이 차관도입이지 실속 없는 빈손 차관도입이었다.

초라한 박영효 사절단 일행은 1883년 1월 5일(음 1882년 1월 27일) 일본에서 돌아와 귀국보고를 마친 후, 박영효는 한성판윤에 임명되었으며, 곧바로 신문발행(「한성순보」)과 도로 정비에 착수하였다. 이 일은 일본 도쿄와 여타 도시의 정비된 도로망을 보고 자극을 받아 김옥균과 상의하여 실행에 옮긴 것이다. 그런데 무슨 이유인지 박영효는 한성판윤에 임명된 지 3개월 만에 광주유수廣州留守로 좌천되었다. 이러한 인사조치는 두 말할 필요도 없이 민비세력들의 개화세력에 대한 견제책의 일환이었다. 그런 와중에서도 박영효가 추진했던 「한성순보」 발행은 우여곡절 끝에 1883년 10월 1일 첫 판이 나옴으로써 개화정책 추진의 첨병역할을 하게 되었는데, 이것은 급진 개화파가 오래전부터 추진해 온 숙원사업의 하나였다.

김옥균이 일본에서 돌아와 보니 1882년 12월 외교고문으로 위촉된 묄렌도르프가 청국의 힘을 믿고 통리기무아문(개항에 대비한 정부 특별기구)의 협판 민영익, 총리교섭통상사무아문總理交涉通商事務衙門(1882년 11월 설치한 외무·통상업무관장 기관이며 통리아문의 후신으로 12월에 명칭이 변경됨)의 독판 민영목 등 실세들과 어울리며 막강한 영향력을 행사하고 있었다. 그는 왕실 실세 측에서 추진하는 당오전當五錢 화폐(주화) 발행 주조를 지지하고 있어 이를 반대하는 김옥균과 의견충돌이 잦아졌다. 묄렌도르프를 비롯한 왕실 측에서는 재정조달을 위해서 당오전 발행을 주장한 반면, 김옥균 등 개화파는 유통질서의 혼란과 인플레 유발 등을 우려하여 이의 발행을 반대하고 그 대신 차관도입을 주장하였다. 결국 고종은 그 특유의 성품대로 어정쩡하게 둘 다 채택하여 당오전을 유통(1883년 음력 2월 민태호의 주도로 금위영·만리창 등 3개소에서 주조)시키는 한편, 김옥균에게도 차관도입 위임장을 주어 일본으로 보냈다. 그러나 결국 이 두 가지 다 실패로 돌아갔다. 즉 김옥균의 예상대로 당오전은 상평통보의 다섯 배에 해당하는 돈이었지만 실제 가치는 두 배에 지나지 않아 고율의 인플레를 유발했고 위조주화까지 성행하여 1884년 폐지될 때까지 유통질서의 혼란만 초래했고, 차관 도입도 일본 측의 난색으로 실패하고 말았다. 어떻든 이처럼 개화파의 개혁노력은 수구파인 민비척족들에 의해 번번이 제동이 걸렸고, 내실 있는 개혁이 없이 위인설관爲人設官, 옥상옥屋上屋 이름만 긴 각종 유사 행정기구만 양산, 재정낭비만 초래했다.

그리고 1883년 3월 김옥균은 동남제도개척사東南諸島開拓使와 포경사捕鯨使라는 직책에 임명되었다. 당시로서는 생소한 동남제도개척사는 울릉도와 제주도를 비롯한 조선 동남쪽 여러 섬의 개척을 전담하는 부서의 직책으로 1880년 원산항 개항 이후 본격화한 일본의 울릉도 침탈을 막기 위한 대책의 일환으로 설치한 특별 부서였다. 그리고 포경사는 동해의 고래잡이를 관장하는 직책인데 무無에서 시작한 특수임무였다. 또한 김옥균은 동남 개척업무와 열강의 침략에 대비한 조선의 영토권을 확실히 하기위하여 「조선여지도朝鮮與地圖」를 만들었다. 이 지도는 매우 정교하게 만들어졌으며, 특히 그 지도에는 울릉도는 물론 독도가 우리 영토임을 명백히 하였다. 1883년 6월 김옥균은 차관 교섭차 세 번째로 일본을 방문하였다. 그때까지만 해도 고종은 민비 측근들의 견제에도 불구하고 김옥균의 능력이 워낙 뛰어났기 때문에 지난해 9월 우부승지로 임명한 후 다음해 4월 이조참의, 10월 호조참판에 임명하는 동시에 차관교섭과 동남개척 업무를 적극 추진하도록 외아문 협판으로 승진, 발령하였다.

1883년(고종 20) 7월 8일(음 6월 5일) 고종은 민영익을 보빙사(특명전권대사)로 임명, 개화의 본거지인 미국에 파견하였다. 수행원은 부대사 홍영식·종사관 서광범·수행원 변수邊樹·유길준 등이었다. 변수는 그 후 갑신정변 때 '거사'에 적극 가담했다가 거사 실패 후 일본을 거쳐 미국으로 망명하게 된다. 그는 1887년 그곳 메릴랜드 주립 농과대학에 정식 입학하여 4년 뒤인 1891년 6월 이학사 학위를 취득하였다. 한국인으로서는 미국 정규대학 최초 졸업생이고, 컬럼비아 의과대학을 졸업한 서재필보다 2년 앞섰다. 그러나 안타깝게도 그는 대학을 졸업한 지 4개월 후 모교 앞 기차 길 건널목에서 열차에 치어 사망하는 비운을 맞는다.

특명전권대사 자격으로 미국에 파견된 민영익의 당시 나이가 불과 24세인 점을 볼 때 이 역시 파격적인 직무였다. 민영익 일행은 미국과 유럽을 시찰하고 근 1년 만인 1884년 6월 5일(음 5월) 귀국하였으며, 이에 앞서 홍영식 일행은 민영익과의 의견 충돌로 중도에 귀국해 버렸다. 김옥균은 민영익이 귀국한다는

홍영식

소식을 듣고 미국 공사관 통역으로 있는 윤치호를 데리고 인천으로 가서 민영익을 영접, 1년 만에 만나 많은 기대를 걸고 대화를 나누어 보았으나 옛날이나 지금이나 달라진 것이 없었다. 수행원들이 전하는 바에 의하면 민영익은 공무여행 중에도 『논어』 등 유교 서적만 읽으며 지냈다 하니 한심한 전권대사였다. 민영익은 오히려 귀국 후 민비 측 수구파의 결속과 개화파에 대한 경계심을 더욱 강화해갔다. 그 무렵 정부에서는 선진국의 우편업무를 참고하여 3월 27일 우정국을 설립하고, 그해 10월 1일 우편 업무를 개시하면서 10월 17일(음) 낙성식 축하연을 앞두고 있었다. 이에 앞서 청국은 프랑스와 베트남 영유권을 둘러싸고 분쟁이 발생하자 6월 조선에 파견된 3,000명의 군인 중 1,500명을 우장칭의 인솔 하에 베트남 국경 분쟁지역으로 이동시켜 프랑스와 일전을 벌였다. 그러나 이어서 8월에 벌어진 청·불 전쟁에서 청국군은 참패하였다. 당연히 청국의 국내 상황은 어수선

해졌고 조선에 대한 관심이 소홀해질 수밖에 없었다. 청국군 동향을 예의 주시하던 일본은 이때가 호기라고 판단하고 김옥균과 개화파를 부추겨 '큰일'을 도모해 나갔다.

산 넘어 산 '거사' 준비

임오군란의 배후 책임을 물어 대원군이 재집권 한 달 만에 톈진으로 끌려간 후 민비 수구세력들은 개화파의 개혁을 더욱 견제, 제동을 걸었다. 김옥균과 급진개화 세력은 더 이상 지체할 수 없었다. 앞에서 언급한 바와 같이 김옥균은 임오군란 청국 주둔군의 횡포와 간섭이 점차 노골화하고 수구 세력의 청국 의존도가 더욱 높아짐에 따라 더 이상 평화적인, 그리고 점진적인 개혁은 맞지 않다고 판단, 무력행사로 대경장개혁大更張改革을 결심하였다. 이러한 결심은 1883년 봄부터 구체화하였다. 당시 개화당 요인 한성판윤 박영효는 그해 4월 경기도 광주유수로 발령을 받자 박영효는 오히려 이것을 기회로 생각하고 부임 직후 곧바로 개화파의 무관 출신 신복모申福模를 훈련대장으로 임명하여 500여명의 신식 군대를 양성하기 시작하였다. 당시 훈련장인 남한산성 일대는 비밀리에 군대를 훈련시키기에 안성맞춤인 천혜의 요새였다. 그러나 이러한 계획도 수구파에서 사전에 정보를 입수, 왕에 간언하여 박영효의 계획은 수포로 돌아가고,

훈련병들은 어영청御營廳(당시 총책임자는 수구파 한규직韓圭稷))으로 배속
되었으며, 그해 12월(양력) 박영효는 광주유수에서 해임되고 말았다.
그런 가운데서도 박영효와 김옥균은 이들 군대 중 일부 충성파를 개
화파의 비밀 결사인 충의계忠義契(총 43명)에 가입시켰다. 그리고 김옥
균은 차관교섭차 세 번째로 일본에 건너가면서 차관교섭과 함께 서
재필 등 젊은 생도 14명을 일본 육군호산학교에 입교시켰다. 그의
이러한 조치는 향후 거사에 대비한 사전 포석이었으며, 귀국시에 다
량의 폭약을 가지고 왔다.

또한 김옥균의 주선으로 개화파 무관 출신 윤웅렬尹雄烈(윤치호의
부친)이 1883년 3월 17일(양력 4월 23일) 함경도 병마절도사로 임명되
어 북청 소재 남병영南兵營에서 약 500명의 장정을 뽑아 신식 군대 양
성에 들어갔다. 윤웅렬은 "남병영에서의 양병은 김옥균이 나라를 위
해 크게 걱정하여 추진하는 사업"이라고 하였다(윤치호 지음, 송병기 옮
김, 『윤치호일기』[1883년 10월 5일자], 연세대학교 출판부, 2004). 그러나 이
계획마저도 난관에 봉착하였다. 당시 함경관찰사 임한수가 수구파
의 교사를 받아 왕에게 장계狀啓를 올려 윤웅렬의 군사훈련 중단은
물론 파면을 건의하였다. 그러나 당시 궁정 통역관으로 활약하며 고
종의 신임이 두터운 윤치호가 그의 부친 윤웅렬을 옹호하고 군사훈
련의 필요성을 왕에게 진언하여 북청군대 양성은 그대로 진행되었
다. 그리고 이어서 윤치호는 정예병 100명을 뽑아 상경시키고 사관
학교 설립도 건의하였다. 이 모든 계획은 윤치호가 김옥균 집을 방문

투숙하면서 면밀히 짠 계획이었다.(앞의 『일기』 1884년 7월 23일자 및 7월 27일자). 이때까지만 해도 윤웅렬 부자는 개화파 거사에 동조하는 분위기였다.

그러나 개화파의 거사계획을 의심해온 수구파에서는 당초 개화파로 왕의 신임이 두터운 환관 유재현柳載賢을 매수, 포섭하여 국왕에게 북청군대의 위험성을 참소하게 하였다. 마침내 9월 15일(양력 11월 2일) 국왕은 훈련병력 중 소수만 남겨두고 거의 전원 해산, 귀가 조치하였다. 일이 이쯤 되자 윤치호 부자는 신변의 위험을 느끼고 서서히 개화당 거사에서 발을 빼기 시작하였다. 다만 윤치호 부자는 개화파의 거사 움직임을 밀고까지는 하지 않았다. 그들의 이러한 처신은 일종의 양다리 걸치기로 향후 만약의 사태에 대비한 몸 사리기였다. 윤치호 부자의 이러한 현실 순응적이며, 나약하고 약빠른 행동은 죽는 날까지 지속되었다. 윤치호 부자의 성향을 일찍부터 간파해온 김옥균은 이들 부자에 대해 '불가근불가원不可近不可遠' 입장을 취하며 거사 세부계획은 물론 중대 사안에 대해 속내를 보이지 않았다.

1884년 4월(음) 김옥균이 일본에서 귀국하고 민영익과 함께 보빙사로 미국에 갔던 서광범 등이 5월, 서재필 등 사관생들이 6월 귀국하자 김옥균과 이들 급진 개화파는 오랜만에 자리를 같이하고 밀회를 거듭하며 거사의지를 다져나갔다. 그 무렵 김옥균은 수구파 실세인 민영익·묄렌도르프와 갈등을 빚으면서 정치일선에서 물러나 마포대교 북단 한강변 별장에 칩거하며 때를 기다리고 있었다. 앞서 언급한 바와 같이 김옥균은 청국군 1,500명이 베트남 국경으로 이동하자 마침내 이때가 적기라고 판단하고, 미국 공사 푸트(Lucius H. Foote 1826~?)를 방문, 정변의사를 은연중에 밝히고 그의 반응을 떠 보았다. 그러나 푸트의 반응은 긍정도 부정도 아니었으나, 김옥균의 생각으로는 암묵적으로 동의하는 눈치였다. 당시의 상황을 윤치호는 이렇게 썼다. "저녁 때 고우古愚(김옥균의 호)는 미국공사를 방문하여 청불전쟁에 대해 이야기를 나누었는데 '우리나라가 독립할 기회가 어찌 이때에 있다 하지 않겠는가?' 라는 등의 말을 하고 갔다."(앞의 책 『일기』 1884년 8월 2일자) 그리고 얼마 후 신병치료차 일본에 가 있던 다케조에 공사가 9월 12일(양력 10월 30일) 본국 지시를 받고 다시 서울로 돌아와서 김옥균과 박영효를 차례로 만나 거사 지원(상당액의 자금 및 150명의 병력)을 약속하였다. 김옥균 등 주동세력은 일본병 150명에게 국왕 호위를 맡기고 거사 주동세력이 자기들 나름대로 계산한 1,050명은 청국군에 대비하면, 베트남 국경문제로 신경을 쓰고 있는 청국군이 적극 나서지 않을 것으로 판단하였다. 그러나 그것은 아전인수 오판을 한 것이다. 임오군란으로 조선에서 입지를 강화하여 재미를 톡톡히 보고 있는 청국이 만일의 사태를 그냥 수수방관할 리가 없었고 겨우 150명의 일본 병력은 생사를 걸고 대응하지 않을 뿐만 아니라 백성들의 반일감정도 간과한 것이다.

9월 29일(양력 11월 7일) 김옥균과 주동세력은 행동대원 대표들과 회합을 갖고 거사의 구체적인 스케줄을 논의했으며 10월 7일에는 영국 공사 애스턴(William G. Aston, 1841~1911)을 방문하여 거사계획에 대한 의견을 나누었다. 이때 애스턴 공사는 좀 더 생각하며 때를 기다리는 것이 좋겠다는 의견이었으나 거사 자체를 부정하는 눈치는 아니었다. 이어서 10월 8일 김옥균은 다케조에를 찾아가 그동안 준비해 온 거사 세부계획을 논의, 확정하였다. 그리고 10월 12일 김옥균은 고종과 독대할 기회를 마련하여 현재의 국제 정세 특히 청불전쟁의 발발과 러시아의 동진과 남하정책, 조선의 급박한 상황을 아뢰고 국왕으로부터 거사에 대한 '밀칙'을 받아냈다. 그러나 김옥균이 생각한 그 '밀칙'은 매우 추상적이고 현 정세에 대한 원론적인 인식에 불과하였기 때문에 그것을 밀칙이라 보기 어렵고, 아마도 거사 눈치를 파악한 고종이 사건이 크게 확대되지 않고 슬기롭게 수행하도록 암묵적인 내락을 한 정도로 보아야 할 것이다. 어떻든 김옥균은 왕이 거사를 승인한 것으로 판단하고 행동계획을 수립해 나갔다.

마침내 거사 주동세력들은 4영營(좌·우·전·후영) 군권을 사실상 장악하고 있는 우영사右營使 민영익과 한규직·이조연, 그리고 이들과 위안스카이의 접촉, 청국군의 이동상황 등을 수시 파악하였으며 일본에서 교육을 받고 돌아 온 사관생도들을 통해 지방의 동향도 파악하였다. 그리고 거사 주동세력들은 친군 4영의 군인들 가운데 박영효가 광주유수 때 양성했던 전영 군 중 교관장인 신복모와 소대장 윤계완 등을 포섭했으나 민영익 쪽 군은 포섭하지 못했다. 또한 주동세력들은 친인척도 포섭했는데 신복모의 형제 신중모와 신흥모,

서재필의 형 서재창, 그리고 김옥균의 하인 이점돌, 충의계 소속 무관 이인종(종 5품 훈련원 판관)의 이웃 윤경순, 무관직 첨사(종 3품) 이희정, 어영청 초관(종 9품) 오창모, 어영청 수문장 이창규 등도 포섭하였다. 그리고 주동세력들은 거사 때 청국군에 대항해 국왕을 3중으로 호위하도록 하였다. 제1 저지선 즉 외곽은 1,000명의 친군영 전영 및 후영 군이 담당하고, 제2선은 일본 공사관 측에서 제공한 150명의 일본군이, 제3선 왕실은 사관생도 14명과 충의계 소속 43명 등 총 1,200여 명을 동원하도록 계획을 짰다.

그런데 김옥균은 그때까지도 일본 다케조에 공사를 믿지 못하였기 때문에 거사일을 12월 4일(음 10월 17일)로 정하고도, 사전누설을 방지하기 위하여 12월 7일로 정했다고 시마무라 참사관에 통보한 후 거사 하루 전에서야 일본 측에 다시 12월 4일로 확정 통보하였다.

'거사' 결행과 신정부 출범

1884년 갑신년甲申年 10월 17일(양력 12월 4일), 이날은 조선 우정업무를 취급하는 우정총국이 최초로 설립(음 4월 27일)된 후 우정총국 건물 낙성식과 함께 개국 축하연이 열리는 날이었다. 제법 쌀쌀한 초겨울의 날씨는 빨리도 저물기 시작했고 건물 주변에도 한기가 감돌았지만, 축하연 장 내부는 온기와 밝은 불빛으로 가득했으며 이따

금 조심스럽게 음식 접시 마주 닿는 소리만이 정적을 깨트리곤 했다. 축하연이 시작되는 저녁 7시가 가까워오자 초청 인사들이 속속 들어오기 시작하였다. 외국인 초청 인사로는 미국 공사 푸트(Lucius H. Foote)와 서기관 스커더(Charls L. Scudder), 영국 총영사 애스턴(William G. Aston), 청국 총판 조선 상무(총영사) 천수탕陳樹棠과 서기관 담갱요譚賡堯, 일본 공사관 측에서는 와병 핑계로 불참 통보한 다케조에 신이치로竹添進一郎 공사를 대리한 참사관 시마무라 히사시島村久 통역관 가와가미川上立一郎, 외무협판 겸 해관 총판 독일인 묄렌도르프(Paul Georg von Möllendorff) 등이었고(초청인사 중 독일 총영사 젬부시Zembsch는 와병 이유로 불참), 조선 측에서는 외무독판 김홍집·전영사 한규직·우영사 민영익·좌영사 이조연·후영사 윤태준(당직으로 불참)·승지 민병석·미국공사 통역 윤치호·금릉위 박영효·승지 서광범·김옥균·초청자 우정국 총판 홍영식 및 우정국 사서 산낙균 등 19명이었다. 이들의 면모에서 알 수 있는 바와 같이 이날 연회는 조선 정계와 주요국 외교계의 핵심인물들이 대거 참석한 큰 행사였다.

7시 연회 시작에 앞서 주최 측을 대표해 홍역식이 인사말을 했고 이어서 외국 공관 측을 대표해서 미국 공사 푸트가 축사를 했다. 연회 시작 조금 후 김옥균은 옆에 앉아 있는 시마무라와 일본어로 조용히 이야기를 나누며 거사가 임박했음을 알리는 뜻으로 "군君은 천天을 아는가?"라고 물으니 시마무라가 "요로시(ヨロッ: 알았다)"라고 대답했다. 평소 담대한 김옥균도 이 순간은 긴장된 표정이었으며, 낙

천적인 시마무라도 조금은 불안해 보였다. 그리고 김옥균은 사전 계획대로 별궁에서 불이 났다는 신호만을 기다리고 있었다.[별궁이란 안동 별궁(현 풍문여고 자리)을 말하며, 1882년 왕세자 이척李坧(후에 순종)과 세자빈 민씨(후에 순명효 황후)의 혼례를 위해 지어진 궁]

그러나 기다리던 방화신호는 들려오지 않고 그때 밖에서 홍현紅峴(김옥균 집: 현 종로구 북촌로 정독도서관 언덕자리)에서 누가 왔다고 김옥균에게 알려왔다. 그 순간 김옥균은 이상한 예감이 들었다. 그가 나가보니 행동요원 박제경이 헐레벌떡 달려와 아무리 애를 써 봐도 별궁에 불을 놓을 수 없다는 것이었다. 간신히 불을 놓았으나 순찰병들이 곧바로 끄고 경계를 삼엄히 하는 바람에 더 이상 불을 놓기는 어렵다는 전갈이었다. 김옥균은 내심 당혹스러웠지만 침착성을 잃지 않고 주변 손쉬운 곳에라도 불을 지르라고 지시하였다. 그런 뒤 기다려도 아무소리도 들려오지 않고, 이번에는 대원 유혁로가 달려와 별궁 방화실패 후 순찰병들이 사방에 퍼져 있으니 연회장을 곧바로 습격하여 민영익 등 수구파들을 처치하는 것이 어떻겠냐고 물었다. 그러나 이 경우 자칫하면 외국인 내빈까지 다칠 수 있으니 순찰병들이 없는 인근 적당한 곳에 불을 내라고 지시하였다.

김옥균이 굳은 표정으로 두 번이나 들락거리자 민영익은 자못 의심스러운 표정이었고, 누구보다도 시마무라가 더 불안스러워 했다. 그 순간 우정국 북쪽 창문 너머에서 "불이야! 불이야!" 하는 소리와 함께 시끌벅적한 소리가 들려오자 김옥균이 창문을 열어젖히고 밖을 내다보니 불은 우정국 인근 민가에서 활활 타오르고 있었다. 상황이 이렇게 되자 연회장은 일순간 웅성거림으로 가득하였고, 그런 가운데서 미국공사 푸트가 소란한 분위기를 진정시켜보려고 했지만 소용없는 일이었다. 그런 와중에 묄렌도르프는 자기 집 근처에 불이 나 걱정된다면서, 그리고 한규직과 이조연은 화재 진화를 지휘하기 위해 가봐야겠다는 것이었다. 그런데 그때였다. 언제 연회장 밖으로 나갔는지 아무도 몰랐던 민영익이 피투성이가 되어 연회장 내로 허둥대며 기어들어왔다. 그는 귀에서 뺨까지 예리한 칼에 찢긴 채 사색이 되어 있었다. 그는 '불이야!' 소리를 듣고 혼자 빠져나갔다가 행동대원들의 칼에 찔린 것이었다. 처치 1호로 지목된 민영익은 물론 전영사 한규직과 좌영사 이조연 두 핵심 지휘자를 놓쳤으니 거사 측으로서는 참으로 난감한 일이었다.

이렇게 해서 축하연장은 아수라장이 되었다. 연회 참석자들은 제각기 흩어졌고, 김옥균·박영효·서광범 등은 담벼락을 뛰어 넘어 암호 '天'을 외치며 뛰어가는 도중 서재필과 이인종을 만나자 행동대원들을 이끌고 경우궁 문밖에서 기다리도록 지시한 다음 일본 공사관으로 향했다. 김옥균은 별궁 방화가 실패하여 일본공사관 측 반응이 우려스러웠기 때문이었다. 일본 공사관에 별 이상이 없음을 확인한 김옥균 일행은 궁궐 쪽으로 가는 도중 운니동 어귀에서 김봉균, 신복모 등 행동대원 40여 명이 여러 곳에 매복해 있음을 확인할 수 있었다.

김옥균은 박영효 등과 함께 창덕궁 서쪽 문 금호문(창덕궁 4문으로 대신들은 별입시別入侍 때 이문을 이용함)에 도착, 문을 열도록 하고 숙장문肅章門 안에서 김봉균과 이석이를 불러 화약매설지인 인정전仁政殿 아래로 가서 30분 후에 화약을 터트리도록 지시했다. 그러고 나서 김옥균 일행은 편전便殿(왕이 평소 거처하는 곳)으로 진입하는데, 때마침 번수와 행동대원이 김옥균 일행을 맞으며 "궁내는 아무도 무슨 일이 일어났는지 모르고 있다"고 말하였다.

김옥균 일행은 침전 쪽으로 가서 불안한 듯 서성거리고 있는 환관 유재현에게 왕을 깨우도록 지시하였다. 왕의 절대 신임을 받고, 최근 개화파에서 수구파로 변심한 그로서는 당연히 경계심을 늦출 수 없는 입장이기 때문에 머뭇거리며 그 이유를 물었다. 그러자 김옥균은 "나라가 위급한 이때 네 따위 환관이 무슨 말이 많으냐!"고 호통을 치며 윽박지르자 유재현이 어정쩡 침전으로 들어가는 순간 소란스러운 소리를 듣고 잠이 깬 왕은 "밖에 무슨 일이 있느냐?"고 물었다. 유재현의 안내를 받아 김옥균 일행은 침전으로 들어가 우정국 변란 소식을 간단히 아뢰고, 왕께 잠시 거처를 다른 곳으로 옮기도록 청했다.

이때까지만 해도 왕은 불안해하면서도 별 이의 없이 김옥균 일행을 따라 창덕궁 서쪽 경우궁으로 옮기려 하는데 그 순간 예리한 민비가 "이 사태가 청국 측 소행인가?"라고 따져 물었다. 김옥균이 잠시 멈칫하는 순간, 천지를 진동하는 폭음이 울렸다. 김옥균의 답변 위기를 모면해준 장본인은 다름 아닌 궁녀 고대수였다. 때맞춰 그녀는 미리 장치해둔 폭약을 터뜨린 것이다. 답변을 들을 겨를도 없이 왕과 왕비는 김옥균의 안내를 받아 황급히 경우궁景祐宮(현 계동 현대 사옥 자리) 쪽으로 걸음을 재촉하였다. 김옥균은 도중에 "지금 이때야말로 일본 군대를 요청해서 폐하를 호위토록 하면 만전을 기할 수 있겠습니다"고 진언하였다. 이에 왕도 별 이의 없이 "그렇게 하라!"고 지시하는 순간, 민비가 또 불쑥 "만일 일본 병력이 와서 호위한다면 청국군은 어찌 되는가?" 하고 따져 물었다. 참으로 상황인식이 빠른 민비였다. 그러자 당황한 김옥균은 "알겠습니다. 청국군도 불러서 호위토록 하겠습니다."라고 엉겁결에 둘러댔다. 김옥균은 유재현을 시켜 일본군을 불러오도록 하는 한편, 눈치 빠른 부하를 시켜 청국군도 불러오도록 지시하였다. 물론 마지막의 지시는 민비를 속이기 위한 임기응변 전략이었다. 이어서 김옥균은 "다케조에 공사를 불렀습니다만, 혹시 전하의 친필 칙서가 없으면 오지 않을 수도 있습니다."라고 진언하였다. 이렇게 해서 왕은 요금문曜金門(원서동 노인정 쪽 작은 문)노상에서 "일본 공사는 와서 짐을 호위하라!(일본공사래호짐日本公使來護朕)"고 칙서를 써주었다. 평소에는 있을 수 없는 외교절차였지만 상황이 상황인지라 어쩔 수 없는 일이었다. 박영효는 그 칙서를 받아들고 일본 공사관으로 달려갔다.

　김옥균 일행이 왕과 왕비를 모시고 경우궁 정전 뜰에 이르렀을 때 박영효와 다케조에가 일본 병력을 이끌고 왔다. 김옥균 일행은 왕과 왕비가 정전에 좌정케 한 후 좌우에 호위하고 계획대로 서재필의 지휘 하에 사관생도 13명과 행동대원들로 하여금 내위內衛를 전담토록 하였다. 그리고 친군영 전영 소대장 윤경완에게 50명의 병력을 거느리고 정전 뜰을 지키게 한 후 일본 군 병사들은 경우궁 내외 문들을, 외곽은 친군영 전영 후영 병사들을 불러 지키도록 하였다. 그야말로 얼핏 보기에는 철통같은 호위체제였다. 그러고 나서 김옥균은 개화파 행동대원 10여 명을 불러서, 변고 소식을 듣고 입궐하는 사람들의 이름을 확인, 허가를 받은 다음 홍영식에게 보내도록 하였다.

자정 무렵 홍영식과 거의 같은 시간에 입궐했던 이조연이 먼저 와 있는 한규직·윤태준과 무언가 귓속말을 주고받으며 그들 나름의 계책을 꾸미고 있는 것 같았다. 이를 눈치 챈 박영효가 큰 소리로 "나라가 위급한 이때 빨리 병력을 소집해서 상감을 호위할 생각은 안하고 무슨 수작들이냐!"고 호통을 쳤다. 이 말을 듣고 당황한 윤태준이 소중문小中門 밖으로 나갔다. 자기 자신이 병졸을 직접 불러 올 생각이었지만 그 길이 저승으로 가는 길이었다. 밀명을 받고 대기하고 있던 이규완과 윤경순 등에 의해서 윤태준은 단칼에 처단되었다. 이어서 이조연과 한규직은 경우궁 후문으로 나섰다가 두 사람 역시 황용택, 고영석 등 행동대원들에 의해 그 자리에서 처단되었다. 이로써 친군영 전·후·좌 3영사가 모두 죽었다. 다만 우영사인 민영익은 앞서 우정국에서 중상을 입고 묄렌도르프와 후트의 도움으로 미국 공사관 주치의 알렌[H. N. Allen 1858~1932, 조선 최초의 서양식 병원 광혜원(후에 제중원으로 바뀜) 설립자]의 치료를 받아 생명에는 지장이 없게 되었다. 해방총관海防總管 민영목·지중추부사知中樞府事 조영하·좌찬성左贊成 민태호도 입궐하다가 차례로 처단되었다. 이런 와중에 민비의 심복인 경기감사 심상훈은 정변 때 민비와 청국군을 오가며 정변 주체 세력을 와해시키는데 큰 역할(민비의 밥사발 밑에 쪽지로 극비정보를 주고받음)을 하였다. 훗날 행동대원 이규완은 심상훈을 살려준 것이 큰 실책이었다고 후회하였다. 심상훈이 출세가도를 달린 것은 그의 부인이 대원군 부인의 여동생이었으며, 그의 어머니가 민비 출산 때 산후조리를 도와준 공로가 인정되었기 때문이었다. 그 덕택에 심상훈은 졸지에 규장각 직각直閣(품계로는 정3~6품 자리)에 오른 후 승승장구 경기감사까지 된 것이다. 당시 항간에는 그의 직각 벼슬이 분에 넘치는 자리라 해서 '산각産閣'이라고 조롱하였는데, 산모에게는 해산미역 산곽産藿이 가장 좋은 공물이어서 이런 말이 나온 것이었다.

이런 몇 가지 장애요인에도 불구하고, 어떻든 상황은 그때까지만 해도 일거에 정변 주동세력 쪽으로 완전히 기울어지는 듯했다.

왕이 경우궁으로 옮긴 후 정작 왕보다 환관과 궁녀들이 민비의 부추김을 받아 거처가 협소하다는 이유로 투정을 부렸다. 이래선 안 되겠다고 판단한 김옥균은 환관 유재현을 본보기로 삼기로 했다. 그러지 않아도 정변 주도세력은 유재현을 배신자로 지목하여 적당한 시기에 처치할 계획이었다. 김옥균은 서재필을 시켜 유재현을 결박해 오도록 지시하고 그의 죄상을 낱낱이 드러낸 다음 '고종의 간곡한 만류'(『고종실록』, 고종 21년 10월 18일자)에도 불구하고 즉결 처단해

버렸다. 조금 전까지도 웅성거리며 투정을 부려 온 환관과 궁녀들은 이 광경을 보고 끓는 물에 찬물을 끼얹은듯 조용해졌다. 왕은 믿어 온 부하들과 수족 같은 유재현까지 자신의 코앞에서 순식간에 잃게 되자 왕으로서의 자존심이 상할 대로 상해 불쾌감을 금할 수 없었다. 고종이 개화파에게 등을 돌리는 결정적인 계기가 된 것은 이때부터였다. 일이 이렇게 되자 더욱 불안해진 왕과 왕비는 더 적극적으로 창덕궁으로 돌아가고자 했다. 그러나 정변 주도세력은 창덕궁보다 지대가 높고 만약의 경우 소수 병력으로 적을 방어하기 용이하기 때문에 왕을 이재원 집 계동궁桂洞宮으로 옮겼다. 그러나 그곳에서도 민비의 투정은 더욱 완강했다. 김옥균이 다른 계책을 꾸미고 주변 상황을 점검하기 위하여 홍영식·이재원과 함께 잠시 밖으로 나간 틈을 타 민비의 부추김을 받은 왕은 일본 공사에게 창덕궁으로 환궁할 것을 강력히 요구하였다. 일본 공사는 처음에는 난색을 표하였으나 왕의 뜻이 워낙 완강하였기 때문에 김옥균과 사전 상의도 없이 왕을 창덕궁 내 관물헌觀物軒으로 옮기도록 하고 박영효에게 창덕궁 내 동정을 살피도록 요청하였다. 그러나 그것은 말이 요청이지 사실상 지시였다. 오후 5시경 왕은 마침내 관물헌으로 옮겼다. 밤이 늦어 창덕궁 문을 닫으려 할 때 마침 청국군 진영으로부터 문을 잠그지 말라는 통보가 왔다. 드디어 올 것이 오게 된 것이다. 일이 이렇게 되기까지는 개화당원으로 가장한 경기 감사 심상훈의 수작이 지대했다. 앞서 잠시 언급한 바와 같이 개화파의 정변에 당황한 위안스카이 휘하의 청군 측은 10월 18일(음) 아침 심상훈을 개화파인 것처럼 위장, 경우궁으로 잠입시키는데 성공하였으며, 이때 그는 민비의 밥사발 밑에 서찰書札, 즉 비밀 편지를 감추어 넣어 청국군과 민비사이를 내통하며 청국군의 지원을 받는데 성공하였다. 민비는 이제 개화파 신정부가 자신과 측근들을 적으로 대하고 있음을 확실히 알고 청국군이 개화파 병력을 공격하기 용이한 창덕궁으로의 환궁을 강력히 고집한 것이다. 이렇게 해서 상황은 민비와 청국군이 바라는 대로 유리하게 전개되어 갔다. 정변 주도세력에게는 심상훈을 소홀히 다룬 것이 돌이킬 수 없는 실수로 남게 되었다.

10월 19일 오전 10시 경 김옥균과 박영효 등 정변 주동 세력은 신정부 정강을 공표하였다. 정강은 원래 80여 개 조항이었으나 현재 14개 조항만『갑신일록』을 통해 전해지고 있다. 정강은 김옥균과 박영효가 기초하고 이조판서 신기선이 청서한 후 홍영식이 왕께 재가를 올렸는데 그 내용은 아래와 같다.

  1. 대원군을 조속히 귀국케 하고 청국에 대한 조공허례朝貢虛禮를 폐지한다.

  2. 문벌을 폐지하여 만민평등의 권리를 제정하고 사람의 능력으로써 관직을 택하게 하지, 관직으로써 사람을 택하지 않도록 한다.

  3. 전국의 지조법地租法을 개혁하여 사악한 관리들을 근절하고 가난한 백성을 구제하며 국가재정을 충실히 한다.

4. 내시부內侍府를 폐지하고 그 가운데 재능이 있는 자를 등용한다.

5. 국가에 해독을 끼친 탐관오리를 색출하여 죄질이 무거운 자를 엄중히 처벌한다.

6. 전국의 환상還上제도를 영구 폐지한다.

7. 규장각奎章閣(역대 임금의 서화·시문·고명顧命·유교遺敎 등을 보관하는 관청, 정조 원년에 설치됨)을 폐지한다.

8. 순사제도를 시급히 도입하여 도적을 방지한다.

9. 혜상공국惠商公局(군국아문 관할 하에 보부상을 총괄하는 기관)을 혁파한다.

10. 유배·금고를 받은 자들을 재심사하여 무고한 자를 석방한다.

11. 군 4영營을 1영營으로 통합, 그 가운데 장정을 뽑아 근위대를 시급히 조직한다.

12. 모든 국가 재정을 호조戶曹에서 관할토록 하며, 그 밖의 모든 재무 관청은 폐지한다.

13. 대신과 참찬은 매일 합문閤門(편전의 출입문) 안 의정부에서 회의하고 정령을 반포, 시행한다.

14. 6조曹 외에 불필요한 관청을 모두 폐지하고 대신과 참찬들이 공동 심의 하여 국사를 처리한다.

이상에서 볼 때 신정부의 정강은 첫째로 다분히 반외세(특히 청에 대한 조공철폐 등)임을 분명히 하였다. 김옥균은 일찍이 그의 「조선개혁의견서」에서도 "조선이 스스로 청국의 속국이라고 생각해 온 것은 참으로 부끄러운 일이며, 나라가 진작振作의 희망이 없는 것은 역시 여기에 원인이 없지 않다. 여기서 첫째로 해야 할 일은 기반羈絆(굴레)을 철퇴시키고 특히 독전자주지국獨全自主之國을 수립하는 일이다. 독립을 바라면 정치와 외교를 자수자강自修自强해야 한다."고 하였다. 김옥균의 반외세 신념, 청국의 간섭이 얼마나 뼈에 사무치는지 짐작할 수 있는 대목이다. 그리고 양반신분제도의 폐지와 인재의 적재적소 등용은 눈에 띄는 대목으로 주동세력이 양반 신분임에도 매우 혁신적인 정강이라 할 수 있다. 강령 중 두 번째로 주목되는 대목은 전제군주에 제한을 두고 각료 전체회의에서 국사를 논하고 의결하여 왕의 재가를 받도록 하였는데, 이는 입헌 군주제 내지 내각책임제를 표방한 것이다. 또한 재정의 통일과 일원화로 재정정책의 효율화를 도모하였으며, 그 가운데 조세제도 중 가장 나쁜 법 환상還上을 즉각 폐지토록 하여 민생을 우선적으로 챙긴 것은 당시 조세제도의 적폐, 즉 삼정(전정·군정·환곡)의 문란이 얼마나 심각했는지 알 수 있게 하는 대목이다. 그리고 당시 군 조직이 4영 체제로 되어 있어 이들은 국방보다 왕실 경호에 중점을 두고 있었으며, 그것도 거의 민비척족들이 우두머리가 되어 병권을 장악하고 전횡을 일삼았다. 이 가운데 친군영 전영과 후영은 서양식 훈련, 좌영과 우영은 청국식 훈련방식을 취하고 있었다. 이 때문에 한 나라의 군대가 부대에 따라 훈련방식이 다르고, 이로 인하여 그들 간에 사사건건 갈등과 알력이 심하여 병력체제의 운영 면에서 혼선이 야기되었다. 이에 따라 신정부는 이러한 문제점을 해소하기 위하여 4영을 1영으로 통합하여 군 통솔 지휘체계를 일원화 하고자 했다. 그 밖에 규장각 폐지 의도는 전근대적인 왕실 양반 귀족문화를 지양하고 신교육 대중문화의 창달을 지향하기 위함이었다.

3일천하로 끝난 새판 짜기

우정총국 낙성 축하 연회장이 정변으로 아수라장이 되어버리자 연회에 참석한 청국총판조선상무淸國總辦朝鮮商務 천수당은 황급히 공관으로 돌아가 위안스카에게 사태의 심각성을 알리고 병력출동을 요청하였고, 위안스카이는 각영기명제독各營記名提督 오자오유吳兆有에게 이 사실을 보고하였다. 이에 따라 오자오유는 우선 총병總兵 대장에게 창덕궁 일대를 순찰, 상황을 파악토록 지시하였다. 그런 뒤 위안스카이는 민비의 지시를 받은 심상훈과 내통하여 우의정 심순택에게 청군의 지원을 요청토록 권고하였다. 이때 친청파인 김윤식이 청군을 직접 방문하여 병력지원을 요청하였다.

10월 19일(양력 12월 6일) 오후 3시경 오자오유는 창덕궁으로 휘하 책임자를 보내 고종 알현을 요청하였으나 정변 측의 반대로 뜻을 이루지 못했다. 이에 청국 측은 일본 공사에게 조선 국왕을 보호하고

민비(1897년 명성황후로 추존)

일본 공사를 원호할 뜻과 일본에 적대적 행동을 원치 않는다는 친서를 보냈다. 이는 다분히 외교적인 완곡한 친서였지만, 속뜻은 알아서 판단하라는 압력이며 사실상 선전포고나 다름없었다. 그러나 일본 측으로부터 아무런 반응이 없자 정상적인 절차로는 청국군의 개입이 어렵다고 판단한 청국 측은 위안스카이의 지휘 하에 출동을 개시하여 외곽을 수비하고 있는 친군영 병력의 아무런 저항도 받지 않고 순조롭게 창덕궁에 진입, 궁내를 수비하고 있던 일본군에게 공격을 개시하였다. 이렇게 된 것은 민비와 청국 군과의 사전 내통이 이뤄졌기 때문이었다. 상황이 묘하게 돌아가자 친군영 좌·우영 병력도 김옥균의 계획과 달리 오히려 청국 군에 합세하였다. 마침내 청국군은 포성을 울리며 동·남문을 통해 궁내에 진입, 일본 병력과 격렬한 전투를 벌였다. 그때 낡고 녹슨 소총을 소지하고 있던 전 후영 조선군은 총 한 번 쏴 보지도 못하고 겁에 질려 줄행랑을 쳤다. 이틈을 타 민비는 고종을 제쳐둔 채로 왕세자와 세자빈을 데리고 궁궐을 빠져 나와 북묘北廟(중국 삼국시대 명장 관우를 모시던 사당)로 잠시 피했다가 혜화문을 거쳐 각심사(노원구 월계동에 위치)로 피신하여 사태를 관망하고 있었다. 민비의 이러한 행동은 임오군란 때와 흡사했다. 한편 고종은 신하 몇 명만 거느리고 창덕궁 뒷산으로 도망치다가 뒤쫓아 온 김옥균과 서광범에게 붙잡히다시피 이끌려 창덕궁 후원 연경당演慶堂(순조때 효명세자가 사대부 생활을 하기 위해 지은 단청이 없는 99간 민가 형식의 집)으로 안내 되었다. 사태가 이렇게 되자 김옥균과 정변 주동세력은 잠시 숙의 끝에 다케조에 일본 공사에게 "대군주를 모시고 인천으로 속히 피신해 후일을 도모하는 편이 좋겠다."고 개진하였다. 그러나 왕은 "그리는 못하겠다."고 한사코 거부하였다. 왕으로서는 오랜만에 자신의 목소리를 낸 셈이었다.

총격전은 산발적으로 이어졌고 시간이 흐를수록 사태는 정변 세력에 불리하게 전개되어갔다. 이때 우유부단한 다케조에는 본색을 드러내고 일본 병력을 철수하는 쪽으로 가닥을 잡아갔다. 곁에 있던 무라카미 중대장이 일본군은 정예병이므로 충분히 맞설 수 있다고 개진하였으나 다케조에는 고개를 저었다. 결국 정변 주동세력과 일본 병력은 퇴각키로 했다. 이때가 10월 19일(양력 12월 6일) 저녁 7시 30분경이었다. 마침내 김옥균·박영효·서광범·서재필·변수·유혁로·이규완·정난교·신응희 등 9명은 다케조에에 뒤를 따랐고, 홍영식 박영교와 사관생도 박응학 등 7명은 왕을 호위하는 쪽으로 의견을 모았다. 이후 고종은 북묘로 가서 하도감下都監(현 동대문 역사문화공원

자리)에 있는 위안스카이 군영에 머물다가 10월 23일 창덕궁으로 환궁하였다. 홍영식은 '성격이 원만하고 민영익 위안스카이와의 교분도 좋은 편'(김옥균의『갑신일록』에서의 회고담)이어서 김옥균도 홍의 판단에 맞기고 후일을 부탁하였지만 그것이 홍영식으로서는 치명적인 판단착오였다. 국왕이 청군 진영으로 옮기려는 순간, 홍영식은 왕의 어의御衣를 부여잡고 가는 길을 막아섰으나 소용없는 일이었다. 그때 성난 군졸들에 의해 홍영식·박영교 등 7명은 그 자리에서 처참하게 살해되었다. 김옥균 일행은 우선 일본 공사관으로 향했다. 그날따라 그곳으로 가는 길은 멀고도 먼 길이었다. 창덕궁 담을 끼고 골목길로 접어들자 줄지어 늘어선 행인들이 "왜놈들을 죽여라! 역적 놈들을 잡아라!"고 아우성치고, 일부 군중은 '붉은 재' 홍현紅峴의 김옥균 집에 들이 닥쳐 불을 질렀다. 거리의 함성은 분노로 변해 황급히 달아나는 김옥균 일행을 뒤쫓아 오면서 돌을 던지고, 어디선가 총알까지 날아왔다. 김옥균 일행은 간신히 일본 공사관에 도착하였다.

10월 20일 아침부터 일본 공사관 주변에 성난 군중이 몰려들었다. 그리고 정오부터 조선 군인과 일반 백성들이 합세하여 돌을 던지고 불을 지르며 일본 공사관으로 공격해왔다. 다케조에와 공사관 직원들, 그리고 김옥균 일행은 그날 오후 2시 반경 일본군 병력의 호위를 받으며 공사관을 출발, 인천으로 향하였다. 평상시도 그런데 인천까지는 너무도 먼 길이었다. 그곳에는 법적으로 안전한 일본 조계租界와 영사관도 있고 해서 일단 안전하다고 판단했기 때문이었다. 더구

나 전날에 도착한 우편선 치도세마루가 정박해 있고, 군함 니즈호日
進號도 전부터 정박해 있었다. '도망자' 일행이 서대문을 지나 한강변
에 이르는 동안 군중의 공격은 계속 되었으며, 그 과정에서 김옥균은
어깨에, 박영효는 다리에 가벼운 총상을 입었다. 이들은 천신만고 끝
에 이튿날 오전 7시경에야 제물포의 일본 영사관에 도착할 수 있었
다. 이와 때를 같이하여 조선 정부 측에서는 외무독판 조병호와 해무
독판 묄렌도르프를 인천 현지에 급파하여 '역적' 김옥균 일행을 조
선 측에 인도할 것을 요구하였다. 이때 비정하고 약아빠진 다케조에
는 김옥균 일행을 조선 측에 인도할 태세였다. 그러나 그 순간 일본
영사 고바야시가 동정심을 발휘하여 이들을 안전지대인 일본 조계
지역에 머물도록 배려하였다.

　10월 23일 김옥균 일행은 우편선 치도세마루에 승선, 최소한의 안
전을 보장받을 수 있게 되었다. 그럼에도 조선 측은 끈질기게 김옥균
일행을 인도해달라고 요구하였다. 마침내 다케조에도 김옥균 일행
에게 배에서 내리도록 명령하였다. 그러나 그 배의 선장 스지카쿠 사
브로는 김옥균 일행이 배에서 내리면 곧바로 살해될 것이라고 말하
며 다케조에의 명령을 거부하였다. 선장으로서는 할 수 있는 권한이
지만, 참으로 어려운 결단이었다. 마침내 10월 24일 새벽 우편선 치
도세마루는 안개 낀 새벽의 정적을 깨트리는 항구의 뱃고동소리와
함께 검푸른 황해의 물결을 가르며 일본으로 향하였다. 이렇게 해서
역사를 자기들 편에서 재편하려는 김옥균과 개화당의 원대한 꿈은

3일 만에 허무한 꿈으로 막을 내리고 말았다.

정변이 이처럼 3일 만에 물거품이 되고 만 것은 무엇보다 주변 상황인식 부재와 디테일이 부족한 스케일이었다. 즉 무릇 혁명이나 개혁도 국민들의 이해와 동조가 없이는 불가능한 것이다. 역사적으로 우리는 일본에 대해 좋게 말해서 '가깝고도 먼 나라'로 보고 있지만, 일반 백성들은 이름만 꺼내도 극도의 알레르기 반응을 보여 왔다. 이런 인식은 당시 조선 사회에서는 더욱 심각했다. 임오군란을 전후해서 국민들의 배일감정은 매우 악화되어 있었음에도, 김옥균과 개화당은 이러한 국민정서를 간과하였거나 소홀히 하였다. 그런 점에서 규모 면에서 별 도움이 되지 않는 일본 병력(150명)을 끌어들임으로써 국민감정을 크게 자극하였고, 동기여하를 불문하고 반역행위로 지탄받았다. 그리고 유교적 위계질서에 익숙했던 당시의 지엄한 왕정체제에서 왕을 앞에 두고 총칼을 들고 혈투를 벌인다는 것은 불충이요, 무엄한 행동으로 비쳤다. 왕의 수족과 같았던 환관 유재현이 왕의 면전에서 무참히 살해되자 왕은 자신도 이렇게 당할 수 있다는 위기감에 빠진데다가 왕으로서의 자존심이 극도로 상하여 왕의 마음은 이때부터 개화파로부터 멀어지기 시작했다. 그러나 가장 직접적인 패인은 청국군의 규모를 과소평가했고, 이들의 직접개입을 간과한 반면 일본 병력을 지나치게 신뢰한 것이다. 특히 정변 주동세력은 조선군 주 병력이 수구파의 지휘를 받고 있는 친군영 좌영과 우영 병력이 자기들 편이 되어줄 것이라고 오판하여 청국군 방어에 큰 실책을 범하였다. 그리고 내부 작전 면에서 김옥균과 주동세력들은 전투경험이 전혀 없는 문사文士들로서 자신들의 약점을 보완해줄 탁월한 실전참모를 두지 못했다. 역사적으로 볼 때 러시아 혁명이 성공한 것도 블라디미르 레닌(1870~1924) 곁에는 탁월한 군사참모 레온 트로츠키(1879~1940)가 있었기에 가능했으며, 피델 카스트로((1926~)

블라디미르 레닌

의 쿠바 혁명도 명참모 체 게바라(1928~1967)가 있었기에 성공을 거둘 수 있었다. 그런가 하면 오늘의 베트남 통일도 호치민(1890~1969) 곁에는 전술의 달인 보구 엔 지압(1911~2013)이란 명장이 있었기에 가능했다. 그러나 김옥균 곁에는 이런 명 참모가 없이 그저 '책상머리'에서 작전을 짜고 너무 성급하게 실행에 옮긴 것이 돌이킬 수 없는 실패의 원인이 되고 말았다. 문사요 천재인 김옥균은 자기 과신이 강했고 모든 것을 자기방식대로 유리하게 판단하는 지나친 낙관론에 빠져 있었다. 모든 천재들의 고질적인 결함인 독단적 사고, 그것이 김옥균에게도 예외는 아니었다. 그런 점에서 김옥균은 현실의 모순을 혁파하고 변혁을 꿈꾸는 혁명의 미학적 이상주의자였지만, 그의 꿈을 곁에서 실현시켜 줄 치밀하고 냉철한, 전술적인 리얼리스트가 없었다.

정변 실패의 상흔

고종이 위안스카이의 병영으로 피신한 10월 20일 아침 고종과 수구파 신하들은 곧바로 사후대책을 강구하기 시작했다. 조선 정부는 먼저 지난 3일간의 사태에서 일본 병력이 무례한 행동을 자행했다고 보고, 곧바로 항의 서한을 작성, 공식 사과할 것을 일본 정부에 요청키로 했다. 이어서 다음 날에는 김옥균·박영효·서광범·홍영식·서재필을 '5대 역적'으로 규정하고, 이미 죽은 홍영식을 제외한 정변 가담 도주자들에 대한 체포령을 내림과 동시에 지난 3일간 정변 주동세력이 왕의 재가를 받아 내린 일체의 정강과 제반 조치도 모두 무효임을 선포하고, 정변 세력에 의해 관직을 박탈당하였거나 강등된 대신들의 직책을 원상복구하거나 새로 임명하는 인사 조치를 다음과 같이 단행하였다.

좌의정 심순택·우의정 김홍집·친군영 전영사 이교헌·친군영 우영사 이봉구·동 좌영사 이규석·독판교섭 통상사무 조병호·참의교섭 통상사무 서상우·한성판윤 민종묵·예조판서 이재완·병조 판서 겸 강화유수 김윤식·전영사 민영익(원직 복귀) 등이다. 이어서 다음날에는 무슨 이유인지 다시 심순택을 영의정, 김홍집을 좌의정에, 그리고 김병시를 우의정에 각각 변경 인사조치하였다. 여기서 눈에 띄는 대목은 정변에 의해 신정부 때 임명된 온건 개화파 김윤식(예조판서)

과 김홍집(한성판윤)을 재기용한 점이
다. 이러한 인사 조치는 두 사람 다 정
변, 그리고 본인의 의사와 관계없이 임
명된 것이라고 판단하고 재기용한 것
이지만 매우 이례적이다. 어떻든 고종
과 수구파는 김홍집과 김윤식에 대해
서는 오래전부터 신뢰를 가져왔음을
입증한 셈이다.

위안스카이

　이어서 수구파 정부는 10월 22일 정
변관련자 색출과 체포에 나섰다. 1884년부터 1886년까지 3년에 걸
쳐 정변 관련자들에 대한 집요한 추적 끝에 그때까지 살아 있는 자
들을 거의 모두 체포하여 이들에 대한 가혹한 국문鞫問과 참혹한 처
벌을 했다. 먼저 이들 관련자들 중 정변 정강작성에 직접 관여한 신
기선(정변 직전까지 개화정책을 추진하는 군국사무아문 참의로 전선사典選司 농
상사農商司 업무를 맡고 있었음)에 대해서는 정상을 참작(?), 전라도 흥양
현(지금의 고흥) 여도呂島로 유배조치 하였다. 그런데 그에 대한 유배
조치가 너무 약하다는 여론이 빗발쳐 그를 다시 잡아들여 지루한 국
문을 했으나 결국 원래 유배지인 여도로 환배還配 조치하였다. 그리
고 윤치호의 부친 윤웅렬은 처세의 달인이었지만 이번만큼은 자유
롭지 못했다. 그 역시 신기선·박호양(정변 때 승지로 입각) 등과 내통하
였다는 여론이 빗발쳐 김옥균과 내통한 혐의를 받아온 안영수와 함

께 유배형을 받았으나 신·박 두 사람은 유배지에서 죽고 윤웅렬과 안영수는 1894년 풀려났다. 정변 관련자들에 대한 처벌 수위는 세 가지로 분류되었는데, 직접 관련자는 모반대역부도죄謀反大逆不道罪·모반부도죄謀反不道罪·지정불고죄知情不告罪가 적용되었다. 이 가운데 모반대역부도죄인들에게는 능지처사陵遲處死에, 모반부도죄인들과 지정불고죄인들에게는 참형斬刑에 처해졌고, 정변 직접관련자들 모두에게는 적몰가산籍沒家産(중죄인 소유재산을 국가에서 몰수 해당관청의 장부에 등재)과 파가저택破家瀦宅(대역부도죄인의 집을 헐고 그 터에 연못을 만듦)이 집행되었으며, 당시 정변관련자 가족에 대해서는 대명률大明律의 연좌법이 적용되었다.

그러면 김옥균 등 주동자 가족들의 운명은 어찌되었을까? 말 그대로 그 가족들은 패가망신 쑥대밭이 되고 말았다. 김옥균 부인 유씨兪氏는 심복 하인 이점돌의 도움으로 재동에 있는 친척 유성옥 집으로 일단 피신했다가 외동딸을 데리고 충청도 옥천으로 도망가서 1894년 개화당의 새로운 세상이 열릴 때 까지 숨어 지냈다. 그 해 12월 유씨는 상경하여 전동의 동생 유진근의 집에 얹혀살았으며, 1895년 일본의 개화문명론자 후쿠자와 유키치가 보내준 김옥균 위패를 받고 죄인처럼 목숨을 부지하고 살았다. 갑오개혁 후 박영효와 동지 이의고의 도움으로 유씨는 김영진을 양자로 맞아 생계를 꾸려갔으나 그 후 유씨와 딸의 행방은 알 길이 없다. 김옥균의 생부 김병태는 삭탈관직 당하고 대역죄로 천안 감옥에 투옥되었다가 김옥균이 상하이에서 암살되고 나서 두 달 후인 1894년 4월 교수형에 처해졌다. 김옥균의 양부 김병기는 삭탈관직 당한 후 김옥균과 양자관계를 끊고 스스로 살 길을 찾았으나 나머지 삶은 은둔과 인고의 삶이었다. 김옥균의 모친은 남편이 체포되자 딸과 함께 극약을 먹고 자살했다. 김옥균의 동생 김각균은 경상도 칠곡으로 도망쳤다가 붙잡혀 대구 감옥에 갇힌 뒤 갑오동학농민전쟁 때 탈주, 동학당에 가입하여 동학 농민군에 가담하였다고 하는데 자세한 행방은 알 길이 없다.

영의정까지 지낸 홍영식의 아버지 홍순목은 손자·며느리와 함께 음독자살했다. 이 비참한 장면을 보다 못해 홍순목의 부인 한씨 역시 자살했다. 홍영식의 부인은 자살을 강요하는 시아버지에게 아들을 데리고 도망가 살면 안 되겠느냐고 애원했지만 구차하게 살지 말라고 극약을 내려 이들 역시 죽고 말았다. 홍영식의 이복형인 홍만식은 백부 홍순경의 양자로 입적되어 과거에 급제한 후 이조참판까지 지냈으며, 투옥 된 후 갑오개혁 때 신원伸寃되어 관직의 부름을 받았으나 끝내 거절하고 1905년 을사늑약 때 음독자살했다.

철종의 부마였던 박영효의 집안 역시 풍비박산이 되고 말았다. 박영효의 형 박영교는 앞서 언급한 바와 같이 홍영식과 함께 정변 시 왕을 호위 설득하다가 현장에서 살해되었으며, 그들의 아버지 박원양은 겨우 열 살 된 박영교의 아들인 손자를 자기 손으로 죽이고 부인과 함께 자결했다. 박영효는 전술한바와 같이 일찍 상처하여 자식이 없었다. 박원양의 시체는 어윤중과 김윤식이 거두어 묻어 주었다.

그도 그럴 것이 이들 두 사람은 박원양과 각별한 사이였다. 박원양은 어윤중의 스승이었고 김윤식은 매부의 형인 박원양과 사돈지간이었다. 이 일로 '이들 두 사람은 역적과 하나이며 둘이었고, 둘이면서 하나'라는 맹비난을 받기도 했다. 박영효의 또 하나의 형 박영호는 이름을 바꿔 산속에서 숨어 살다가 1894년 갑오년에 세상에 나와 철종의 능을 관리하며 살았다.

이조참판을 지낸 서광범의 아버지 서상익은 감옥에서 8년 가까이 지내다가 끝내 옥사했고, 그의 아내 박씨(전처 김씨는 일찍 사망)는 감옥에 갇혀 있다가 출옥 후 정절을 지키며 모진 목숨을 이어가다가 서광범이 갑오개혁 때 귀국, 극적으로 재회하였다. 그밖에 서재필의 아버지 서광언도 아내와 함께 자결하였다. 서재필의 형 서재형도 은진(현 충남 논산) 감옥에서 옥사하였으며, 막내 동생 서재우는 나이가 어려 죽음을 면했다.

또한 정변이 실패로 돌아가자 관련자 집안에서는 이름의 항렬行列을 바꾸어 역적의 집안이라는 이미지를 불식하고자 했다. 김옥균가문의 항렬 균均을 규圭로,, 박영효 가문은 영泳을 승勝으로, 홍영식 가문은 식植을 표杓로, 그리고 서재필의 가문은 재載를 정廷으로 각각 바꾸었다. 그 밖에 정변 행동대원들도 모두 극형에 처해지거나 중형을 받았다. 이희정·김봉균·신중모·이창규·윤경순 등 5명은 모반부도죄로 능지처사를 당했고, 김옥균의 하인 이점돌·행동대원 윤계완·신응모 등 8명은 모반 부도죄로 참형, 서재창과 차홍식 등 8명은 지정불고지죄로 역시 참형에 처해졌다. 특히 정변 주동자 하인 신분인 이점돌·김봉균·이윤상·고흥종·최영식 등 5명은 마지막 죽는 순간까지도 주인들에게 충성하는 모습을 보였다. 참으로 억울한 죽음이었다. 그리고 정변 때 전몰 병사는 38명이었고, 일반 백성의 사망자도 무려 95명에 달했는데, 이들 대부분은 맨 몸으로 일본 공사관 공격 때 희생당한 양민들이었다. 외국인으로는 청국군 사망자 11명, 부상자 30명이었고, 일본군 병사는 150명 중 단 2명만 전사했으며 일본 민간인은 38명이나 사망했다. 이는 조선인의 일본인에 대한 쌓이고 쌓인 적개심이 얼마나 컸던가를 단적으로 입증해주고 있다.

굴욕적인 한성조약과 불길한 톈진조약

정변의 태풍이 지나자 고종은 어수선한 궁내 분위기를 일신하기 위하여 내각을 새롭게 개편하였다. 고종은 먼저 정변 당시 청국군의 출동 지원을 적극 요청했던 온건 개화파 우의정 겸 총리 군국사무 심순택沈舜澤(1824~1906)을 영의정으로 승진 중용하고, 김홍집을 좌의정 겸 외아문 독판에, 김윤식을 병조판서 겸 강화유수와 외아문 협판에, 그리고 정변 당시 고향 충청도 보은에 있던 어윤중을 선혜청 제조에 임명(후에 호조참판 겸직)하는 등 온건 개화 친청파들을 핵심 요직에 전면 배치하였다. 반면 민비척족들은 주요 인물들이 희생된 점도 있었으나 정변 때 우정국에서 중상을 입고 회복 중인 민영익이 우영사에 복귀하고 과거 신사유람단 일원이었던 민종묵이 한성부 판윤에 임명되는 정도에 그쳤다.

그런 후 정변 사후대책으로 각종 상소가 올라오자 고종은 국사에서 손을 떼고 모든 일을 의정부에 맡긴다고 선언하였다. 그런 가운데서도 물밑으로는 묄렌도르프를 부대신으로 임명, 일본 주재 러시아 공사 다비도프를 만나 향후 청국과 일본의 충돌에 대비하여 러시아의 보호를 요청하는 등 러시아의 도움으로 왕권을 회복하고자 했다. 그런데 정변 후 국민의 반일 감정은 견고해진 반면 청국의 발언권은 더욱 드세졌고 정변 시 사태만 악화시킨 일본은 피해 보상이라는 생트집을 부리기 시작하였다. 임오군란 이후 가뜩이나 안방에 잔소리 많은 두 시어미를 모시게 된 조선은 이제 청국과 일본 틈새에서 '고래 싸움에 등 터지는 새우' 신세로 전락해 가고 있었다.

1884년 10월 27일(음) 일본 내각 회의는 정변 때 희생당한 일본인 38명에 대한 조선의 배상책임 결의안을 가결하고 곧바로 행동 개시에 들어갔다. 일본 정부는 외무대신 이노우에 가오루井上馨를 특명 전권대사로 임명하였다. 이노우에는 군함 7척에 병력 2개 대대와 회담에 필요한 수행원들을 거느리고 그해 11월 14일 인천에 도착하였다. 이에 조선 측에서는 좌의정 겸 외아문 독판 김홍집을 전권대사로 임명하고 조병호와 묄렌도르프를 수행토록 하여 회담에 임하였다. 일본 측은 일방적으로 모든 책임을 조선에 전가하고 압박을 가하면서 특히 공사관 소실에 따른 재건 배상금을 반 협박조로 요구하고 나섰다. 이에 대해 조선 측 대표 김홍집은 공사관 직원이 탈주할 때 기밀문서를 태우다가 화재가 발생한 것이기 때문에 배상책임이 없다고 강경히 맞섰다. 11월 23일 제2차 회담에서 일본 측은 아래와 같은 일방적인 조약 초안을 제시하였다.

1. 조선 정부는 일본에 공식 사과한다.

2. 정변 때 희생당한 일본인에게 응분의 보상을 한다.

3. 이소바야시 일본 대위를 살해한 자를 색출하여 처형토록 한다.

4. 조선 정부는 정변 시 소실된 일본 공사관을 조속히 원상 복구한다.

5. 일본 공사관 직원의 신변 보호를 위하여 일본 호위병을 배치한다.

이와 함께 이노우에는 조선정부가 이 요구를 거절할 시에는 무력 대응도 불사하겠다고 으름장을 놓았다. 수세에 몰린 조선 정부는 11월 24일(양력 1885년 1월 9일) 결국 양측의 협의 하에 일본 측이 요구한 공사관 소실 변상금을 반으로 삭감하고, 원안을 거의 수용하는 굴욕적인 '한성조약'을 체결하였다.

제1조 조선국은 국서國書(국가 원수가 상대국에 보내는 외교문서)를 일본국에 보내어 공식 사과를 표한다.

제2조 일본국 피해자의 유족과 부상자에게 보상금을 지불하고, 상인

의 재물이 훼손 약탈된 것에 대한 변상금으로 조선국은 11만원을 보상한다.

제3조 이소바야시 대위를 살해한 흉도를 조사, 체포하여 중형에 처한다.

제4조 일본 공사관을 새로운 장소로 옮길 것을 요청하는바 조선국은 그 건축에 영사관까지 포함하여 2만 원을 공사비에 충당한다.

제5조 일본 호위병의 영사(營舍)는 공사관 근처의 부지로 책정하되 '제물포조약 제5조'(일본 공사관에 약간의 호위병을 두어 경비케 하고, 병영의 설치 및 수리는 조선국이 책임진다는 것 등)에 준하여 시행한다.

[별단]

1. 조약 2. 4조에 명시된 금액은 일본 은화로 계산하며, 3개월 이내에 인천에서 지불한다.

2. 제3조의 흉도를 처단함은 이 조약이 발효된 후 20일을 기한으로 한다.

조선 측이 수락한 이 조약 내용은 누가 봐도 굴욕적이고 적반하장격인 요구였다. 조약 체결 후 이노우에는 일본 공사관을 호위한다는 구실로 일본군 1개 대대를 조선에 잔류시키고 귀국하였다. 조선 정부는 12월 13일 이소바야시 살해범을 김대홍과 원화갑으로 지목, 체포해서 처형하였으며 12월 20일에는 특명전권대신으로 좌의정 김홍집을, 조병호와 묄렌도르프를 동 부대신으로 각각 임명, 일본에 파견 사과하고 피해자가 가해자에게 배상금을 지불하는 어처구니없는 굴욕외교를 보여주었다.

한편 청국 정부는 10월 23일(음) 정변 사후 보고를 받고 한 수 높은 수준으로 일본과의 충돌을 피하면서 실리를 추구하기로 하고 북양대신北洋大臣 리홍장에게 사건처리 전권을 위임하였다. 리홍장은 11월 6일(음) 딩루창丁汝昌에게 군함 2척을 이끌고 조선에 출동(마산포)토록 하는 한편, 이어서 11월 13일 우다청吳大澂이 500명의 병력을 인솔하고 마산포에 입항하였다. 이들이 인천이 아닌 마산포로 우회하여 조선에 온 것은 인천에 정박 중인 일본 군함과의 예기치 않은 충돌을 피하기 위한 세밀한 조처였다.

일본 정부로서도 한성조약 체결로 소기의 성과를 거두었기 때문에 굳이 청국과의 충돌을 야기할 필요가 없다고 판단하고, 청국 주재 영국 전권 공사 파크스(H. S. Parks)의 중재를 받아 청·일 양국이 조선에서 철수하는 협상안을 제시하였다. 일본의 이 협상안은 앞으로 청국과 일전을 대비한 고도의 전략이었다. 이렇게 해서 1885년 3월 4일(음) 청국 측 수석 전권대사 리홍장과 일본 측 특파 전권대사 이토 히로부미伊藤博文 간에 톈진에서 다음과 같은 내용의 '톈진조약天津條約'을 체결하였다.

1. 청국은 조선에 주둔하고 있는 군대를 철수하되, 일본도 공사관 호위를 위하여 조선에 주둔한 군대를 철수한다. 이 조약 서명 날인한 날로

부터 4개월 이내에 양국은 자국의 군대를 조선에서 완전 철수하여 쌍방의 우려를 불식한다.

2. 양국은 공히 조선 국왕에 권고, 병사를 훈련토록 하여 치안을 스스로 유지토록하고 청국이나 일본 이외의 국가 소속 교관 1명에게 훈련을 담당토록 한다.

3. 추후 조선에 변란이나 중대한 사건이 발생하여 청·일 두 나라 또는 한 나라가 파병을 요할 때는 사전에 상호 외교문서를 보내야하며, 그 사건이 진정되면 즉시 철병하여 다시 주둔하는 일이 없도록 한다.

이 조약은 얼핏 보기엔 청·일 양국 군대가 조선에서 철수하여 조선에 대한 간섭을 포기하는 것처럼 보이나 실상은 상황에 따라 언제든지 개입할 수 있다는 고도의 계산이 깔려 있었다. 특히 일본으로서는 성공적인 조약이었다. 이 조약에 의거 일본군은 약 600명을, 청국군은 약 2,000명을 마산포에서 철수하였다. 순진한 고종과 조선 정부는 '잔소리 많았던 두 시어미'가 일단 집을 나가서 좋은 것 같았지만 문제는 지금부터라는 것을 모르고 안도의 숨을 쉬었다.

망명 개화파의 엇갈린 운명

1884년 10월 24일(양력 12월 11일) 정변 주도세력 김옥균·박영효·

서광범·서재필은 행동대원 변수·유혁로·이규완·신응희·정난교 등
과 함께 일본 우편선 치도세마루千歲丸를 타고 일본으로 망명하였다.
그리고 10년이 흘렀다. 10년이면 강산도 변한다고 했는데, 이들 망
명객들의 운명은 어찌 되었을까? 말이 망명이지 이들은 정치적 보
호도 제대로 받지 못한 채 거의 낭인신세로 전락하였다. 김옥균 일
행은 망명 초기에 그전부터 친분을 맺어 온 후쿠자와 유키치福澤諭吉
(1834~1910, 일본의 아시아 제패를 이론적으로 뒷받침해 준 문명개화론자)집에
서 약 두 달간 머문 후 각자 살 길을 찾아 뿔뿔이 헤어졌다. 김옥균의
망명 소식을 듣고 옛날 동남개척사 시절 그를 보좌했던 백춘배와 이
의고가 급히 달려와 서로가 얼싸안고 눈물을 흘렸다. 백춘배는 김옥
균보다 7살 많았지만 정변 전인 1883년 3월(음) 김옥균이 동남개척
사에 임명되자 울릉도 개척에 대한 실무를 전담했으며, 김옥균의 고
향 후배 이의고도 백춘배와 함께 울릉도 개발업무에 참여, 김옥균을
적극 돕다가 그의 주선으로 일찍부터
일본에 와 있었다. 그 후 백춘배는 조선
정부에서 김옥균 암살 목적으로 보낸
장갑복의 회유에 빠져 김옥균 대신 본
인이 본국의 정세를 파악하고 오겠다
고 1885년 어느 날 은밀히 귀국했다가
조선 포도청에 체포되어 1886년 처형
되었다. 한편 이의고는 정변 때까지 일

후쿠자와 유키치(福澤諭吉)

본에 있다가 김옥균 망명소식을 듣고 쫓아와 김옥균이 상하이로 갈 때 까지 그를 헌신적으로 보필했다. 이의고는 1894년 갑오 동학농민 봉기 때 일본군 통역관으로 귀국, 충청도 옥천에 숨어 살던 김옥균의 처 유씨와 딸을 수소문 끝에 찾아가 이들의 살길을 주선해준 의리의 사내였다.

이들 망명객들은 얼마 후 각자 제 살길을 찾기로 하고 먼저 박영효·서광범·서재필은 앞서 말한 행동대원들과 함께 1885년 5월 미국 선교사 언더우드의 주선으로 미국 샌프란시스코로 떠났다. 그러나 이들 가운데 박영효는 그가 자주 하던 말처럼 '양반을 몰라보는' 미국에 실망하고 두 달 만에 일본으로 되돌아와 버렸고 서광범은 언더우드의 형이 살고 있는 뉴욕으로 갔다. 그리고 나머지 일행은 샌프란시스코 부두에서 막노동으로 망명객의 고달픈 삶을 이어갔다. 한편 다른 동지들과 달리 일본에 잔류한 김옥균은 영원한 동지 유혁로·백춘배·이의고 등의 보호를 받으면서, 평소의 친화력으로 일본인들과 지면을 넓혀 근근히 하루하루를 보내며 와신상담 재기를 노리고 있었다. 이런 상황에서 조선 정부 수구파들은 일본 정부에 김옥균 본국 송환을 끈질기게 요구하는 한편 갖은 방법을 동원하여 김옥균 암살을 획책하였다. 즉 조선 정부는 1차로 자객 장갑복(본명 장은규)과 송병준을 앞세워 김옥균 암살을 기획하였다. 상민출신인 장갑복은 한 때 민비의 총애를 받던 궁녀 누이동생을 둔 연고로 수구파 거물인 민응식과 연줄을 맺고 자객을 자청하였으며, 송병준은 함경도 출신으로 무예가 뛰어나 무과에 급제하여 왕실 수문장과 사헌부 감찰을 지낸 바 있다. 송병준은 김옥균을 암살하기 위해 접근했다가 김옥균의 인품에 감화되어 김옥균과 돈독한 관계를 유지하기도 했다. 송병준은 1886년 귀국 후 김옥균과 통모한 혐의로 체포되었으나 한 때 그의 주인이었던 민영환의 주선으로 풀려났다. 그는 후에 일진회를 조직하여 일제 강점기에 백작 칭호를 받고 대표적인 친일파로 전락하였다. 조선 정부는 장갑복과 송병준에 의한 김옥균 암살계획이 수포로 돌아가자 그 다음으로 지운영을 내세웠다. 지운영(종두법 시행으로 유명한 지석영의 형)은 김옥균과 통리군국사무아문 근무 때 그를 상사로 모신 인물이다. 그러나 김옥균은 지운영에 대한 정보를 미리 입수하였기 때문에 유혁로를 통해 지운영을 꼬여 그에게서 고종의 김옥균 암살 지령문을 건네받고, 김옥균은 그 사실을 일본정부에 알림으로써 지운영의 김옥균 암살 계획도 수포로 돌아갔다. 지운영은 본국으로 강제 추방되었고, 고종은 그 일로 인해 완전히 스타일을 구긴 셈이 되었다. 고종은 자신을 망신시킨 지운영에 대해 경거망동하였다고 엄히 힐난하고 영변으로 귀양을 보냈다.

이런 저런 일로 조선과 일본의 외교관계는 마치 살얼음판을 딛고 가는 것처럼 위태롭게 전개되었고, 특히 일본으로서는 향후 '큰일'(조선 침탈)을 도모하는 상황에서 김옥균이 큰 걸림돌로 인식되었다. 고심 끝에 일본 정부는 김옥균에 대해 국외 퇴거 명령을 내리고, 퇴거 명령서를 받은 날로부터 15일 이내에 이행토록 지시하였다. 다

일본 망명시의 김옥균

만 그를 청국이나 조선으로 추방하지는 않겠다는 최소한의 배려는 해주었다. 우여곡절 끝에 일본 정부는 김옥균을 본토 도쿄에서 1,100여 킬로미터나 떨어져 있는 태평양 절해고도 오가사와라제도小笠原諸島의 치치지마 섬으로 추방키로 결정하였다. 다만 일본 정부는 김옥균에게 이의(윤)고와 바둑 동호인 다무라를 동행토록 최소한의 배려를 해주었다. 아마 5단 수준의 바둑 실력을 갖고 있는 김옥균은 당시 일본 바둑계의 17대 명인인 혼닌보 슈에이本因坊秀榮, 그 밖의 일본 바둑계 동호인들과 친교를 맺어 온 터였다. 이들 바둑 동호인들은 김옥균의 군더더기 없는 바둑 매너와 박학다식하면서도 인간적인 면모에 이끌려 그와 깊은 우정을 나누었다.

1886년 8월 9일 김옥균 일행이 탄 배는 거친 풍랑과 싸우며 무려 20일 만에 치치지마 섬에 도착하였다. 김옥균은 그 섬에서 별 할 일도 없이 낚시와 바둑으로 소일하였으며, 그곳 주민들에게 붓글씨도 가르쳐주고 중국고사도 이야기해주었으며, 때로는 그곳 어린아이들을 모아놓고 이야기도 해주었다. 이들 어린이들 중 당시 와다 엔지로和田延次郎라는 소년은 김옥균을 흠모하게 되었다. 1888년 8월 김옥균이 홋카이도로 유배지를 옮겨 두 사람 사이에 한 때 소식이 끊겼다가 1890년 도쿄 박람회 때 재회하였으며 1894년 김옥균이 상하이로 떠나 그곳에서 암살당할 때까지 곁에 있다가 그의 시신을 수습하는 역할을 하기도 했다.

김옥균은 오가사와라 섬의 고온다습한 기후 때문에 류머티즘이 극도로 악화되었다. 그 무렵 일본 정부는 이토 내각에서 구로다 내각으로 개편되면서 망명자들에 대한 대우도 다소 온정적으로 바뀌었다. 김옥균은 본인의 간절한 탄원에 의해 1887년 홋카이도로 이송되었다. 김옥균은 그곳 홋카이도에서 많은 인사들을 사귀었으며, 재발한 류머티즘 때문에 온천장을 자주 찾았는데, 그때 스키타니라는 미모의 여인과 애틋한 사랑을 나누기도 했다. 1890년 김옥균은 누차의 탄원 끝에 1890년 4월 도쿄로 귀환하여 그해 11월부터 자유로운 몸이 되었다. 1894년 3월 상하이로 갈 때 까지 김옥균은 그 사이 많은 암살 위협을 받으며 절망적인 상황에서 자포자기 방탕한 생활을 영위하기도 했다.

한편 조선 정부는 김옥균이 다시 도쿄로 왔다는 정보를 입수하기가 바쁘게 청국 정부와 물밑 교섭을 벌이며 김옥균 암살 계획에 박차를 가하였다. 먼저 병조판서 민영소閔泳韶의 사주를 받아 자객 이일직이 일본으로 건너왔다. 그는 미곡 무역상을 가장하여 먼저 오사카로 들어가 권동수·권재수 형제와 김태원·홍종우, 그리고 일본인 가오쿠보 등을 포섭하여 본격적으로 김옥균 암살계획을 세워나갔다. 이일직은 자기는 미곡수출상인데 평소부터 김옥균을 존경해왔다고 말하고 김옥균이 망명생활을 하는데 무엇이든지 도와주겠다고하며 접근하였다. 이일직은 조만간 김옥균이 상하이로 간다는 정보도 입수한 터였다. 그동안 김옥균은 일본주재 청국공사 리징팡李經方(리훙장의 양자)과 접촉하여 상하이로 가서 리훙장을 만나 조선 문제의 합리적인 처리를 건의하고 싶었다. 사실 리훙장은 김옥균이 상하이를 방문하는 것을 간접적으로 유도하였으며, 리징팡의 후임 주일 공사 왕펑짜오汪鳳藻도 김옥균이 상하이를 방문하도록 회유하는 분위기였다. 김옥균의 자기 과신과 청국정부의 회유공작이 맞아 떨어진 셈이었다. 사실 그 무렵 조선 정부와 청국 정부는 김옥균 암살을 위해 물밑교섭을 벌이고 있었다. 그리고 일본 정부의 속내도 거추장스러운 김옥균이 일본을 떠나기를 바라고 있었다. 이런 마당에 김옥균의 상하이 행을 위한 이일직의 제의는 이제 피할 수 없는 선택이요 거부할 수 없는 유혹이 되고 만 것이다. 훗날 김옥균의 상하이 수행자 와다 엔지로의 증언에 의하면 김옥균도 이일직과 홍종우의 암살 음모를 어느 정도 알고 있었지만, 이를 대수롭지 않게 생각했던 것이다. 무릇 천재들이 범하기 쉬운 자기과신 내지 과대망상증이 김옥균에게도 예외는 아니었던 것 같다. 당시 국제적 낭인신세로 전락한 김옥균을 리훙장이 만나준다는 것은 상식적으로 이해할 수 없는 일이었다. 그러나 김옥균은 그렇게 될 것으로 오판했다.

어떻든 김옥균은 이일직의 유혹에 빠져 홍종우도 소개받았다. 그때 홍종우는 자신이 정변 때 죽은 홍영식의 친척이라고 소개하고 그 때문에 자기도 모함에 빠져 일본으로 도피해왔다고 밝히고, 덧붙여 프랑스 유학 경력과 미래에 대한 포부도 밝히면서 김옥균의 환심을 샀다. 특히 그의 프랑스 유학 경력은 김옥균의 관심을 끌기에 충분했다. 원래 홍종우洪鍾宇(1850~1913)는 경기 안산 홍재원의 외아들로 족보상으로는 대원군 때 영의정을 지낸 홍순목(홍영식 부친)의 남양홍씨 벌족인 것은 사실이나 홍영식과 가까운 친척이란 말은 거짓이었다. 그의 집은 가세가 기울어져 그의 아버지가 전라도 고금도로 이주하여 1894년까지 그곳에서 거주하였다. 그러나 홍종우는 그의 말처럼 '뼈대 있는 가문 출신'으로서 그의 아버지와 같이 초야에 묻혀 살고 싶지 않았다. 그는 어떤 경로를 통해서 프랑스에 대한 매력을 느끼게 되었는지 알 수는 없으나 그는 프랑스로 가서 큰 뜻을 펼치기로 마음을 먹고 우선 경유지로 일본을 택하였다. 홍종우는 적수공권 일본으로 가서 2년 동안 산전수전 다 겪은 끝에 1890년 12월 꿈에 그리던 프랑스 파리로 갔다. 그러고 보면 홍종우가 우리나라 프랑스 유학 1호인 셈이었다. 그는 40세라는 나이에도 불구하고 대단한 집념으로 프랑스어를 익혀 파리 기메 박물관(Musée Guimet)에서 연구보조자로 2년간 일했으며 이 기간에 『춘향전』·『심청전』 등을 프랑스어로 번역하기도 하였다. 어떤 이유에선지 홍종우는 파리생활을 청산하고 일본으로 돌아와 이일직을 만나 그와 의기투합, 김옥균 암살을 모의하게 된 것이다. 아마도 홍종우로서는 그 길이 출세의 지름길로 판단했던 것 같다. 운명이라 할까. 김옥균은 잘 생기고 달변인데다가 프랑스 유학파이기도 한 홍종우에게 자기도 모르게 빠져들었

홍종우

다. 이일직은 김옥균이 상하이로 가기 전 그가 일본에서 진 빚을 모두 갚아주고 상하이 행 여비는 물론 5,000원 권 거액 수표(위조수표임)를 마련하여 홍종우와 함께 김옥균을 만나고 그 수표도 건네주었다. 푯대를 잃고 방황하며 더욱 고독해진 김옥균으로서는 이일직과 홍종우가 천군만마였고 더할 나위 없는 우군이었다. 이렇게 해서 김옥균은 홍종우, 그리고 와다 엔지로와 함께 1894년 3월 27일 상하이에 도착, 동화양행이라는 3층짜리 장급 호텔에 투숙하였다. 이때 김옥균과 와다는 2층 1호실에, 통역관 오바우런은 2호실, 그리고 홍종우는 3호실에 각각 여장을 풀었다. 그리고 김옥균은 이튿날 아침식사를 마친 후 호텔 주인과 함께 인근 공원에서 산책을 하고 들어왔다. 곧바로 그를 미행하던 홍종우가 따라 들어 왔다. 그는 아침에 김옥균으로부터 은행에 가서 수표를 현금으로 바꿔오라는 요청을 받고 들어오는 길이라고 얼버무렸다. 그는 고액 수표는 은행지배인의 직접 결재가 필요한데 때마침 은행 지배인이 출타 중이라서 내일 찾아오겠다고 둘러댔다. 그러나 그 수표는 애시 당초 가짜였기 때문에 은행에 제시할 수 없는 것이었다. 점심을 마친 후 김옥균은 통역인 오바우런에게 시내 관광 때 입고 다닐 중국옷을 사오도록 부탁하였다. 그래서 통역관이 밖에 나가게 되었고, 아래층 있는 호텔 사무장도 김옥균 일행과 동행하자고 와다를 아래층으로 내려보냈다. 그리고 김옥균은 침대에 비스듬히 누워 사마광司馬光(1019~1086)이 쓴 『자치통감』을 뒤적였다. 이 책은 그가 일본에서 출발할 때 지인 이누카이 쓰요시犬養毅(1855~1932, 총리 재임 때인 1932년 암살됨)가 직접 준 것이다. 와다가 아래층으로 내려가자마자 홍종우는 이때를 놓치지 않고 미리 준비한 연발 권총을 오른손에 쥔 채 김옥균의 방문을 열어 젖혔다. 이때 무방비 태세로 방문 쪽을 쳐다보고 있는 김옥균을 향해 홍종우는 3발의 총알을 난사했다. 이렇게 해서 일세를 풍미하던 풍운아 김옥균은 이역 상하이에서 허무하게 최후를 맞았다. 그리고 그가 어린 시절에 쓴 "달은 작지만 천하를 비춘다"는 원대한 꿈도 이승에서 이룰 수 없는 꿈으로 접어야 했다. 천명지엄 천명무상天命至嚴 天命無常(하늘의 뜻은 지엄한 것 같지만 항상 그렇지만은 않다는 뜻-『역경易經』)이라고나 할까? 아래층에서 뜻밖의 총소리를 듣고 황급히 올라 온 와다는 피투성이가 된 채 쓰러져 있는 김옥균을 끌어안고 통곡하였다. 이제 겨우 17세 된 소년으로서는 참으로 감당하기 어려운 끔찍한 사태였다. 전후사정으로 미루어 보아 김옥균 암살은 조·중·일 합작 모살이라는 설이 지배적이다. 훗날 1904년 2월 18일 도쿄의 아오야마 레이엔青山靈園 외국인 묘역의 김옥균 묘(조선에서 능지처사되었으므로 그의 머리에서 입수한 머리카락과 헤어진 옷자락으로 김옥균 우인회가 조성한 가묘)에는 다음과 같은 비문이 새겨져 있다.

오호라 비상한 재주를 타고나 　　嗚呼抱非常之才

비상한 시대를 만났기에 　　遇非常之時

비상한 공적도 세우지 못하고 　　無非常之功

비상한 죽음을 맞았으니 　　有非常之死

하늘이 김공(김옥균)을 낳은 　　天之生金公若是己耶*

것이 이와 같도다.

[이하 생략]

김옥균 암살범 홍종우는 그 후 한때 출세가도를 달렸으나 갑오개혁 후 일본세력에 밀려 제주목사로 좌천 된 후 1904년 제주 목사직마저 사직하고 상하이를 거쳐 프랑스로 갔다가 다시 귀국하여 1913년 63세를 일기로 쓸쓸히 생을 마감하였다.

한편 박영효는 김옥균과 일본에 망명한 후 서로 불편한 관계에 놓이게 되었다. 그도 그럴 것이 호방하고 친화력이 있는 김옥균 곁에는 많은 사람들이 모여들었으나 양반 행세를 하며 자의식이 강한 박영효에게는 찾는 사람이 별로 없었다. 박영효는 망명생활 중에도 항시 김옥균의 사생활이나 개인적인 흠결을 들추어내는 일이 많았다. 훗날 박영효는 춘원 이광수와의 대담 형식『갑신정변 회고록』중 '박영효 씨를 만난 이야기' 편에서 "김옥균이 어름거리다가 상감을 놓쳐 정변에 실패했다"고 갑신정변 실패를 김옥균 탓으로 돌렸으며,

"김옥균의 장점은 사람을 잘 사귀고 글 잘하고, 말 잘하고, 시문서화詩文書畫에 능하나 덕과 지략이 부족했다"(김옥균·박영효·서재필 지음, 조일문·신복용 편역, 『갑신정변 회고록』, 건국대학교 출판부, 2006, 222~223쪽)고 김옥균을 깎아내렸다. 박영효는 망명 시에도 김옥균에 대해 이와 비슷한 비난을 하고 다녔지

박영효

만, 김옥균은 이런 박영효에 대해 일절 안 좋은 내색을 하거나 비난한 적이 없었다고 망명생활을 함께 했던 동료들은 증언하였다. 박영효는 앞서 잠시 언급한 바와 같이 서광범·서재필과 함께 미국으로 갔으나 그 자신이 말한 것처럼 '양반을 몰라보는' 미국에서 적응하지 못하고 두 달 만에 일본으로 다시 돌아와 주로 독서를 하거나 미국 선교사가 운영하는 학원에서 영어공부를 하며 재기를 꿈꾸고 있었다. 박영효는 1888년(고종 25) 1월 왕에게 1만 3,000여 자에 이르는 장문의 건백서建白書를 올리기도 했으며, 1891년 2월에는 대원군에게 서신을 보내 재기를 모색하였다. 그는 이 서신에서 청일전쟁의 가능성을 예견하고 난국을 타개하기 위한 방안으로 백성안무百姓安撫(백성을 편안하게 함)·간흉양제奸凶攘除(간사한 무리를 제거함)·방일상의訪日商議(일본을 찾아 이로움을 도모함) 등 3개항을 제시하기도 하였다. 마

침내 그의 꿈이 이루어지게 된다.

1894년 조선에서 벌어진 청일전쟁이 일본의 승리로 끝난 후 갑오개혁과 함께 새로 부임한 이노우에 공사의 적극적인 후원으로 미국에 망명 중인 서광범과 함께 사면이 이루어져 두 사람은 1894년 10월(양력 12월) '제2차 김홍집 내각(소위 김홍집·박영효 연립내각)'에 참여하여 내무대신이 된다. 그러나 박영효는 1895년 '친일정권을 수립하기 위하여 민비축출 역모'(이 사건은 일본인 사사키의 간계에 의한 것으로 판명됨) 혐의, 소위 '불궤음도不軌陰圖 사건'으로 체포령이 내려지자 일본 공사관으로 피신, 일본으로 도망가서 12년간 망명생활을 했다. 망명 중 박영효는 유길준, 그리고 왕실의 의화군義和君(1875~1955, 고종과 귀인 장씨 소생의 아들로, 후에 의친왕으로 봉해짐) 및 대원군 장손 이준용李埈鎔(1870~1917) 등과 모의하여 의화군을 왕으로 옹립하는 음모를 꾸몄으나 사전에 누설되어 의화군이 미국으로 떠나버림으로써 이 계획은 유야무야 되었다. 그 후 1900년 7월 박영효는 일본 고베에서 망명동지들을 규합, 조선 정부 전복 모금운동을 벌이다가 이 역시 탄로가 나 궐석재판에서 교수형선고를 받게 된다. 1907년 그는 일본 이토 통감부 시대에 비밀리에 부산으로 입국해 사태를 관망하고 있다가 궁내부 고문 가토 마쓰오加藤增雄의 도움으로 특사령을 받아 이완용 내각의 궁내부대신이 된다. 그 후 박영효는 일제로부터 후작 작위를 받고 1918년에는 조선식산은행 이사, 1920년에는 동아일보 사장, 1937년 중추원 부의장으로 재직 중 그해 9월 21일 79세를 일기로 사망한다. 영욕이 엇갈린 그의 파란만장한 삶은 결국 친일파라는 오명을 안게 된다.

한편 미국으로 망명한 서광범은 선교사 언더우드의 형을 통해 여비를 마련하여 뉴욕, 뉴저지 등에서 생활하며 1892년 1월 미국 시민권까지 얻었으나 영양실조로 폐병까지 걸려 투병생활을 하기도 했다. 그런 가운데서도 서광범은 힌두교·불교 등 인도철학의 영향을 받은 신흥종교집단 신지학회에 가입하여 위안을 찾고 하루하루 힘겹게 생활하던 중 그 역시 청일전쟁 후 새로 부임한 조선 주재 이노우에 일본공사의 요구에 따라 사면되어 1894년 12월 13일 귀국, 그 역시 제2차 김홍집 내각 법무대신으로 기용 된다. 법무대신이 된 서광범은 사법제도를 개혁하여 일반 국민의 재산과 인권 보호에 역점을 두었는데 이는 미국과 일본 등 선진국의 사법제도를 근간으로 한 것이었다. 서광범은 박영효가 민비시해 음모설로 일본에 다시 망명 후에도 제3차 김홍집 내각의 법무대신 자리를 유지하였으며, 을미사변으로 민비가 시해된 후 일본과의 사후 처리문제로 갈등이 우려돼 학부대신으로 자리를 옮겼다. 을미사변 여파로 친러파가 득세하기 시작하자 신변의 위협을 느끼게 된 서광범은 다시 미국 망명을 모색하던 중 외무대신 김윤식의 주선으로 1895년 12월 12일(음 10월 17일) 주미대사로 임명된다. 미국으로 가는 중에 서광범은 아관파천 후 김홍집이 백주에 살해되었다는 비보를 접하고 심경이 착잡하였다. 그러나 어쩌면 그로서는 다행한 일인지도 모를 일이었다. 아니나 다를

까 아관파천 후 서광범은 주미공사 부임 7개월 만에 해임되고 그 자리에 친러파 이범진이 기용된다. 그는 주미공사 자리에서 물러난 후 귀국도 고려하였으나 귀국하여 그 자신도 어찌될지 몰라 미국에 잔류하던 중 지병인 폐결핵이 악화되어 1897년 8월 7일 39세를 일기로 사망하게 된다. 이처럼 서광범도 아픈 역사의 흐름 속에서 우여곡절을 겪어야 했고, 끝내는 이역 땅에서 쓸쓸히 생을 마감하게 된다.

한편 서재필은 다른 동료들과 달리 천신만고 끝에 미 육군 의학도서관 동양도서 사서직에 합격하였다. 그는 주경야독하며 조지 워싱턴 대학 전신인 컬럼비아 대학 부설 코코란(Corcoran) 공대에 입학한 후 그곳 의과대학에 편입하여 전체 2등이라는 우수한 성적으로 졸업하고 대학 부설 가필드 병원 병리학 조교수가 되었다. 그러나 학생들이 유색인종 교수로부터 수업을 받을 수 없다고 수강을 거부하자 서재필은 교수직을 그만 두고 워싱턴DC에서 개업하였으며 1894년 6월 미국 철도 우편국 창설자인 조지 암스트롱의 딸 뮤리엘과 결혼, 시민권까지 얻게 된다. 그는 후에 주미 공사관을 통해 귀국 교섭을 받았으나 사양하고 현지에 머물게 된다. 그러나 제4차 김홍집 내각이 출범하면서 정부에서는 그의 귀국을 희망하였다. 이에 서재필은 마음이 움직여 1895년 11월19일 조국을 떠난 지 11년 만에 귀국하게 된다. 당시 그의 귀국을 적극 주선한 사람은 김홍집 내각의 내부대신 유길준이었다.

서재필은 귀국 후 정국의 추이를 관망하였으나 김홍집 내각이 국

민들의 지지를 받지 못하고 있음을 알
고 정계 참여를 포기하고 미국인 자격
으로 체류하면서 민중계몽 쪽으로 진로
를 바꾸게 된다. 이러한 그의 판단은 갑
신정변의 쓰라린 경험을 되풀이 하고
싶지 않았기 때문이었다. 1896년 7월 독
립협회가 결성되고 회장에 안경수, 위
원장에 이완용이 추대되었으며 서재필
은 미국인 신분 고문자격으로 동 협회

서재필

를 측면 지원하면서 조선 역사상 최초의 의회 성격인 중추원 고문으
로 위촉된다. 그러나 친러파와 친일파 공히 서재필의 독립협회와 중
추원 고문직 활동에 곱지 않은 시선을 보내고, 끝내는 그를 중추원
고문직에서 해촉하고 그의 출국을 압박하게 된다. 이러한 압력에 시
달리게 된 서재필은 미국으로 돌아가기로 결심하고 1898년 5월 27
일(음) 서울에서 낳은 딸과 부인을 대동하고 일본을 거쳐 미국으로
떠났다. 그는 미국으로 돌아가 본업인 의학의 길로 들어서 1929년
조선인 최초로 병리학 전문의가 된다.

　1945년 8·15 광복이 되자 1946년 9월 21일 김규식金奎植
(1881~1950, 임정 부주석 역임)은 도쿄에 있는 맥아더 장군에게 전문을
보내 서재필의 귀국을 요청한다. 당시 서재필은 고령(83세)임에도 펜
실베이니아 주 미디어 시 병원에서 의료 활동을 하고 있었다. 1947

년 1월 남한 주둔군 하지(John Reed Hodge, 1893~1963) 사령관이 서재필을 공식 초청하였다. 이렇게 해서 서재필은 49년 만에 다시 조국을 찾게 되었으며, 귀국 후 1년 7개월간 미군정 최고고문과 과도정부 특별의정관 직을 수행하게 된다. 1948년 5월 10일 유엔 감시 하에 남한 단독 총선거가 실시되고 이승만의 독주 체제가 진행되자 6월 22일 '서재필 추대 연합준비위원회'는 좌우를 아우르는 중간 인물로 서재필을 추대하려는 움직임을 보였다. 이에 이승만계의 '독립촉성회'를 중심으로 한 20여 개 단체가 서재필 반대운동을 전개하고 각 언론에 서재필 비난 기사를 게재하였다. 이렇게 되자 서재필은 파장에 휘말리고 싶지 않아, 7월 10일 하지에게 일체의 고문직 사임의 사를 밝히고 1948년 8월 다시 미국으로 돌아가 의료 활동을 하다가 1951년 1월 5일 펜실베이니아 주 몽고메리 병원에서 88세를 일기로 사망하게 된다. 그에 대한 평가가 어떻든 그는 그래도 자신의 일에 충실하며 운 좋게 살아간 사람이었다. 그리고 조국의 부름이 있을 때에는 생업을 중단하고 귀국하여 봉사한 점도 긍정적으로 평가할 만한 점이다.

---

* 이 비문은 유길준이 짓고 박영효가 찬撰했으며 대원군 장손 이준용이 썼음.

제5장

———

갑오동학농민군 봉기와
청일전쟁

　　‘한성조약’과 ‘텐진조약’으로 청국과 일본이 조선에서 잠시 자리를 비운사이 조선의 사태를 예의 주시해 온 여타 서구 열강은 조선을 더욱 얕잡아보며, 이번에는 자기들 차례가 되었다고 판단, 호시탐탐 군침을 삼켰다. 마침내 1885년 4월 영국 동양함대는 거의 2년간이나 거문도를 무단 점령하였다. 그리고 청국은 러시아의 남진정책에 의한 조선 접근을 억제하기 위하여 대원군을 환국시켰다. 청국의 간섭에 자존심이 상한 조선정부는 소위 인아거청引俄拒淸 정책으로 선회, 러시아와의 조약을 체결하려 하였으나 이 계획이 사전 누설되고 청국의 간섭이 다시 강화되었다. 이렇게 되자 조선의 러시아 접근이 주춤해지고 청국이 러시아로 하여금 더 이상 조선에 접근하지 못하도록 한다는 조건하에 영국함대는 1887년 2월 거문도에서 철수하였다. 그러나 이를 계기로 조선은 또다시 열강의 각축장이 되었고, 외교의 다원화 필요성을 인식한 조선 정부는 무분별하게 문호를 개방함으로써 점차 주권을 유린당하게 된다. 그리고 전봉준의 농민군을 주축으로 한 민중의 저항과 이를 진압하기 위한 청일 양국군의 개입이라는 악습이 다시 반복되어 조선 땅은 ‘청일전쟁’의 앞마당이 되어버렸다. 한성조약과 텐진조약에서 우려되었던 일이 현실로 나타난 것이다. 청국과의 전쟁에서 승리한 일본은 조선 지배권을 독점, 조선 침탈을 자행하고 갑오개혁 등 내정간섭을 더욱 노골화하게 된다.

영국 해군의 거문도 무단 점거

갑신정변의 사후 수습 대가로 일본은 조선과 한성조약을 체결하여 재미를 톡톡히 보았다. 이어서 일본은 청국과 톈진조약을 체결, 양국 모두 실리를 챙기고 후일을 도모하기 위하여 조선 내 자국 군을 일단 철수하였다. 이러한 상황을 예의 주시해온 강대국들은 이번에는 자기들 차례가 되었다고 판단하고 '만만한' 조선을 넘보기 시작하였다.

1885년 4월 14일(양력) 영국 동양함대사령관 도웰(William M. Dowell)은 3척의 군함을 이끌고 일본 나가사키를 출발하여 다음날 거문도巨文島를 무단 점거하였다. 외교관례상 있을 수 없는 행동이었다. 한심하게도 조선 정부는 이 사실을 전혀 모르고 있었다. 반면 일본과 청국은 마치 자기들 영토에 관한 일처럼 촉각을 곤두세우며 영국군함대를 예의 주시하였다. 조선 정부가 이 사실을 알게 된 것은 영국 측의 통보에 의해 점거 1개월이 지나서였다. 표면상 이유는 "예측할 수 없는 변을 막고자 잠시 점거하는 것이니 양해해 달라"는 일방적인 통보였다.

그러나 당시 이 사실을 사전 통보받은 청일 양국 중 청국은 양국 간의 이해관계가 맞아떨어졌기 때문에 잠정적으로 묵인할 수밖에 없었다. 그도 그럴 것이 청국은 프랑스와의 베트남 국경 분규 때문에 영국의 도움이 필요했고, 영국은 동북아에서의 세력균형을 위해서 청국이 필요했으며, 특히 러시아의 남진을 막기 위해서 청국의 도움이 절실했다. 일이 이쯤 되자 일본도 이를 수수방관할 수 없다는 태도를 보이며 영국이 거문도를 잠시 점거한다는 의미가 무언지 진의를 파악토록 하였으며, 러시아는 보다 더 강경한 태도로 영국이 거문도를 장기 점거할 경우 자기들도 조선의 다른 섬을 점거할 것이라고 으름장을 놓았다. 사실 영국이 거문도를 점거한 직접적인 동기는 영국이 러시아와 아프가니스탄에서 대립하고 있었기 때문에 그 대응 차원에서였다. 조선정부에서도 청국의 북양수사제독 딩루창丁汝昌의 도움을 받아 유사당상有司堂上 엄세영과 협판 묄렌도르프를 현지에 파견, 영국 측에 강력히 항의하였다.

이렇게 되자 영국 측도 국제여론의 악화와 아프가니스탄 문제가 종식됨으로써 더 이상 거문도를 점거할 명분이 없게 되었기 때문에 러시아가 더 이상 조선의 어느 곳도 점유하지 않겠다는 약속을 받고 청국 정부에는 11월 24일, 조선 정부에는 12월 23일 각각 통보하고 1887년 2월 27일 22개월 만에 거문도에서 완전 철수하였다. 영국의 거문도 점거는 이렇게 끝났지만 이 사건을 계기로 서구 열강은 조선을 얕잡아보게 되었고, 조선은 무방비 상태에서 주권을 유린당하는 계기가 되었다.

조선, 러시아와 밀월을 모색하다

영국이 거문도에서 철수한 후 조선 정부는 성가신 청·일 양국을 믿을 수 없게 되자 이를 견제하기 위한 궁여지책으로 러시아와의 교린을 모색하였다. 조선 정부는 마침내 외아문 협판 묄렌도르프를 내세워 차제에 이들의 간섭을 배제하기 위하여 러시아와의 조약체결을 물밑 교섭하였다. 마침내 1884년 12월 하순 고종은 전영관前營官 권동수·김용원 등을 밀사로 파견하여 러시아 황제에게 '보호'를 요청하는 친서를 보내고 이듬해 5월 회답을 가져왔다. 그러나 어떤 경로인지 회답내용이 사전에 누설되어 당시 친청파인 외아문 독판 김윤식이 알게 되었고 김윤식은 이를 청국 상무총판 천수탕과 일본 대리 공사에게 알림으로써 사태가 심각해졌다. 이 사실이 알려지면서 청국은 조선 정부에 강경한 입장 표명과 경계심을 더욱 강화하였다. 이에 따라 조선정부는 실무책임을 맡았던 묄렌도르프를 해임(1885

년 11월 톈진으로 돌아감)하는 선에서 사태를 일단락 지으려 했다. 그러나 청국은 그것으로 끝나지 않고 1885년 10월 5일(음 8월 27일) 대원군을 톈진에서 환국시켜 그로 하여금 러시아 방어막으로 삼고자 했다. 그러나 민비척족들은 대원군의 환국을 노골적으로 반대하는 입장을 보이며 대원군이 입경한 다음 날 임오군란 관련 잔여 무관들을 모반 대역부도죄로 처형하고, 운현궁의 일반인 통제를 더욱 강화하였다. 그런 와중에 청국은 조선 외교문제 대표를 천수탕에서 위안스카이로 교체한 후 조선에 대한 간섭을 더욱 노골화하였다. 임오군란 때 불과 23세의 젊은 나이로 진압군 장교로 조선에 온 위안스카이는 갑신정변 때도 반군 진압작전에 성공하여 조선의 운명을 좌지우지할 정도로 막강한 권한을 행사하는 '감국監國'(공식 직함은 주차조선총리교섭통상사의駐箚朝鮮總理交涉通商事宜) 자리에 올라섰다. 그의 외교 공식직함이 통감(Resident General)이었다는 것만 봐도 당시 그의 위세가 얼마나 대단했는지 짐작하고도 남음이 있다.

그럼에도 불구하고 조선 정부는 협판내무부사 민영환, 좌영사 민응식 등을 내세워 은밀히 러시아 공사관(1884년 7월 공사관 개설조인, 1885년 10월 정식개설)을 방문케 하여 대리공사 겸 총영사 웨베르(Karl I. Waeber)에게 청국과 일본의 조선 침탈을 막아줄 것을 요청하였다. 그때가 1886년 7월(고종 23)이었다. 이 사실이 친청주의자 민영익에 의해 위안스카이에게 밀고 됨으로써 사태는 일파만파 확대되어 위안스카이는 국왕폐위까지 들고 나왔다. 그러나 이 사건은 조선 측에서

사실과 다르다는 점을 위안스카이에게 사과함으로써 일단 봉합되었
다. 이렇게 해서 러시아의 조선 진출은 한동안 주춤했으나 웨베르 공
사는 1885년 9월 외아문독판 김윤식에게 조선과 러시아의 두만강
을 중심으로 한 활발한 교역현실을 감안하여 수호통상조약을 건의
해 옴에 따라 양국은 물밑교섭을 통해 1888년(고종 25) 8월 조·로 육
로통상장정朝露陸路通商章程을 체결하였다. 이 장정은 전문 9조로 되어
있는데, 인천·원산·부산·경성·양화진 등 5개 항 외에 경흥부慶興府를
개방하고 이 지역에서 100리 이내의 지역에서 러시아인이 자유 왕
래할 수 있고, 조선인도 러시아에의 자유왕래가 가능토록 하였다. 그
러나 금·은·등 일부 품목에 대한 수출입이 무세 자유화되어 다량의
금과 은이 러시아로 유출되는 문제가 생겼다.

동학농민운동의 전개

갑신정변 후 조선의 현실은 무엇이 달라졌는가? 앞에서 본 바와
같이 고종은 내각을 개편, 흩어진 민심을 수습하여 국정을 쇄신하고
자 했다. 그러나 새로운 조각組閣인물들 중 실권 있는 요직은 대부분
고종 친인척과 민비의 측근들로 채워졌으며, 그나마 구색 맞추기로
온건 개화파로 행정능력을 인정받은 좌의정 김홍집과 병조판서 겸
강화유수 김윤식 정도가 고작이었다. 조각내용은 한마디로 '그 얼굴

에 그 얼굴', '그 나물에 그 밥', '회전문 인사'요 '땜질 인사'였다. 집권층은 나라가 이지경이 되어버린 데 일말의 성찰과 반성도 없이 구태의연 수구세력을 더욱 결집하는데 혈안이 되었다. 그래 가지고 어떻게 국정을 쇄신한다고 할 수 있겠으며, 도탄에 빠진 민생이 어떻게 나아지겠는가?

마침내 민중(이때는 동학농민교도들이 주축)의 봉기는 1892년 10월 공주에서부터 일어났다. 한때 이단사술異端邪術에 현혹되었다는 혐의로 체포되어 섬으로 귀양 갔던 동학교도 남접南接(현실 참여 강경파) 서인주徐仁周는 1890년 8월에 풀려난 후 동료 서병학徐秉鶴과 함께 최시형崔時亨을 만나 동학교도가 핍박받고 있다고 한탄하면서 소장疏狀을 올려 한양 궁궐 앞에서 수운水雲(초대 교주 최제우의 호) 선생의 억울함을 호소해야 한다고 건의하였다. 그러나 최시형은 일이 제대로 안될 경우를 두려워 해 이를 만류했다. 하지만 서인주는 사태의 흐름을 더 이상 방관할 수 없다고 판단, 그해 10월 휘하의 교도들을 공주에 모이게 하고 충청감사 조병식에게 탄원서를 올려 최제우의 신원伸寃(원통하고 억울함을 풀어 명예를 회복함)을 요구하였다. 이때 공주에 집결한 사람들은 1만여 명에 달하였다. 이른바 이 공주집회는 1개월여 동안 지속되었다. 그러나 충청감사 조병식은 아무런 대책도 내놓지 않게 되자 전라감사 이경직에게도 같은 탄원서를 제출하고 답변을 기다렸다. 상황이 이쯤 되자 최시형의 북접北接파(온건 교리파)도 미온적인 관의 태도를 보고 교조 신원운동에 동참하였다.

일반 기층민의 요구와 교도들의 진의를 확인 한 최시형은 그해 10월 27일 교도들을 전라도 삼례參禮에 다시 모이도록 하고, 11월 3일 동학농민교도 수천 명과 함께 교조 최제우의 신원伸寃과 포교의 자유를 외치며 궐기하였다. 궐기의 명분은 교조신원과 포교의 자유였지만, 따지고 보면 그동안 쌓이고 쌓인 민생고에 대한 누적된 불만이 함께 표출된 것이었으며, 30년 전의 '임술민란' 때처럼 척결되지 않은 부패관리들이 문제의 원인 제공자들이었다. 이것이 바로 두 번째 동학교도 집단행동이었다. 이들은 전라감사 이경직으로부터 이에 대한 약속을 받고 일단 물러났다. 그러나 그것은 일시적인 미봉책이요 회유에 불과했다. 그도 그럴 것이 시위대가 물러간 후 당국은 주동자로 지목된 서병학을 전국에 지명수배령을 내린 것이다.

당국에서 가시적인 대책을 내놓지 않자 1893년 4월 25일 마침내 충청도 보은에서 2만여 명(주최 측에서는 8만 명이라고 주장)의 동학교도들이 척왜양斥倭洋·보국안민輔國安民을 외치며 요원의 불길처럼 봉기하였다. 정부에서는 어윤중(경기 광주에서 출생 보은에서 성장하였음)을 선무사宣撫使로 임명하고 군대를 딸려 현지로 급파, 해산을 종용하였다. 그러나 동학교도들은 척왜·척양과 함께 충청도 관찰사 조병식과 공주 영장營將 윤영기를 탐관오리로 지목하며 처벌을 요구하였다. 어윤중은 이들의 요구를 들어주기로 약속하였다. 그러자 이들은 이를 믿고 시위 25일 만에 일단 해산하였다. 시위대들이 해산하게 된 속사정은 따로 있었다. 어윤중의 약속도 약속이려니와 집회 초부터 매일 같이 호우가 쏟아지고 산골에서 식량이 동이 난데다가 조만간 미국 군사고문관에게서 훈련을 받은 신식군대가 들이닥친다는 소문이 파다하게 퍼져 사기가 많이 떨어졌기 때문이었다. 선무사 어윤중은 동학도들의 요구대로 충청도 관찰사 조병식과 공주 영장 윤영기의 비리를 조사하여 정부에 처벌을 요구하였다. 이에 따라 정부는 조병식에 대해 삭탈관직하고, 윤영기를 체포하여 의금부에 투옥하였다.

그러나 정부의 대책이 미봉책에 그치고 탐관오리들이 더욱 기승을 부림에 따라 마침내 그 무렵 전라도(현 전라북도) 금구 원평院坪에서도 대대적인 농민시위(약 1만여 명)가 일어났다. 이번의 시위는 전봉준이 배후에서 조종하여 조직적으로 진행된 농민봉기였다. "처음 동학은 그 무리를 불러 포包라고 했는데 법포法包와 서포徐(西)包가 있었다. 법포는 최시형을 받들었는데 최시형의 호가 법헌法軒 해월海月이었기 때문이었다. 서포는 서장욱과 서병학을 받들었는데 이들의 활동중심권은 서남쪽 지역으로 성이 서씨徐氏였기 때문에 붙여진 이름이었다. 서포가 먼저 일어나고 법포가 뒤에 일어났기 때문에 서포를 현실에 참여, 일어난다는 뜻을 따 기포起包라 하였고, 법포를 교리에 충실, 앉아있다는 뜻을 따 좌포座包라 하였다."(황현 지음, 이민수 옮김, 『동학란』, 을유문화사, 1985, 111~112쪽 참고). 그리고 동학교의 단위조직에는 접接과 포包가 있었는데, 초기 단위 조직은 접이었으나 1893년 3월 이후 포로 바뀌었다. 포는 상급조직이고 접은 하급조직으로 포는 여러 개의 접을 거느리게 되었다. 그리고 북접과 남접이라는 이름도 원평 집회 때부터 본격적으로 사용하게 되었으며, 최시형이 북쪽에 살았기 때문에 그를 중심으로 교리에 충실한 온건세력을 북접이라 칭하였고, 서장욱의 영향을 받은 전봉준과 그 일파를 중심으로 한 현실 참여파를 남접이라 칭하게 되었다. 그러다 보니 충청도를 중심으로 한 북접파는 정치적 활동을 꺼려하는 온건파가 되었고, 반면 전봉준을 중심으로 한 전라도의 납접파는 현실참여를 중시하는 강경파가 되었다. 남접파에 의해 주도된 원평집회 때부터는 동학교도보다 일반 농민 가담자가 훨씬 많았기 때문에 이 무렵부터 진정한 의미의 농민운동의 주체는 주로 동학교도보다 일반농민이 많았다.

동학농민 봉기에서 농민군 전쟁으로의 전환

마침내 갑오 농민군은 전라도 고부古阜에서 대대적으로 봉기하기 시작하였다. 봉기를 야기한 장본인은 고부군수 조병갑趙秉甲 (1844~1911)이었다. 때는 1894년 2월 26일(음 1월 10일)이었다. 조병갑은 전 충청도 관찰사 조병식, 당시 관찰사 조병호 등 양주 조씨 일족으로 전형적인 탐관오리들이었다. 조병갑은 고부군수로 부임하기 전에는 1880년 함양과 1882년 천안에서 군수를 지낸 바 있으며, 고부에 부임하기 전 함양부사를 지냈고 3년간의 모친상을 치른 후 1892년(고종 29)고부군수로 부임한 이래 갖가지 비리를 자행하였다.

조병갑은 농민에게 면세를 약속하고서 황무지 개간을 허가해주고 막상 추수기가 되자 강제로 세금을 징수하였다. 그는 부자들을 잡아들여 불효·불화·음행·잡기 등의 죄명을 뒤집어씌워 그들의 재물을 빼앗았다. 그리고 일찍이 태인 현감을 지낸 그의 부친 조규순(조병갑은 그의 서자임)의 공덕비를 세운다는 명목으로 1천 냥 이상의 돈을 거둬들였고 대동미大同米(조선 중기 광해군·숙종 때부터 지방의 특산물로 바치던 공물을 쌀로 일괄해서 바치게 한 세금제도)를 쌀로 받는 대신 화폐로 받아 헐값으로 쌀을 사서 상납, 그 차액을 착복하기도 하였다. 그중에서도 가장 나쁜 비행은 만석보萬石洑(동진강에 축조된 보로 고부군과 태인현의 농민들이 수리혜택을 받고 수세를 내왔음) 개수에 따른 비리였다. 그렇지 않아도 수세가 비싸 원성이 자자했는데 조병갑은 농민들을 강제 동원, 만석보 밑에 다시 새로운 보를 쌓게 하여 추수기에 추가 수세를 징수, 모두 700여 석의 쌀을 사취하였다.

견디다 못한 고부 농민들은 관에 진정키로 결의하고 한학에 밝고 지도력이 뛰어난 전봉준全琫準(1855~1895)에게 달려가 진정서를 써달라고 부탁했다. 전봉준의 본관은 천안 전씨로 1855년 전라도 고창현 덕정면 죽림리 당촌마을[고부군 궁동면 양교리(현 정읍군 이평면 장내리 조소鳥巢 부락) 설도 있음]에서 태어났으며 18세까지 태인현 감산면 황새마을(현 정읍군 감곡면)에서 성장하였다. 그는 유난히 키가 작아 5척 정도에 불과하였으므로 '녹두綠豆'라는 별명을 얻게 되었지만, 담력과 지혜가 출중하였고 눈빛이 '샛별같이 빛나'고 목소리가 우렁찼다고 전해지고 있다. 그는 25세 무렵까지 '평사락안平沙落雁'(평평한 모래밭에 기러기가 내려앉는 모양새) 명당인 정읍군 산외면 평사리에서 거주 (그 무렵 그는 그곳 오씨 문중의 과부를 두 번 째 아내로 맞음)하다가 1877년 사망한 첫 번째 아내의 무덤이 있는 태인 산내면에 거주하였으며, 그 뒤 고부군 궁동면(현 이평)에서 살았고 갑오 봉기 때 까지 인근 조소리鳥巢里에서 살면서 30세 때인 1890년(고종 27) 동학에 입도하여 접주接主(?)가 된 것으로 전해지고 있다. 그러나 일설에는 전봉준은 접주가 될 정도의 독실한 동학교도가 아니었다는 설도 있다. 그리고 갑오동학 농민 봉기가 일어난 것은 동학사상이 힘이 되었겠지만 당시 상황으로는 민란의 성격이 짙었기 때문에 동학이 없었더라도 갑오농민봉기는 일어날 수밖에 없었다고 보는 견해가 제기되었다. 이와 관련해서 『전봉준 평전』을 쓴 신복룡은 "갑오농민혁명의 독립변수는 동학이 아니라 조선 왕조 말엽부터 맥을 이어온 '민란적 요소' 였으며, 동학은 그 역사의 흐름에 개입된 하나의 종속변수에 지나지 않는다."(위 책, 지식산업사, 1998, 202쪽)고 보았다. 이 논리는 상당히 설득력이 있다고 보며 그 시대 상황으로 봐서 민란의 형태로도 어차피 농민 봉기는 일어날 수밖에 없었을 것이다. 따라서 동학은 농민봉기의 의식과 응집력을 강화하는 큰 요인으로 작용하였다고 본다. 그런 점에서 전봉준이 독실한 동학교도가 아니었다 하더라도 동학에 대해 호감은 가졌다고 보며, 그렇기 때문에 동학교도와 제휴하여 농민 봉기를 주도한 것이 아닌가도 생각된다. 그리고 전봉준이 동학의 접주接主가 될 정도로 골수 동학교도가 아니었음이 그가 체포되어 죽기 전 3차에 걸친 법정진술에서도 짐작할 수 있다.

> 법관: 너는 고부에서 접주할 때 동학을 가르쳤느냐?
>
> 전봉준: 나는 몇몇 아동을 가르쳤을 뿐 동학을 가르친바는 없다.
>
> 법관: 너의 동모자同謀者인 손화중과 최경선 등은 동학을 아주 좋아 했느냐?
>
> 전봉준: 그렇다.
>
> 법관: 너도 역시 동학을 좋아했느냐?
>
> 전봉준: 동학은 수심경천지도守心敬天之道이므로 좋아했다.
>
> 법관: 너를 가리켜 전라도의 동학괴수라고 하던데 과연 그런가?
>
> 전봉준: 애당초 나는 의를 부르짖어 기포起包하였을 뿐이지 동학괴수라 칭한 바는 없다

위의 진술에서도 알 수 있는바와 같이 전봉준이 원래 동학의 접주일 정도로 골수 동학도는 아니었던 같다. 여기서 접주는 당시 시골 사랑방 서당에서 학동들을 가르치는 훈장을 접장이라는 표현을 썼는데 후세의 연구가들이 이 접장을 동학의 접주로 비약 해석한 것이 아닌가 생각된다.

한편 『전봉준과 갑오농민전쟁』(창작과비평사, 1994)을 쓴 우윤은 동학당정토군東學黨征討軍 독립 제19대대 사령관 미나미 고지로南小四郎

소좌가 전봉준을 조선군으로부터 인수하여 일본 영사관으로 인도한 후 심문한 내용을 근거로 전봉준은 1884년에 어느 정도 동학교인과 접촉을 시작하였으며, 1888년에 손화중과 친교를 맺게 되었고 1890년이나 1891년에 김치도金致道라는 사람을 통해서 정식으로 동학에 입도한 것으로 보고 있다. 그 때부터 동학의 기본 정신에 의해 농민군을 이끈 것으로 보고 있다(앞의 책, 53~54쪽 참고).

그러나 이 시점에서 전봉준이 동학의 접주일 정도로 독실한 동학교도였는지, 아닌지 굳이 갑론을박할 필요는 없다고 본다. 전봉준은 골수 동학교도가 아니었다 하더라도 그가 법정 진술에서도 밝힌 바와 같이 동학에 호감을 가졌기 때문에 농민 봉기 때 동학의 이념을 원용하여 조직의 응집력을 강화한 것이 아닌가 생각된다. 이에 근거하여 전봉준의 농민군 봉기에 대해서 후세의 사가들은 보는 시각에 따라 초기 '동학농민 봉기에서 농민항쟁으로, 농민 항쟁에서 농민전쟁으로, 농민전쟁에서 농민혁명으로까지 평가하고 있는 것으로 보인다. 따라서 그 명칭도 '갑오 동학농민 전쟁', '갑오 동학농민 혁명', '갑오농민전쟁', '갑오농민혁명' 등으로 다양하게 불러 왔다. 따라서 이를 종합해보면 농민군 봉기는 당초 민란의 형태로 출발하여 동학의 이념을 접목, 조직화하여 점차 봉기에서 항쟁으로, 항쟁에서 전쟁으로까지 확대, 끝내는 미완의 혁명으로 승화한 것으로 생각된다. 그런 점에서 갑오년(1894) 당시의 농민군 봉기의 규모와 그 파급효과를 볼 때, 현 시점에서 '갑오동학농민혁명'이라고 까지 부르게 된 것이다.

　이야기는 다시 전봉준의 성장과정으로 돌아가자. 전봉준의 출생과 성장은 안정된 삶과는 거리가 먼 유랑생활 바로 그것이었으며, 그의 6대조 이내에서는 초시初試조차 합격한 일이 없을 정도였던 점으로 미루어 볼 때 그의 가문이 향반鄕班이었다는 설은 그다지 신빙성이 없다고 본다. 그렇지만 그의 아버지 전창혁(그 후 조병갑의 지시에 의해 체포되어 매를 맞고 옥에 갇혀 후유증으로 옥사함)은 인근 흥덕興德(정읍에서 고창으로 가는 중간 지역) 소요산 암자에서 학문을 익혔기 때문에 전봉준 자신도 아버지로부터 상당 수준에 이르기까지 학문을 습득한 것으로 보인다. 전봉준 집은 조병갑에 직접 피해를 입지 않을 정도로 토지 몇 뙈기에 불과했지만 피해를 입은 농민들의 전후 사정을 듣고, 그는 이들과 함께 집단행동에 들어가기로 결심하였다. 마침내 1893년 11월 15일(양력 12월 22일) 전봉준과 농민들은 궐기하였다. 그는 처음에 40여 명을 이끌고 관에 진정하였으나 곧바로 구금되었다가 쫓겨났다. 그러나 그는 이에 굴하지 않고 다음날 다시 60여 명을 이끌고 다시 진정하였으나 이번에도 결과는 마찬가지였다. 전봉준은 이래서는 안 되겠다고 판단하고 정예 동지 20명을 규합하여 사발통문沙鉢通文(같은 뜻을 가진 다른 사람을 모으기 위해 널리 알리는 문서로서 참여한 사람의 이름이 둥글게 적혀 있기 때문에 누가 앞장섰는지 알 수 없게 되어 있음)을 작성하여 봉기를 맹약하고 고부군 서부면 죽산리 송두호 집에 본부를 두고 다음과 같이 결의하였다.

-고부성을 격파하고 군수 조병갑을 효수한다.

-군기창과 화약고를 점령한다.

-군수에게 아첨하여 농민을 괴롭힌 자를 색출하여 처단한다.

-전주를 함락하여 경사京師(서울의 다른 말)로 직행한다.

이와 같은 결의 하에 전봉준은 1894년(고종 31) 1월 10일(양력 20월 10일) 1,000여 명의 고부 군민을 동원, 머리에는 흰 수건을 동여 맨 채 죽창을 들고 고부관아를 습격(1차 기포起包)하였다. 겁에 질린 조병갑은 어느새 줄행랑을 쳤다. 봉기군은 무기고를 점거하여 각종 무기를 탈취하고 조병갑이 불법으로 탈취한 곡물을 창고에서 꺼내어 원 주인에게 돌려주고 만석보로 가서 새로 쌓은 보를 뭉개버렸다. 조병갑은 정읍을 거쳐 전주에 도착, 전라관찰사 김문현에게 자초자종을 보고하였다. 김문현은 이 사실을 곧바로 중앙에 보고하는 한편, 민완 관원을 현지에 파견하여 해산을 종용하였으나 그 관원은 오히려 살해되고 말았다. 한편 관찰사 김문현은 조병갑의 비위사실을 포착, 중앙에 보고하였다. 정부에서는 조병갑을 일단 익산 군수로 전보, 발령하였다. 그러나 조병갑은 고부에 무슨 애착이 그리 많았던지 전보 명령을 어기고 한 달 동안이나 버틴 후 다시 고부군수가 되었다. 그 사이에 여섯 명이나 고부군수로 발령을 받았으나 모두 부임을 못하고 신병을 이유로 자진 사임하는 해프닝이 벌어졌다. 이러한 어처구니

없는 인사발령은 전라 관찰사 김문현과 조병갑의 유착비리가 깊이 개재되어 있었기 때문이었다. 이를 지켜본 고부 농민들은 분노하여 재 봉기하였고, 이로 인해 조병갑은 결국 파직되어 전라도 고금도로 유배되었으나 1년 만에 사면되어 1898년 4품 법무 민사국장에 임명되고, 몇 달 후 고등재판소 판사로 기용된다. 고등 재판소 판사직을 맡은 지 1개월 후 조병갑은 1898년 5월 30일 동학의 2대 교주 최시형에게 사형판결까지 내리게 된다. 탐관오리의 표본 조병갑은 이처럼 모질게 살아남아 자기에게 피해를 보게 한 제2대 동학 교주에게 앙갚음을 한 것이다. 참으로 어이없고 슬픈 드라마와 같은 당시의 현실이다.

한편 안핵사按覈使로 임명된 장흥부사 이용태는 사태의 심각성을 파악하지 못하고, 봉기군의 신분을 모두 파악하여 명부를 작성하고 모두 잡아들이도록 강경조치를 취하였다. 그리고 당사자가 소재 불명일 때는 그 처자까지 잡아들여 살해하는 악행을 자행하였다. 전봉준은 이에 격분하여 1894년 3월(양력4월) 하순 인근 지방의 동학 접주에게 협조통문을 보내 함께 궐기할 것을 요청하였다. 마침내 이 협조 통문에 따라 인근 태인현의 동학도들과 농민들이 합세하여 고부읍 북쪽 백산白山을 점거하였다. 백산은 높이가 50미터 정도의 낮은 언덕이지만 곡창지대인 동진과 만경평야를 내려다 볼 수 있는 천혜의 요새로 양식을 보급 하기가 편리한 곳이었다. 이어서 고창·부안 등 인근 농민들이 백산으로 몰려들어 그 수효는 만여 명에 이르렀다.

사기가 충천한 농민 봉기군은 봉기 초기에 전봉준을 대장으로 추대하고 김개남金開南(1853~1894)과 손화중孫化(和 또는 華)中(1861~1895)이 그를 보좌하는 총관령總管領(후에 이들 세 사람은 각자 별도 영역에서 활동)이 되었다. 김개남은 전라도 태인 사람으로 본명은 기범箕範이었는데 스스로 말하기를 "꿈에 신인神人이 '남쪽 지방을 연다'는 뜻으로 '개남開南'이라는 두 글자를 손바닥에 써주어 호를 개남이라 했다"고 한다. 전봉준이 김개남을 만나게 된 것은 그의 장녀가 김개남의 이웃으로 출가하게 된 것이 계기가 되었다. 손화중은 전라도 정읍현 과교리 사람으로 일찍이 『정감록』에 관심을 가졌으며 후에 동학에 심취, 최시형의 신임을 받아 호남의 유수한 접주로 꼽혔다. 전봉준이 손화중을 처음으로 만난 것은 1888년경으로 손화중의 집안조카 손여옥을 통해서 이루어졌다. 전봉준의 그 밖의 동지로서는 전라도 금구 출신 김덕명金德明(1845~1894)을 들 수 있다. 그는 1880년대 말 동학에 입도하였는데 전봉준이 김덕명과 만난 것은 전봉준의 어머니가 언양 김씨인 김덕명 집안이었고, 전봉준은 가끔 김덕명의 집에서 기식한 것이 계기가 되었다. 또 한 명의 동지 최경선崔景善(1859~1895)은 전주 사람으로 봉기 5,6년 전에 만나 의기투합한 것으로 전해지고 있으며, 사발통문沙鉢通文에 서명하고 봉기 전개 과정에서 전봉준의 핵심 참모로 활동하게 된다.

후에 이들은 각자 영역을 구축 김개남은 남원포南原包의 포주包主가 되었고, 손화중은 정읍포의 포주, 김덕명은 금구의 포주, 그리고 최경선은 태인의 접주로 활동하게 된다. 이들 중 김개남은 강경파, 손화중은 다소 온건파였으며 이들은 전란 중에 상호 유기적인 관계를 맺지 못하고 독자적인 행동을 취하여 전력 약화를 초래하는 큰 요인이 되고 만다. 특히 강경파인 김개남은 전봉준과 라이벌 의식이 강해 전봉준과 달리 전라도 남원과 임실·장수·무주 등지를 자신의 지휘권 아래 두고 활동하게 된다. 이들 봉기군은 다음과 같은 격문을 작성하여 창의倡義(국란國亂을 당하여 의병을 일으킴)의 뜻을 천명하고 민중들의 호응을 부추겼다.

우리가 義를 들어 차此에 지至함은 그 본의가 결코 다른데 있지 아니하고 창생을 도탄에서 건지고 국가를 반석위에 두기 위함이다. 안으로는 탐학貪虐하는 관리의 머리를 베고 밖으로는 포악한 강적의 무리를 구축하고자 하는 것이다. 양반과 부호의 틈바구니에서 고통 받는 백성과 방백方伯과 수령의 밑에서 굴욕을 받는 소리小吏들은 우리와 같이 원한冤恨이 깊은 자라 조금도 주저치 말고 이 시각으로 일어서라. 만일 이때를 놓치면 두고두고 후회하리라.

이어서 봉기군은 4월 4일(양력 5월 8일) 부안 관아를 점령하였고 7일에는 다시 고부군으로 돌아와 진지를 그곳 도교산으로 옮겼다. 이 보고를 받은 전라감사 감문현은 별초군 250명과 다수의 보부상을 현지에 급파하여 토벌케 하여 농민군과 황토현에서 접전(2차 기포起

包)하였다. 그러나 당초 오합지졸인 관군은 사기가 충천한 농민군에 대패하는 수모를 당하였다. 농민군은 여세를 몰아 파죽지세로 정읍현 관아를 점거하였고 흥덕, 고창과 무장까지 점거하였다.

사태의 심각성을 전라감사로부터 보고를 받은 정부는 4월 2일(양력 5월 6일) 전라병마사 겸 친군 정령관 홍계훈洪啓薰(1842~1895, 을미사변 때 훈련대 연대장으로 궁궐을 수비하던 중 일본 낭인들에 의해 살해됨)을 양호초토사兩湖招討使로 임명하여 병력 800명과 함께 급거 현지로 출동케 하였다. 홍계훈이 이끄는 관군은 4월 7일 군산포를 거쳐 당일 전주성에 입성하였다. 그런데 희한한 일이 발생하였다. 동학농민군의 사기가 충천하고 그 수효가 더욱 늘어나고 있는 반면, 홍계훈이 이끄는 정부군은 알게 모르게 대열에서 이탈하여 그 수효가 470여 명으로 줄어들었다. 홍계훈은 크게 당황하여 추가병력 지원을 요청하였다. 이에 따라 정부에서는 총제영중군總制營中軍 황헌주를 지원 사령관으로 임명, 4월 15일 추가병력 300명과 강화도 병력 500명을 전라도 영광 법성포로 출동케 하였다. 이 무렵 동학 농민군이 법성포에 집결해 있었기 때문이다. 이 소식을 접한 홍계훈은 부대를 이끌고 지원군과 합류하기 위하여 4월 18일 전주성을 출발 서남쪽으로 향하여 장성 남쪽 황용촌에서 동학농민군과 맞닥뜨렸다. 처음에는 관군이 우세를 보이는 듯 했으나 사기가 충천한 농민군이 전열을 정비하여 반격을 시도, 관군을 패주시켰다. 이어서 황토현 전투에서도 농민군이 승리하여 전봉준은 전주부全州府를 공격키로 결심하고 4월 27

일 전주에 다다랐다. 이에 따라 전라관찰사 김문현은 파면되고 그 후임으로 서리 외아문 독판 김학진이 임명되었으나 아직 부임하지 않은 상태였다. 동학 농민군이 전주성에 접근해 오자 전 관찰사 김문현과 전주 판관 민영승, 영장 임태두는 관군을 추슬러 사문四門을 수비하였으나 속수무책 도주해야만 했다. 마침내 농민군은 전주성을 완전히 접수하였다. 한편 충청도에서 이 소식을 접한 교주 최시형은 자기 이름으로 통문을 띄워 4월 6일(양력 5월 10일)을 기해 충청도 청산현에 집결토록 하였다. 이에 따라 충청도 동학군은 4월 10일 무슨 일인지 관군과 싸울 태세를 버리고 소집단으로 뿔뿔이 흩어져 제각기 소부대로 충청도 일대의 관아와 토호의 집을 습격하여 이 지역은 한때 무정부상태에 빠져들었다. 이런 저런 정황으로 미루어 볼 때 당시 동학 세력은 최시형을 정점으로 한 골수 동학세력 북접北接파와 전봉준을 중심으로 한 느슨한 동학 농민 중심의 남접南接파로 양분되어 유기적인 협조 체제를 갖지 못했던 것으로 보인다. 이렇게 볼 때 앞서 잠시 언급한 바와 같이 북접은 현실참여 보다 종교적 색채가 강한 반면, 남접은 동학의 이념을 수용하되 현실참여를 중시하였기 때문에 양측 간에 시국관의 차이를 놓고 간극이 생기지 않았나 생각된다.

한편 전주성을 점령한 농민 봉기군은 장성 쪽에서 뒤 쫓아 온 홍계훈 병력이 5월 3일(양력 6월 6일) 완산에서 포격을 가해 옴에 따라 많은 사상자를 내고 갑자기 사기가 떨어졌다. 그런데 이때 전주성을 점령한 농민군과 새로 부임한 전라감사 김학진 사이에 피차 상충하는 현실적인 고민이 생겼다. 전봉준의 경우 위에서 본 바와 같이 충청도를 중심으로 한 북접北接의 호응이 소극적이었고 완주 전투에서 타격을 입은 납접과 농민 봉기군은 군량軍糧이 점차 바닥나기 시작한 데다가 농번기가 다가오면서 농민들이 동요하기 시작하였다. 더욱이 청국군과 일본군의 출병 소식은 이들 봉기군의 사기를 더욱 저하시키는 큰 요인으로 작용하였다. 김학진도 나름대로 고민이 있었다. 전주성은 고래로 조선 왕조의 본향이라서 함부로 포를 쏠 수도 없는 상황이었다. 결국 김학진은 밀사를 보내 전봉준에게 타협안을 제시하였다. 김학진의 타협안에 따라 전봉준도 사기가 떨어진 농민군으로 더 이상 버틸 수 없는 입장이었기 때문에 결국 양측의 이해관계가 맞아 떨어져 '전주성화약全州城和約'을 체결하고 전주에서 물러나 싱겁게 해산해 버렸다.

전주성화약으로 농민군이 전주에서 퇴각한 후 농민군의 자치 즉 집강소執綱所 통치가 시작되었다. '집강'은 말 그대로 기강을 바로잡는다는 뜻인데 집강소는 동학농민 봉기 이전부터 향촌 사회에 있어 왔던 민간 자치기구였다. 집강소의 중추적 기능인 집행기관은 집강執綱·서기·성찰·집사·동몽 등으로 구성되었으며 이중에 집강은 집강소의 총괄 책임자였다. 전봉준은 각 군현의 집강들을 통해 폐정개혁을 위한 12개 항의 행정요강을 공포하고 이를 집강소 운영의 준칙으로 삼았다. 그 12개항은 다음과 같다.

1. 도인道人(동학교도)과 정부 사이에 오랜 기간 끌어온 원한 감정을 씻어버리고 서정庶政에 협력할 것.

2. 탐관오리는 그 죄목을 조사하여 엄격히 징벌할 것.

3. 횡포한 부호들을 엄벌에 처할 것.

4. 불량한 유림과 양반은 징벌할 것.

5. 노비문서는 불태워버릴 것.

6. 칠반천인七般賤人(노비·광대·무당 ·백정·기생·상여꾼·공장 등 천한 직업인)의 대우는 개선하고 백정의 머리에 쓰는 평량립平凉笠(가늘게 쪼갠 댓개비를 갓 모양으로 엮은 관모, 패랭이의 일종)은 벗겨 버릴 것.

7. 젊은 과부의 개가를 허락할 것.

8. 무명잡세는 모두 거둬들이지 말 것.

9. 관리의 채용 시 지벌地閥을 타파하고 인재를 고루 등용할 것.

10. 왜倭와 내통하는 자는 엄징할 것.

11. 공사채를 물론하고 기왕의 것은 무효로 돌릴 것.

12. 토지는 균등하게 나누어 경작케 할 것.

이처럼 농민군은 집강소 기간 중 사회신분제를 스스로 타파하여 백정·노비 등 천민들을 해방하고 상전과 종, 양반과 백정이 서로 '접장'이라 부르며 맞절을 했으며 천민들은 노비문서를 불태우기도 했다. 그런가하면 이들은 동사생계同死生契(삶과 죽음을 함께하자는 모임)와 모살계謀殺契(상전을 죽이자는 모임)를 만드는 등 극단적인 한풀이 활동도 벌였다. 그런데 이 무렵 농민 봉기군은 일본 천우협天佑俠이라는 우익단체로부터 지원을 받았다는 미스터리가 있어 궁금증을 자아내고 있다. 즉 1894년 6월 일본 국수주의 조직인 현양사玄洋社는 천우협이라는 단체를 결성하였다. 천우협은 "시주음락詩酒淫樂으로 소일하는 조선정부와 민씨 척족의 학정을 깨트려 도탄에 빠진 조선 백성을 구제하고 청국을 한반도에서 쫓아낼 것을 그 목적으로 한다."고 밝혔다. 다분히 속이 들여다보이는 구호이다. 어떻든 천우협 소속 대원 14명은 1894년 7월 8, 9일 전라도 순창에서 농민군과 만났다. 이들은 전봉준을 만나 자신들의 신식무기를 시험해 보이면서 재기할 것을 권고하는 한편 동학에도 입문하여 농민군에 참가하겠다고 제의하였다. 그러나 전봉준은 약간의 노자와 의복을 나누어 주고 이들을 돌려보냈다. 나중에 이들은 전봉준을 '일세의 영웅' '반도의 공전절후空前絶後 영웅'이라고 칭송했다. 그런데 일본 측 기록은 이들 천우협이 "약 3개월 동안 전라도 각지에서 동학군을 도와 유격전을 전개함으로써 동학 봉기를 전국적인 규모로 확산시키는데 크게 기여했다."고 자화자찬하였다. 그러나 앞의 『전봉준 평전』(175쪽)을 쓴 신복룡은 이에 대해 "천우협의 14인이 조선에 상륙했던 것도 사실이고 전봉준이라고 꼬집어 말할 수는 없는 어떤 지도자를 만난 것도 사실인 듯하다. 그러나 일본의 역사가들이 기록하고 있는 것처럼 그들이 갑오농민 혁명에 그렇게 깊이 연결되었던 것은 아니며 이는 단지 공명심에 부푼 현양사나 흑룡회의 과장된 기록에 지나지 않는다…."고 밝히고 있는 점으로 보아 이는 일본 우익단체의 아전인수 격 선전이며, 일본에 대한 적개심이 높았던 전봉준이 그들의 도움을 쾌히 수락할 리는 만무하다. 그런데 이보다 더 큰 미스터리 하나를 주목할 필요가 있다. 즉 "전봉준은 1891년부터 서울에 올라와 3년 동안이나 대원군의 문객으로 있었다고 한다. 이때 전봉준은 대원군에게 벼슬을 청탁한 것은 아니었고, 다만 권좌에서 물러난 간웅奸雄을 달래어 정부개혁을 밀약하였다."(이돈화, 『천도교 창건사 2』, 57~58쪽 인용문 재인용)는 것이다.

그 후 대원군은 1894년 8월 중순 호남 지리에 밝은 이병휘를 앞세우고 박동진과 정인덕을 호남으로 보내 '전주 화약'을 맺고 태인에서 신병치료를 하고 있는 전봉준과 접촉을 시도했다는 설이 있다. 위의 접촉 중간 역할은 전봉준의 처 8촌 조카 송희옥을 통해서였으며 이때 이들 간에는 상당히 깊은 대화가 있었던 것으로 후일 재판 기록에 나타나 있다. 이에 따르면 대원군은 이듬해(1895년) 2월 군대를 다시 일으켜 서울로 진격하여 내정을 개혁하고 일본군을 몰아내자고 제의했다는 것이다. 그러나 전봉준은 정치적 야심이 없었기 때문에 대원군의 이러한 제의는 유야무야 되고 그 밀명의 수행자는 후에 혹세무민의 죄로 처형되고 말았다.

일본의 청일전쟁 승리와 조선 내정 적극 개입

어떻든 농민 봉기군이 전주성을 함락하게 되자 조선 정부는 매우 당황하게 되었고 당시 기강이 문란한 관군으로는 사기가 충천한 농민봉기군을 당해 낼 수 없다는 분위기가 지배적이었다. 무능한 왕과 한심한 민비 측근 집권층은 또다시 전례의 악습을 되풀이 하며 청국군 지원 필요성을 들고 나왔다. 자치 능력이 없는 한심한 조선 정부는 임오군란과 갑신정변 때 재미를 보고 코가 꿰인 쓰라린 경험과 상흔을 망각하고 있었다. 그러나 전주성이 함락되자 당시 병조판서 민영준(앞서 언급한 바와 같이 평안도 관찰사 시절 온갖 비리의 장본인으로 후에 민영휘로 개명)은 청국군 지원 필요성을 강력히 주장하였고, 좌의정 김홍집은 과거의 나쁜 경험을 들어 청국군 지원요청에 반대하였다. 그러나 이 두 사람 말고는 다른 각료들은 꿀 먹은 벙어리처럼 묵묵부답 무책임 무소신 태도로 일관하였다. 당시 김홍집은 민비척족 수구파의 견제가 심하여 사직서를 내고 3년여 동안 한직인 판중추부사判中樞府事로 물러났다가 고종의 간곡한 하명에 따라 그 무렵 다시 좌의정에 복귀한 때였다. 결국 민비척족 실세들의 의견을 대표한 병조판서 민영준의 강력한 요청에 따라 왕은 청국에 지원요청을 하명하였다. 마침내 청국군 북양대신 리훙장은 기다렸다는 듯이 파병요청을 쾌히 수락하고 1894년 5월 2일(양력 6월 5일)제독 딩루창丁汝昌으로 하여금 2척의 군함과 정예병 2,400여 명을 이끌고 농민군 점령지인 전주성에 가까운 아산만으로 출동하여 5월 5일과 9일 사이에 상륙을 완료하였다. 그러나 공교롭게도 그들이 아산만에 상륙할 그때인 5월 8일 농민 봉기군은 관군과 전주성에서 '화약和約'을 맺어 농민군이 해산하고 있었다. 이 사실을 아직 모르고 있던 청국 군 측은 리훙장에 추가 병력을 요청, 파병군은 포 8문에 육병 2,800명에 달하였다.

사태를 예의 주시하던 일본은 당연히 청국 군 파병에 민감한 반응을 보일 수밖에 없었다. 청국 못지않게 일본도 조선의 사태가 이렇게 되어 개입할 때를 호시탐탐 노리고 있었다. 마침내 일본 각의도 중국과의 텐진조약을 근거로 조선에의 파병을 결정하고 병력 7,000명이 남해와 황해를 빙 돌아 한성에 가까운 제물포로 출병하였다. 파병을 두고 양국의 시각과 작전의 차이를 극명하게 보여준 대목이다. 그런데 문제는 지금부터 시작이었다. 진압대상이 없어진 청국 군은 할 일 없이 어물거렸으나 일본군은 농민군 잔당을 없앤다는 구실로 자기들 안방처럼 전국을 누비고 다녔다. 그야말로 오만방자한 행동이었다. 일본은 갑신정변 이후 조선의 문제를 빌미로 한 청일전쟁을 이미 예견하고 주도면밀한 준비를 해온 터였다. '전주성 화약'으로 조선에 머무를 명분이 없어진 청국은 당황한 나머지 일본에 동시 철군을 제의하였으나 호기를 잡은 일본군이 그냥 물러설 이유가 없었다. 마침내 일본군은 갑신정변 때 병력의 열세로 청국군에 수모를 당한 그때의 굴욕을 이번에 톡톡히 앙갚음하려 들었다.

1894년 6월 21일(양력 7월 23일) 일본군은 경복궁을 예고도 없이 침입해 들어와 민비정권을 해체하고 대원군에게 다시 정권을 맡겼다. 참으로 있을 수 없는, 특히 민비척족 정권으로서는 굴욕적인 사태였다. 일본군은 대원군을 경복궁 새 주인으로 들어앉힌 후 이틀 만에 황해상의 청국 함대와 아산에 주둔해 있는 청국군 지상군을 전광석화처럼 습격하였다. 마침내 올 것이 오고, 터질 것이 터진 청일전쟁이 시작된 것이다. 일본의 선전포고는 우습게도 3일 뒤에 있었다. 싸움터가 조선 땅인지라 일본으로서는 밑질 것이 없는 싸움터였다. 이에 앞서 일본은 오토리 게이스케大鳥圭介 경성주재 공사를 앞세워 5월 23일 창덕궁에 기거하고 있는 국왕을 알현토록 하여 내정개혁을 요구하고 들었다. 참으로 오만불손한 내정간섭이었다. 난감해진 국왕은 수신사시절부터 일본 정관계와 친분이 두터운 판중추부사 김홍집을 외아문총리로 임명하여 사태를 수습해보려 했고 여의치 않자 6월 5일에는 내아문 독판 신정희, 동 협판 김가진, 조인승을 내정개혁조사위원으로 임명하여 일본 측 체면을 세워주는 척하고 일본군의 철수를 다시 요구하였다. 6월 15일 오토리 공사는 철군에 대해서는 일언반구도 하지 않은 채 다시 외아문 독판 조병직을 만나 내정개혁을 요구하였다. 그리고 6월 18일 오토리는 한술 더 떠 조선이 청국과 체결한 조약(조중상민수륙무역장정)의 폐기를 요구하고 회답기한을 6월 20일로 못 박았다. 조선 정부가 난감해 하고 있는 그때 청국 대표 위안스카이(1885년부터 조선의 외교 내정을 쥐락펴락한 장본인)는 신변의 위협을 느끼고 6월 17일 서울을 빠져 나가 인천을 거쳐 톈진으로 줄행랑을 치고 없었다. 그리고 앞서 언급한 바와 같이 6월 21일 새벽 일본은 오래 전부터 계획하고 있던 군사행동을 개시하였다. 일본군은 서대문을 거쳐 경복궁을 무단점령, 조선군을 무장해제하고 '얼굴 마담' 대원군에게 전권을 위임하는 형식으로 신정부를 수립하였다. 정권 장악에 성공한 일본은 6월 23일 신정부 명의로 청국과 맺은 기존의 모든 조약을 폐기하고 청국군의 완전 철수를 일방 통고하였다. 그리고는 곧바로 일본군 연합함대는 풍도豊島(안산시 대부도에서 직선거리로 약 24킬로미터 떨어진 섬) 앞바다에 정박 중인 청국의 함선 세 척을 격침하고 6월 23일(양력 7월 25일) 공식 선전포고하였다. 마침내 청일전쟁淸日戰爭(서양에서는 제1차 중일전쟁이라 부르며, 전쟁 범위는 만주와 한반도, 타이완 및 황해 일대)이 발발하였다.

1894년 9월 16일 새벽 기존의 병력 7,000명에 추가로 지원받은 8,600명, 도합 1만 5,600명에 이르는 일본군은 여세를 몰아 평양에 주둔하고 있는 청국군(1만 5,000명)을 협공, 파죽지세로 평양성을 공격하였다. 일본군 3사단은 원산항을 거쳐 평양으로 진격하고 또한 부대는 용산을 출발, 황주를 거쳐 평양으로 진격하였다. 평양 근교에서 양국의 주력 부대가 맞붙게 되었으나 싱겁게도 일본군이 완승하였다. 평양전투가 끝난 다음 날인 9월 18일 압록강 어귀의 해양도 바다에서 양국 함대가 또다시 맞붙었으나 청국의 북양함대는 일본의 최신 함대의 기동성에 밀려 여기서도 일본군이 압승하였다. 일본군은 내친김에 공격의 고삐를 조여 10월 20일 다롄과 뤼순을 완전 점령하고 12월 25일(양력 1895년 1월 20일) 산둥반도까지 장악하게 되자 청국은 사실상 일본에 항복하고 1895년 3월 23일(양력 4월 17일) 일본 시모노세키下關에서 강화조약을 체결하였다. 청일전쟁에 동원된 청국 병력은 63만 명, 일본 병력은 23만 명이었다. 그리고 전쟁결과 청국 군 전사자는 3만 5,000여 명에 달하였으나 일본군 전사자는 1,130명에 그쳤다. 그 당시 청국의 북양군과 북양함대는 장비가 잘 갖춰져 있고 근대화된 청나라 군대의 상징으로 알려졌으나 실상은 그렇지 않았다. 그도 그럴 것이 당시 청나라 정계와 군 수뇌부에서는 부패가 만연하였고 전쟁 중에도 그러했다. 특히 당시 권력실세인 서태후西太后(1835~1908, 청 말기 독재 권력자 함풍제咸豊帝의 세 번째 황후)는 막대한 금액을 착복하여 '이화원' 여름별장(총 규모 2.9평방킬로미터이고 이 중 4분의 3이 호수로 되어 있으며, 유네스코 지정 문화유산임) 조성에 쏟아 부었다. 그러다 보니 북양함대 건조는 부실할 수밖에 없었고 여타 군수 장비준비도 허술하였다. 이런 상황에서 전투병력의 사기가 올라갈 수 없는 것은 당연지사였고, 그 결과는 전쟁의 패배로 이어진 것이다. 우리나라의 경우도 그동안 방위산업 비리가 엄청나게 진행되었음에도 제대로 척결하지 못하고 오늘에 이르렀다. 이제 서야 당국은 수사를 진행하고 있으나 비리의 규모와 폭이 너무나 깊고 넓어서 어디서부터 손을 쓰고 어디에서 끝내야 할지 알 수 없을 정도라 하니 한심한 일이 아닐 수 없다. 이 문제에 관한한 청일전쟁에서 패배한 청나라의 경우를 타산지석으로 삼아 수사 당국은 방산비리를 철저히 규명, 관련자들을 엄벌에 처해야 할 것이나 얼마나 성과를 거둘지 의문이다.

이처럼 청일전쟁은 청나라의 퇴보와 무력함을 여실히 드러내었고, 양무운동의 한계를 보여준 전쟁이었으며, 반대로 일본의 메이지유신 근대화가 중국의 양무운동에 비해 성공적이었음을 증명하였다. 이로 인해 청나라는 일본과 서구열강의 먹잇감으로 전락하는 계기가 되었다. 청일전쟁의 승리로 일본은 확실하게 조선의 독점지배권을 확보하게 되었고, 동아시아의 패권구도는 청국과 일본에서 일본과 러시아로 바뀌게 되었다. 그리고 자신감을 얻은 일본은 차제에 군비를 더욱 강화하여 머지않아 러시아까지 넘보는 야욕을 품게 되었다.

농민군의 재봉기와 일본군의 진압작전

긴박한 정국 흐름을 정중동 관망하고 있던 전봉준은 마침내 분기탱천憤氣撑天, 이 땅에서 일본군을 몰아내기로 결심하였다. 농번기를 지나 신곡의 수확철인 가을이 오기를 기다려 봉기하기로 하고 각지의 동학 접주에게 통문을 띄웠다. 마침내 9월 중순 전봉준농민군은 전주에서 봉기하고, 손화중이 이끄는 농민군은 전라도 광주에서 봉기하여 전주성 삼례역으로 향하였다. 이렇게 해서 9월 18일을 전후하여 삼례역에는 10만여 명의 봉기군이 집결, 결전을 준비(3차 기포起包)하였다. 이들 농민군은 제대로 먹지도 입지도 못하고, 변변한 무기도 갖추지 못한 채 오직 애국심하나로 똘똘 뭉쳐 기약 없이 승산도 없는 싸움을 벌여야 했다. 한편 교주 최시형을 받들고 있던 충청도 동학도 즉 북접北接은 종교적 입장을 내세우며 무력투쟁을 꺼려하며 전라도 동학도 즉 남접의 집단행동에 우려를 표명하였다. 다행히 오지영吳知泳 등 일부 동학군 간부들이 조정에 나서 구국투쟁의 대열에 동참하기로 결의하였다. 이렇게 해서 동학도 남접과 북접이 하나가 되어 논산에 집결하였다. 동학군은 논산을 기점으로 해서 방어의 요새지인 공주를 점령하려는 작전을 세웠다. 동학 합동군이 논산에 집결해 있을 때 그 밖의 여러 지역에서도 산발적으로 항일투쟁이 전개되었다. 동학 합동군이 논산에 집결해 있다는 정보를 입수한 충청도 관찰사 박제순은 곧바로 중앙정부에 보고하였다. 정부는 호위부장扈衛副將 신정희를 양호도순무사兩湖都巡撫使로 임명하여 현지에 출동시켰으나 그때 정권은 사실상 일본의 수중에 들어가 있었기 때문에 일본군의 지휘통할을 받아야 했다. 그런데 그 무렵 일본군 주력부대는 압록강을 넘어 만주로 진격하고 있었기 때문에 소수의 군부대만이 서울과 주변에 배치되어 있었다. 이무렵 일본 정부는 오토리 공사를 이노우에 가오루井上馨로 교체하였다. 이노우에는 9월 28일 서울에 부임하자마자 사태의 심각성을 인식하고 본국에 추가파병을 요청하여 독립 제19대대가 급파되었다. 이들은 10월 15일 인천에 상륙, 3중대로 나누어 논산, 공주를 향해 남진하며 동학군을 협공하였다.

당초 논산에 집결해 있던 농민군은 20여만 명에 달하였으나 막상 공주를 향해 북상하자 상당수의 농민군이 대열에서 이탈 전봉준이 이끄는 농민군은 만여 명으로 줄어들었다. 일본 정예부대가 엄습해 온다는 소문이 나돌아 겁을 먹은 일부 농민군이 대오에서 이탈하였기 때문이었다. 이때 손화중 부대는 나주에서, 김개남 부대는 전주에 주둔해 진지를 구축하고 남쪽으로부터 협공해 올 일본군에 대비하고 있었다. 동학군과 일본군이 처음 맞닥뜨린 곳은 충청도 목천 세성산細城山에서였다. 농민군은 반나절 정도 일본군과 격렬히 싸웠으나 두령 김명복이 생포되어 죽고 사상자가 수백 명에 달하여 결국 패주하고 말았다. 일본군의 신식 무기에 맞선다는 것은 농민군으로서는 당연한 무리수였다. 이어 일본군과 조선 정부 연합부대는 공주로 향하여 정부군은 이인역利仁驛과 효포孝浦에, 일본군은 우금치牛禁峙(논산에서 공주로 직통하는 길목으로 공주시 주미산 고개에 있음, 지역주민들은 우금티로 부름)에 진을 쳤다. 그래도 양측사이에 치열한 공방전이 전개되어 일진일퇴를 거듭하였다. 전봉준은 전주의 김개남과 광주의 손화중에게 지원요청을 하였다. 그러나 전봉준은 전황이 지지부진 농민군의 사기도 떨어지고 일본의 앞잡이가 된 정부군과 골육상잔을 거듭해야 하는 현실을 고민하던 끝에 11월 12일 정부군에는 한문으로, 일반 국민에게는 국문으로 고시문을 발표하였다. 고시문 요지는 대의를 따라 서로가 인명을 더 이상 살상하지 말고 싸움을 종식하자는 취지였다. 이 고시문을 정부군이 볼 때 사실상 항복문으로 해석하고, 공격의 고삐를 더욱 조여 갔다. 그래도 쌍방 간의 공방전이 끝나지 않고 있을 무렵 김개남이 5,000명을 이끌고 북상, 공주로 진격하였다. 결국 쌍방 간에는 우금치를 둘러싸고 밀고 당기는 치열한 공방전이 전개되었다. 이쯤 되면 말이 전투지 전쟁이나 다름없었다. 그러나 농민군은 시간이 지남에 따라 1만여 명 가까운 사상자를 내고 잔여 병 500명 정도만 논산방면으로 후퇴를 거듭, 전주, 태인을 거쳐 금구, 원평까지 후퇴하였다. 믿었던 김개남군도 공주전에서 패하고 전주를 거쳐 태인으로 후퇴하던 중 두령 김개남이 어이없게 붙잡히는 비운을 맞았다. 손병희가 이끄는 북접 주력부대도 각지에서 정부측 연합군과 산발적으로 교전하다가 청주로 후퇴하여 해산하고 말았다.

전봉준과 그 지도부 체포 및 처형

원평까지 후퇴하던 전봉준은 1894년 11월 28일 정읍 입암산성으로 숨어들었으나 일본군이 그의 소재를 파악, 추격해온다는 소식을 듣고 12월 2일 장성군 북하면 백양사 말사未寺인 청류암淸流庵으로 숨

재판을 받기 위해 압송되는 전봉준

어들었다. 한 때 천군만마로 천하를 누비던 전봉준에게는 부하도 무기도 없어지고 차가운 겨울비만이 뼛속을 파고들었다. 그는 다시 진로를 바꿔 12월 4일 순창군 쌍치면 피로리 산속으로 잠입하였다. 전봉준은 우연히도 그곳에서 지난 날 부하였으나, 지금은 농민군을 탈퇴하여 이곳에 은거하고 있는 김경천金敬天(고부군 덕천 태생)과 조우하였다. 전봉준은 그를 만나는 순간 반갑기도 하고 섬뜩하기도 했다. 그러나 전봉준으로서는 이것저것 따질 수도 없는 절박한 순간이었다. 김경천은 전봉준을 만나자 반갑다는 듯이 곧바로 주막으로 안내하여 허기에 지친 전봉준에게 저녁밥을 시켜주었다. 전봉준으로서는 그것이 피할 수 없는 운명이었다. 전봉준에게 저녁을 시켜주고 밖으로 나온 김경천은 돈과 명예가 눈앞에 아른거렸다. 그 당시 전봉준을 잡아서 바치는 자에게는 상금 1천 냥과 1급 지역 군수자리를 제수한다는 현상공고문을 보았기 때문이었다. 전봉준이 저녁을 먹고 있는 틈을 타 김경천은 과거 전주감영의 아전을 지낸 바 있는 한신현에게 알려 마을 장정 김영철과 정창욱 등을 동원하여 주막을 에워쌌다. 그때서야 전봉준은 자신이 위기에 빠진 것을 알고 나뭇단을 타고 토담을 뛰어넘어 내렸다. 그 순간 전봉준은 기다리던 장정들의 몽둥이에 발목을 얻어맞고 생포되었다. 복술卜術에도 능통했다던 전봉준은 지난날 공주성을 공격하기 며칠 전 대쪽으로 점괘를 보니 '계룡산의 경천을 경계하라'는 점괘가 나왔다. 전봉준은 그 점괘가 계룡산 남쪽에 있는 경천지역을 의미하는 것으로 알고 이곳의 공격을 주저하다가 공주성에 들어가는 시각이 늦어져 일본군과 관군에 선점 당하게 되었고 그것이 패인이 되었다는 설이 있다. 그러나 그가 뽑은 점괘 '계룡산의 경천을 조심하라'는 경천은 계룡산의 경천이 아니라 옛 부하 김경천 임을 그때서야 알게 되었지만 이미 때는 늦었다. 그러나 황금에 눈이 어두운 김경천은 군수자리는커녕 아전자리도 얻지 못한 채 이곳저곳 떠돌아다니다가 정읍 이평면 어느 노상에서 굶어 죽게 되었고, 반면 한신현이 상금 1천 냥과 황해도 금천군수 직을 제수 받았으며 김영철은 300냥을, 그리고 정창욱은 200냥의 포상금을 각각 받았다. 전봉준은 체포 당시 죽을 정도로 상처가 너무 깊어 나주에서 일본인 의사 다카하시한테 치료를 받고 12월 9일(음 11월 16일) 전주감영(당시 전라감사 이도재)으로 이송되었다. 한편

처형 직전의 김개남

김개남은 청주에서 패한 후 고향인 태인 산내면 매부 집에 은신해 있다가 마을 유지 임병찬(옥구 출신으로 낙안군수를 지냄)과 마을사람들의 제보로 11월 30일 끝내 체포되어 그 역시 전주 감영으로 압송되었다. 전라감사 이도재는 김개남이 도주하지 못하도록 그의 손톱과 발톱에 죽침을 박았다. 참으로 잔인한 수법이었다. 이도재는 김개남의 명성에 겁을 먹고 12월 3일 임의로 김개남을 처형하고 그의 머리만 서울로 이송, 3일간 효시梟示했다가 다시 전주로 보내 효시케 했다. 이때 그의 나이 42세였다. 김개남을 제보한 임병선은 그 공로로 임실 군수를 제수 받았으나 사양하였고, 후에 전라감사가 쌀 20석을 보냈으나 "전곡錢穀에 뜻이 있었으면 어찌 벼슬을 사양했으리오."라고 말하며 그것 역시 사양하였다. 그는 비록 제보를 했지만 명분과 체통을 지키는 사내였다. 한편 11월 25일 원평전투, 27일 태인 전투에서 패한 손화중은 고창 이봉우의 재각에 숨어 있다가 그의 제보로 1895년 1월 태인 수성군에서 체포되었다. 이봉우는 그 공으로 황해도 증산 군수를 제수 받았지만 곧 쫓겨났다. 한편 나주에 머물고 있던 최경선은 일본군이 영광 해안으로 상륙해온다는 소문을 듣고 광주로 후퇴해 동복의 벽성에 은신해 있다가 12월 1일 관군에 체포되었다. 그리고 김덕명은 원평전투에서 패한 후 금산면 장흥에 숨어 있다가 주민의 밀고로 1895년 정월 초하룻날 체포되어 서울로 압송되었다. 이렇게 해서 전봉준과 그의 핵심 동료들이 모두 일망타진되어 갑오농민군의 처절한 항전은 허망하게 막을 내렸다. 일본 공사관에 구금된 전봉준에 대한 공식 신문은 1895년 2월 9일부터 시작되었고, 2차 신문은 2월 11일, 3차 신문은 3월 10일에 있었다. 3차 신문 후반부는 일본 영사 우치다 사다쓰지가 직접 신문하였고 주로 대원군과의 관계를 추궁하였다. 20일간의 가혹한 신문이 끝나고 3월 29일 일본 공사관에서 전봉준에 대한 최종판결이 이루어졌다. 그런데 우리 땅 우리 죄인에 대한 심판이 일본 측에 의해 이뤄졌다는 당시의 현실을 어떻게 받아들여야할까? 참으로 비감을 느끼게 한다. 그는 죽기 전 옥중에서 다음과 같은 유시遺詩를 남겼다.

때를 만나서는 천지가 모두 힘을 합치더니

운이 다하매 영웅도 스스로 도모할 길이 없구나

백성을 사랑하고 의를 세움에 나 또한 잘못이 없건마는

나라를 위한 붉은 마음을 그 누가 알까

판결 결과 전주감영에서 미리 처형된 김개남 외에 전봉준·손화중·최경선·김덕명 등 체포된 주모자 모두 사형이 언도되었다. 이들에 대한 판결이 끝나자 그날로 왕의 재가를 받아 1895년 3월 30일 새벽 2시 무악재 아래서 이들에 대한 사형이 집행되었다. 그때 전봉준의 나이 41세였다. 그리고 전봉준은 처형되기 직전 아래와 같은 절명시를 남겼다.

　　기자箕子가 세운 예의 나라 삼천리에

　　남송南宋을 망친 진회秦檜와 같은 사람이 있고

　　명나라 풍속이 오백 년을 이어 왔건만

　　진秦나라 병兵을 물리친 동해東海의 노중연魯仲連 같은 선비가 없구나*

　전봉준이 죽은 후 호남 일대에서는 그의 넋을 위로하는 다음과 같은 노래가 입에서 입으로 전해져 왔다.

　　새야새야 팔왕八王(全)새야

　　네 무엇 하러 나왔느냐

　　솔잎 댓잎 푸릇푸릇

　　하절夏節인가 했더니

* 진회(1090~1155)는 중국 남송 승상으로 폭정을 휘둘러 사후 작위를 박탈당함. 노중연은 전국시대 제나라 사람으로 진나라 병을 물리쳤으나 벼슬을 사양하고 동해에 은거하였다 함.

백설이 펄펄 헛날리더니

저 건너 청송녹죽青松綠竹이

날 속인다

새야 새야 녹두새야

웃녁 새야 아랫녁 새야

전주 고부 녹두새야

함박 쪽박 열 나무 딱딱 후여

새야 새야 녹두새야

녹두밭에 앉지 마라

녹두꽃이 떨어지면

청포장사 울고 간다.

이처럼 무능한 왕정체제에서 삼정의 문란으로 야기된 갑오농민 항쟁은 무능한 정부의 어리석은 대응으로 청일 전쟁을 일으키는 구실을 만들었고, 이 전쟁에서 승리한 일본은 조선의 지배권을 완전히 선점하여 조선 왕조의 몰락을 이끌었다.

"농민전쟁의 이념이 혁명적이라 하더라도 이러한 이념을 혁명의 단계로까지 이끌어갈 시민계급은 아직 성숙해 있지 않았다. 이것이 곧 1894년 농민전쟁이 근대 혁명에까지 이르지 못한 한계였다…(그럼에도) 1894년 농민전쟁은 19세기에 일어난 우리민족의 반침략·반봉건 투쟁의 최고봉으로, 위로는 갑오개혁의 추진력으로 작용하였고 아래로는 반일 의병전의 단초를 열었다.”(역사학연구소,『강좌 한국근현대사』, 풀빛, 2001, 62쪽)는 점에서 동학 농민전쟁이 20세기 아시아 민족의 반제국주의 운동의 선구적 역할을 수행했다고 평가할 수 있을 것이다.*

* 이 부분 신복룡 지음,『전봉준 평전』, 지식산업사, 1998; 우윤 지음,『전봉준과 갑오농민전쟁』, 창작과비평사, 1994; 황현 지음, 이민수 옮김,『동학란』, 을유문화사, 1985; 강준만 지음,『한국 근대사 산책 2』, 인물과사상사, 2014; 이광린 지음,『한국사 강좌 근대편』, 일조각, 2002 등 참고 재구성.

제6장

———

갑오개혁과 김홍집 시대

　　동학 농민군을 진압한다는 명분으로 청국과 함께 조선의 영토에 출병한 '불청객' 일본군은 걸리적거리는 청국군을 제압하였다. 일본군은 내친김에 경복궁을 무단 점거하여 친청파인 민비척족 정권을 몰아내고 '얼굴마담' 대원군을 다시 정계에 복귀시켜 조선의 내정에 노골적으로 개입하였다. 이에 따라 조선 정부는 일본의 뜻대로 개혁 주무부처인 군국기무처를 신설, 판중추부사 김홍집을 영의정(군국기무처 회의 총재 겸임)으로 기용, '제1차 김홍집 내각'을 구성하고 소위 갑오개혁(귀천불구 인재 선용選用, 양반 상인 신분차별·문무 서얼차별·공사 노비제 및 연좌제 폐지 등)을 단행하였다. 갑오개혁은 일본의 구미에 맞는 김홍집 시대의 개막이었다. 그리고 국내 사정이 이처럼 급박하게 돌아가고 있는 상황에서 10년간 일본에서 망명생활을 하던 김옥균이 조·중·일 합작에 의해 상하이에서 모살 당하였고, 조선정부에 대한 일본의 압력에 의해 박영효·서광범·유길준 등이 환국하여 김홍집 내각 일선에 참여하였다. 김홍집은 대내외의 지난한 문제와 맞물려 사퇴와 복귀를 거듭하며 수구파의 온갖 모함과 견제를 받았지만 이를 정면 돌파하고 각종 개혁을 단행, 소위 조선 최초의 '내각총리' 역할을 수행하였다. 그럼에도 불구하고 이 기간 중 조선의 정국은 김옥균 암살과 동학 농민군 진압 등 성가신 일들의 제거로 한 숨 돌리게 되었지만, '트러블 메이커' 대원군의 정계 복귀와 은퇴까지 갖가지 잡음이 일어나더니만, 급기야는 을미사변乙未事變까지 발생하며, 조선의 정국은 한치 앞을 내다보기 힘든 '안개 정국', 아니 그보다 더 앞길이 훤히 내다보이는 망국의 길로 치달았다.

제1차 김홍집 내각 출범과 갑오개혁

조선 당국의 요청이 없었는데도 동학 농민군을 진압한다는 핑계로 조선에 무단 출병한 '불청객' 일본군에 대하여 조선정부는 철수해 줄 것을 강력히 요구하였다. 그러나 일본 측은 이 요구를 무시한 채 한술 더 떠 1894년 7월 23일(음 6월 21일) 새벽 4시 일 자체병력 2개 대대를 동원하여 경복궁을 포위하고 불과 30분 만에 궁궐을 완전 점거하였다. 이때 조선군 병사는 서른 명 이상 전사하였으나 일본군 병사는 단 두 명만 희생되었다.

이렇게 해서 경복궁을 점령한 일본 측은 민비척족 정권을 무너트리고 대원군을 앞세워 신정부를 수립토록 하였다. 권토중래捲土重來 재집권하게 된 대원군은 민영준·민형식·민응식·민병석·민치훈과 그 추종세력 김세기·조병식 등을 부국학민負國虐民 또는 범장죄犯贓罪

(남의 산소 지역에 몰래 자신의 혈족 묘를 씀)등의 죄목을 적용, 투옥하거나 유배조치 하여 민비척족들이 권력의 언저리에 얼씬도 못하도록 하였다. 이는 대원군의 민비에 대한 누적된 한풀이이기도 했다. 이제 그토록 위세 등등하던 민비도 일본 점령군 앞에서는 속수무책 국모로서의 힘을 쓸 수가 없는 초라한 신세가 되어버렸다. 이어서 고종은 사색붕당四色朋黨의 폐해를 타파하고 문벌에 구애함이 없이 인재를 골고루 등용하여 개혁을 추진하겠다고 천명하고, 6월 25일 개혁을 주관할 기관으로 군국기무처軍國機務處를 신설하였다. 그리고 국왕은 조선 주재 일본 대리공사 스기무라 후카시杉村濬의 추천을 받아 '조선책략 사건' 후 그간 한직으로 물러나 있던 판중추부사 김홍집을 영의정으로 내세우고 기타 각료 17명도 임명하였다. 이러한 인사는 김홍집에 대한 국왕의 신뢰가 크게 작용한 점도 있었지만 그간 일본 측의 김홍집에 대한 인지도가 더 크게 작용하였기 때문이었다. 그야말로 김홍집 총리시대가 열린 것이다. 신내각 주요 명단은 다음과 같다.

영의정 겸 군국기무 회의 총재 김홍집·내아문 독판 박정양·내아문 협판 민영달·동 김종한·외아문 협판 김가진·외아문 참의 유길준 내아문 참의 박준양 동 권형진·동 김학우·동 이원극·공조참의 이응익·우포도대장 안경수·강화부 유수 김윤식·대호장 이윤용 등이다. 그리고 어윤중도 추가로 무임소 정무위원이 되었다. 이번 김홍집 내각에서 주목되는 것은 박정양·김윤식·어윤중 등 개화파(온건)

의 약진을 들 수 있으며, 특히 유길준의 기용이 주목된다. 유길준은 개화 성향을 가진 장래가 촉망되는 젊은 세대의 한 사람으로 과거에 는 응시하지 않았지만, 젊은 나이에도 학식이 뛰어나고 성품이 원만 하여 김옥균의 총애를 받았을 뿐만 아니라 민영익(처음에는 개화 성향, 후에 수구파로 변신)과도 가깝게 지냈다. 유길준은 1881년 봄 조선시찰 단(신사유람단)이 일본에 파견될 당시 윤치호 등과 함께 시찰단 대표 인 어윤중을 수행하였다. 그때 유길준은 민영익의 후원으로 귀국하 지 않고 후쿠자와 유키치福澤諭吉(1834~1910)가 운영하는 게이오기주 쿠慶應義塾에서 수학하며 신학문을 익혔다. 1883년 2월 유길준은 민 영익의 천거로 당시 통상사무의 총괄부서인 통리교섭통상사무아문 주사(지금의 실무과장급)로 임용되었다. 그때 유길준은 박영효와 함께 「한성순보」 발간작업도 추진하였으나 박영효가 광주유수로 좌천되 면서 「한성순보」 발간이 차질을 빚게 되자 통상 사무 주사 직을 사 임하였다. 그러나 이번에도 유길준은 민영익의 추천으로 1883년 미 국 보빙사 일원으로 대표 민영익을 수행, 배를 갈아타기 위해 일본에 잠시 머무는 동안 차관교섭관계로 일본에 와 있는 김옥균을 만나기 도 했다. 민영익의 사절단 일행은 9월 초 워싱턴에 도착 아서 대통령 (Chester A. Arther, 1820~1886)에게 국서를 전달한 후 보스턴과 뉴욕 등 지를 시찰하고 11월 중순 귀국길에 올랐다. 이때 유길준은 또 민영 익의 권유에 따라 국비 장학생 자격으로 미국에 남아 하버드 대학교 예비학교인 덤머 아카데미(Governor Dummer Academy) 예비학교의 6

유길준

년 과정 중 3학년에 편입하여 신학문을 익히게 된다. 그러던 중 본국에서 갑신정변이 일어나고 관련자들에 대한 대규모 숙청과 함께 망명자들은 물론 유학파에 대한 강제 귀국과 소환령이 떨어졌다. 유길준도 예외는 아니었다. 고민 끝에 유길준은 정변과 직접 관련이 없다고 생각했기 때문에 1885년 9월 귀국길에 올랐다. 그는 고종의 선처를 내락 받았으며, 이는 궁중에서 영어통역을 위한 필수요원이 필요했기 때문으로 여기에는 김홍집의 적극 추천이 주효하였다. 그 해 12월 유길준은 귀국하였으나 곧바로 체포되었다. 그가 귀국 시에 일본에서 김옥균을 여러 번 만난 것이 화근이었다. 유길준은 포도청에 감금되어 취조를 받은 후 두 달 뒤 우포장 한규설(갑신정변 때 피살된 한규직의 동생)의 집에 가택 연금 형식으로 보호를 받으며 상황을 관망하고 있었다. 이때도 민영익과 김홍집의 입김이 크게 작용하였다. 그때까지만 해도 민영익은 한성판윤·이조·형조·예조판서 등을 지내며 권력의 실세에 있었으나 을미사변으로 민비가 죽은 후 점차 운신폭이 좁아졌다. 1905년 을사늑약이 성립되자 그는 고종폐위음모에 관련되어 홍콩으로 망명, 1910년 한일합병 소식을 듣고도 귀국하지 않고 1914년 상하이에서 쓸쓸히 생을 마감하게 된다.

유길준은 한규설 집에서 1년 반 정도 묵은 후 거처를 민영익의 별장 취운정翠雲亭(현 가회동 소재)에서 무려 7년간이나 머물렀다. 이때 그는 임오군란의 경우를 토대로 '중립국론'을 써서 강대국들과의 충돌을 피하고 실리 외교를 펼 것을 주장하였다. 1892년 11월에 이르러서야 유길준은 서울 도성을 벗어나지 않는다는 조건으로 연금에서 풀려나 2년 뒤 민비척족 영수 민영휘의 천거로 제1차 김홍집 내각의 외아문 참의로 발탁되어 대일교섭 및 대미 외교 실무업무를 담당하게 되었다. 유길준은 이렇게 해서 국내 제도권 정치에 발을 들여 놓게 되었다. 1894년 6월 26일 대원군은 왕명을 받들어 군국기무처의 개청식을 거행하고 식이 끝남과 동시에 제1차 회의를 주관하였다. 총재 김홍집은 회의 의장으로 군국기무처 관제안官制案을 상정하여 이를 가결하였다. 전문 14조의 관제안은 각 아문의 관제를 비롯하여 나라의 제반 규칙과 사무 등을 심의하고 성안하여 국왕의 재가를 거쳐 시행하는 것으로 되었다. 이런 점으로 보아 군국기무처는 입법권을 갖고 있는 초 정부기관이라 할 수 있다. 그러나 일반국민들의 개혁반응은 냉담하다 못해 시큰둥했다. 백성들은 개혁의 필요성도 인식하지 못하였지만, 그보다도 일본의 무력호위로 개혁이 추진되고 있었기 때문이었다. 특히 수문장 김기홍을 비롯한 제도권 내 몇몇 중신들이 정면으로 비판하고 나섰다. 이들은 총리대신 김홍집이하 김가진·권형진·김윤식·김종한·박정양·조희연·안경수 등 소위 '무군매국지팔간無君賣國之八奸'들이 갑신죄인甲申罪人 박영효와 결탁하여 개화를 한다는 미명하에 왜와 결탁, 국기를 흔들고 있으니 엄히 다스려야 한다는 상소문을 올리기도 하였다. 그럼에도 김홍집의 군 국기무처는 의정부관제 각부아문업무처리규칙 궁내부관제 등 200 여 건의 관제를 심의 통과시켰다. 이처럼 김홍집의 군국기무처가 실 권을 갖자 의정부나 각 아문은 유명무실해졌고 특히 대원군은 아무 실권이 없게 되었다. 일이 이렇게 되자 대원군은 군국기무처에서 의 결되어 형식상 최종 상신해오면 대원군은 격노하여 각하해버렸다. 이에 질세라 군국기무처는 기무처대로 대원군을 무시해버리고 국왕 에게 직접 재가를 올려 기무처와 대원군 간에 갈등의 골이 깊어졌다. 대원군은 한 술 더 떠 장남 궁내부대신 이재면의 아들 이준용李埈鎔 (1890~1917)을 왕위에 앉히려는 공작을 폈고 그것이 여의치 않자 7월 15일 그를 내무협판 겸 친군통위사親軍統衛使에 임명하여 인사권을 장악(내무아문은 구 이조吏曹 업무를 계승하여 지방관 임명권이 있음)하였다. 이와 함께 대원군은 7월 19일 사임한 내무대신 민영달의 후임 자리 에 이준용을 그 서리로 앉혀 신식군대 통수권까지 맡겼다. 이와 같은 대원군의 일방적인 정실 인사에 군국기무처는 즉각 반발하고 7월 24일 회의에서 법무대신 서리 김학우金鶴羽의 제안에 따라 각도 관찰 사이하 지방관의 임명은 의정부에서 총리대신, 좌우찬성, 각 아문대 신이 회동, 전형한 뒤 총리대신이 주상에게 올리는 방식으로 변경하 였다. 8월 1일 이준용은 이에 반발 내무협판직을 사임(친군통위사 직 은 유지)해버렸다. 당시 일본군의 위세에 밀려 권력의 핵심부에서 비 켜서 있는 국왕과 민비는 그저 보고만 있는 형국이었다. 그런 와중에 대원군이 전봉준과 밀약하여, 평양에 주둔해 있는 청국군의 지원을 받아 일본군을 몰아내려는 음모를 꾸미고 있다는 풍문이 나돌았고, 이 모의가 관성장管城將(북한산성을 관리하던 정 3품 벼슬) 이병휘에 의해 고발되어 유생 허엽許曄이 체포되었다.

일이 이쯤 되자 총리대신 김홍집과 외무대신 김윤식은 의정부 도헌都憲 이용태, 내무참의 박준양 등의 유배를 주청하였다. 대원군과 이준용은 이 사건은 날조된 것이라고 즉각 반발하고 우포도대장 안경수의 직속 이병휘 등을 체포 수감조치하고 10월 3일 군국기무처 강경파로 내아문 참의에서 법무협판이 된 김학우를 암살해 버렸다. 이로 인해 정국은 소용돌이에 휩싸였다. 그런 가운데서도 갑오개혁(갑오경장甲午更張)은 일본을 등에 업고 근대화라는 이름으로 강력히 추진되었다. 그 제1차 갑오개혁은 군국기무처가 폐지된 1895년 11월까지 지속되었다. 군국기무처 총재이며 내각 총리대신으로서 김홍집은 '조선 왕조의 성헌成憲을 삼가 헤아리고 각국의 통례를 참고하여' 개혁을 추진하겠다고 천명하고 일본의 메이지유신 후의 통치 체제와 유사한 정치·경제체제를 도입, 추진하였다.

김홍집은 중앙의 행정기구를 모두 궁내부와 의정부라는 쌍두체제로 나누되 궁중의 잡다한 부서를 궁내부 산하로 통합하고 6조曹를 8아문衙門으로 확대, 개편하면서 의정부에 권력을 집중시켰다. 결국 조선의 중앙 통치 행정조직은 1885년에 완성된 일본의 궁내부-내각 중심체제와 명칭만 다를 뿐 기능적으로 대동소이하게 되었다. 개혁된 중앙관제를 좀 더 구체적으로 보면 의정부의 장관으로 총리대신을 두고 각 아문을 통할케 하였다. 구제도의 6조를 내무·외무·탁지度支(재정 업무)·군무·법무·학무·공무·농상 등 8아문으로 개편하였다. 내무아문은 이조吏曹, 탁지아문은 호조, 군무아문은 병조, 법무아문은 형조, 학무아문은 예조禮曹, 공무아문은 공조를 계승하였다. 그리고 외무아문은 종래의 외아문(통리교섭통상사무아문統理交涉通商事務衙門)을 계승하였고 농상아문은 신설 관청이다. 그리고 각 아문에는 장관직으로 대신, 차관직으로 협판協辦을 두었는데, 이것은 종래의 판서와 참판을 개칭한 것이며 그 밑에 국장직으로 참의, 과장직으로 주사를 두었다. 의정부 관제안과 함께 궁내부 관제안도 제정되었다. 즉 궁내부에도 각 아문과 같이 대신·협판·참의관을 두었고 부속 기관으로 승선원承宣院·경연청經筵廳·규장각奎章閣·시강원侍講院 등 15개 부처를 두었다. 승선원은 구 승정원을 계승한 것이며 구조직과 같은 명칭, 같은 업무를 관장케 하였다.

관료제도도 크게 개편하였다. 그 첫째가 문무품급의 개편이었다. 즉 종래에는 1품에서 9품까지 정종正從을 합하여 18품급이었던 것을 1품에서 2품까지만 정종을 두되 3품에서 9품까지 그것을 폐지하여 11품급으로 축소하였다. 관료제도의 개혁 중에서 가장 혁신적인 것은 관리임용방법의 개혁이었다. 7월 3일(양력 8월 3일) 군국기무처 회의에서 "과문취사科文取士는 조가朝家의 제정이지만 허문虛文으로 수용하기는 곤란하다"는 이유로 과거제를 폐지하고 선출조례와 전고국銓考局조례를 제정하여 관리를 임용하였다. 즉 신제도에 의하면 각 아문대신은 먼저 자기 아문에 배속할 주임관奏任官과 판임관判任官을 구두시험으로 선발하고 선발증을 발급하여 전고국銓考局에 보내면 전고국에서는 보통시험과 구두시험을 거쳐 선발하였다. 그 밖에 지방 문무관의 임용은 내무·군무·양 아문에 위임하지 않고 의정부 회의에서 결정, 국왕의 재가를 얻도록 하였다. 즉 관찰사 각 도 유수留守(종2품), 병마절도사이하 군수, 현감, 현령 등 전형은 총리대신 각 아문대신·의정부 좌우찬성 등이 모여 협의, 천거하되 2품 이상은 배수추천으로 상신하여 선임하고, 2품 이하는 단일 후보로 선임하였다. 이상의 관료제도 개혁의 특징을 보면, 첫째 조선 왕조의 전통적인 전제군주제의 제약을 들 수 있다. 즉 의정부와 궁내부가 분리되고 나라의 실권이 국왕으로부터 의정부로 옮겨졌다는 점이다. 둘째로 관료제도의 중앙집권적 경향을 들 수 있다. 즉 경무청이라는 강력한 경찰기관이 설치되었는데, 경무청은 관제상으로는 내무아문에 속해 있었으나 거의 독립관청이나 다름이 없고 그 장관격인 경무사警務使는 각 아문의 대신들이 할 수 없는 막강한 권한을 부여받았다.

그러나 일반 백성들로서는 가장 중요한 것이 사회제도의 개혁이었다. 즉1894년 6월 27일(양력 7월 30일) 군국기무처는 조선사회의 오랜 폐습으로 누적되어온 제반 사회·경제제도의 개혁을 단행하였다.

〔사회제도 개혁〕

1.즉일부터 국내외 모든 문서에 개국기년 開國紀年(조선의 건국 1392년을 원년으로 하고, 채택한 해인 1894년을 503년으로 정하여 모든 공문서에 사용)을 사용한다.

2. 문벌과 양반, 상민 등의 계급을 타파하고 귀천에 불구하고 인재를 고루 뽑아 등용한다.

3. 문무존비의 차별을 폐지하고, 다만 품계에 따라 상견의相見儀를 규정한다.

4. 죄인 자신 외에 일체의 연좌율連坐律을 폐지한다.

5. 적처嫡妻와 처에 자식이 없을 경우 양자를 허용한다.

6 남녀의 조혼을 엄금하여 남자는 20세, 여자는 16세에 이르러야 비로소 결혼을 허용한다.

7. 과부의 재혼은 귀천을 막론하고 자유에 맡긴다.

8. 공사노비법은 일체 혁파하고 인신의 매매를 엄금한다.

9. 평민이라도 이국편민利國便民할 수 있는 의견이 있으면 군국기무처에 상서上書토록하여 기무처 회의에 부의한다.

10. 각 아문의 하인(서무직)은 그 수를 조절하여 상치常置한다.

11. 조관朝官이하의 의제衣制와 공사 복장을 간이화 한다.

〔경제제도 개혁〕

첫째, 전국의 재정을 일원적으로 통일하였다. 종전에는 세수稅收

나 경비지출이 일원화되지 못하여 혼선을 야기하였다. 예컨대 왕실 소속기관이나 특설 관청에서는 정부와 별도로 세수관을 각 도에 파견하여 직접 징수하였고, 또 독립회계를 갖고 경비를 지출하였다. 이 때문에 농민에 대한 가렴주구가 일어났다. 이러한 부조리를 제거하기 위하여 1884년 갑신정변 때 급진 개화파 신정부에서 14개 정강을 발표 할 때 "일체의 국가재정은 호조戶曹로 하여금 관할케 하고, 그 밖의 재정관청은 폐지한다."고 하였으며 김옥균을 호조참판으로 하여 강력히 시행하려 했으나 3일천하로 끝나는 바람에 유야무야된바 있다. 그래서 6월 28일 군국기무처 회의에서 갑신정변 때의 개화파 정강을 답습, 탁지아문度支衙門에서 전국의 출납·조세·국채 및 화폐 등 일체의 재정사무를 통할하며 각 지방 재무를 감독하기로 하여 재정 업무를 일원화하였다. 그러나 국왕은 법 취지를 모르고 재가하였다가 왕실의 재정이 정부의 지배를 받게 되자 궁내부 안에 내장원內臟院을 설치, 재원을 직접 조달토록 하여 재정의 일원화는 실현되지 못하였다

경제제도의 개혁 중 가장 중요한 것은 화폐제도였다. 개항을 전후하여 발행한 당백전當百錢·당오전當五錢 등 발행으로 화폐의 유통질서가 문란해져 있었다. 이에 따라 7월 11일(양력 8월 11일) 군국기무처는 7조로 구성된 신식 화폐장정貨幣章程을 의결하여 은본위제를 채택하고 백동·적동·황동을 보조화폐로 정하였다. 그런데 당시 초기에 신식 화폐 물량이 부족하여 기왕의 상평통보와 함께 일본화폐를 공히

사용하였다. 그러나 이것은 일본의 상권지배를 강화하는 결과를 초래하는 부작용을 가져왔다. 화폐제도의 개혁과 함께 도량형제도도 개혁하여 종래의 물납세제를 금납제로 바꾸어 도량형의 통일을 기하고 이에 관한 통할업무를 내아문으로 정하였다.

이처럼 김홍집 1차 내각은 4개월간 무려 205건의 개혁안을 성안, 발표하였다. 문자 그대로 대경장更張이었다. 김홍집 총리는 1차 개혁안을 마무리한 후 고종에게 "5백 년의 구제舊制를 신臣의 손으로 개혁하였으니 뒷일이 심히 두렵습니다."고 말하며 자신의 무거운 심경을 토로하였다. 그는 내각총리로서 온갖 반대와 압력을 무릅쓰고 제도개혁을 단행하였지만, 그 길은 험난하고 외로운 길이었다.

한편 일본 정부는 조선에서의 청일전쟁을 합법화하고 또 군사작전의 편의를 얻기 위하여 청국과의 전쟁을 수행함에 있어 조선 영토의 점령, 물자·인마人馬의 징발 등 조선의 주권을 무차별 유린하고, 7월 26일(양력 8월 26일) 조선 측의 회피에도 불구하고 강압적으로 다음과 같은 '조·일 맹약'을 체결하였다.

제 1조: 이 맹약은 청국군을 조선 국경 외로 철퇴시켜 조선의 자주독립을 공고히 하고 조·일 양국의 이익을 증진함을 목적으로 한다.

제 2조: 일본국은 청국에 대하여 공수攻守의 전쟁을 담당하고 조선국은 일본군의 진퇴와 그 식량 준비 등의 제반 사항을 위하여 일체의 편의를 제공한다.

제3조: 이 맹약은 청국에 대하여 화약이 성립되는 날을 기다려 파약
한다.

이 맹약은 명백히 조·일간의 군사동맹으로 사실상 조선의 주권상
실의 단초가 되는 셈이었다. 참으로 치욕적인 맹약이었다. 이처럼 일
본은 겉으로는 '조선의 독립'을 입버릇처럼 뇌까려 왔지만 '경복궁
무단점거'와 '조·일 맹약'은 그 말이 거짓임을 입증하였다. 이에 따
라 누적된 반일 감정은 증폭되었으며, 이는 동학 농민군의 재봉기의
불꽃을 다시 점화시키는 계기가 되었다. 이러한 배일 감정, 한걸음
더 나아가 항일감정은 위정자들 간의 내분을 증폭시켜 대원군과 군
국기무처 간의 충돌, 국왕과 민비를 놓고 군국기무처의 내부 암투까
지 겹쳐 정국은 혼란스러워 졌다. 거기다가 일본 정부의 압력으로 7
월 23일(양력 9월4일) 박영효가 거의 10년 만에 일본에서 환국하여 대
원군 보다 국왕과 민비에 접근하였다. 이를 알게 된 고종은 8월 5일
전교를 내려 박영효에게 갑신정변 때의 대역부도죄를 사면해줌으
로써 그의 환국은 정국의 새로운 변수로 작용하여 온건 개화파와 망
명 급진 개화파사이에 파열음이 나타나기 시작하였다. 조선 정국의
내부 갈등이 더욱 높아지자 당황한 일본 정부는 조선의 이러한 대내
외 잡음은 오토리 게이스케大鳥圭介 공사의 조선에 대한 소극정책에
기인한다고 보고, 내무대신 이노우에 가오루井上馨를 조선주재 특명
전권대사로 교체하였다. 이노우에는 일본 총리대신 이토 히로부미

와 동향 친구로 갑신정변 후 특파 전권대사로 한성조약을 체결한 장본인로서 조선의 내부사정을 잘 알고 있는 실력자였다. 이노우에를 조선 주재 공사로 임명한 것은 일본의 조선 정책의 변화를 의미하는 것으로 그는 이토 히로부미에게서 강력한 재량권을 위임 받아 조선에 대한 강공책으로 일관하게 되었다. 이때 평소부터 김홍집 내각의 개혁정책에 반감을 가져온 대원군은 이노우에 공사를 만나 조선 백성들의 대일감정이 극도로 나빠진 것은 김홍집의 군국기무처가 조선의 현실에 맞지 않는 법령을 제정하여 공포, 시행하기 때문이라고 불평을 털어놓았다. 이에 대해 이노우에는 매우 불쾌한 감정을 갖고 10월 5일 총리대신 김홍집을 만나 대원군 축출 문제를 협의하였다. 그렇지 않아도 이노우에가 부임하기 1개월 전, 앞서 잠시 언급한 바와 같이 경무사 이윤용이 대원군과 동학농민군과의 연락을 맡은바 있던 밀사를 체포한 일이 있었다. 그리고 이노우에가 서울에 부임한 지 1주일 후 10월 3일 법무협판 김학우가 암살당하였다. 이 사건은 분명히 대원군과 그의 적손嫡孫 이준용의 사주에 의한 것으로 알려졌다.

그런 가운데 이노우에는 대원군을 축출할 증거물을 확보하게 된 것이다. 8월 16일 평양성을 점령한 일본군이 평양 감영에서 대원군이 평안도 관찰사 민병석에게 보낸 밀서를 입수한바 있었다. 대원군의 밀서는 7월 28일 보낸 것인데, 일본군의 압박 때문에 조선이 위기에 빠졌으니 속히 청국 측에 군사를 보내 일본군을 소탕해달라는 내

용이었다. 이노우에는 이 결정적인 밀서를 총리대신 김홍집·외무대
신 김윤식·탁지부 대신 어윤중 등 소위 온건 개화파 대표 3인에게
보인 뒤 대원군에게도 들이밀었다. 이에 당황한 대원군은 10월 21일
(양력 11월 18일) 정계에서 은퇴한다고 공식 발표하였다. 6월 23일 정
권을 잡은 지 4개월 만에 일어난 일이다. 조선 정국이 위기에 처할
때 마다 때로는 '태풍의 핵'처럼, 때로는 '트러블 메이커'로 정계에
회오리바람을 몰고 온 대원군의 정치적 생명은 이렇게 해서 사실상
종지부를 찍게 되었다.

김홍집·박영효의 연립내각 갈등과 김홍집의 총리직 사퇴

대원군을 퇴진 시킨 이노우에 공사는 국왕을 알현하고 20개 조항
에 달하는 내정개혁 강령을 제출하였다. 내정개혁 주 내용은 제3조
"왕실 사무를 국정으로부터 분리할 것", 제5조 "의정부 및 각 아문의
조직 권한을 제정할 것", 그리고 6조에는 "조세 기타 일체의 공납 등
은 탁지아문에 귀일시키고, 백성에게 부과하는 조세는 일정한 비율
로 정하며 다른 여하한 명의로도 이를 징수하지 못하게 할 것" 등이
었다. 그런데 가장 큰 특색이 있는 조항은 제1조의 "정권은 모두 하
나의 원류原流로 나와야한다는 것"이었다. 이는 국왕의 실권을 인정하
는 의미였다. 그간 나라의 실권은 대원군 혹은 의정부—실제로는 군

국기무처―가 잡고 있어서 국왕은 아무런 실권이 없었다. 당연히 국왕과 민비는 이 조항을 보고 기뻐했다. 이제 대원군도 축출되었고, 제17조에서 "군국기무처의 조직 권한을 개정할 것" 등이 담겨 있었는데, 이는 군국기무처의 폐지를 의미하는 내용이었다. 이에 근거하여 군국기무처는 시행 4개월 만인 11월 20일(양력 12월 17일) 폐지되었다.

이에 따라 국왕은 11월 1일 독단적인 전교로써 동지중추원사 한기동을 탁지부 협판, 동 이건창을 법부협판, 동 이용직을 내무협판 등으로 임명하자 이노우에는 이에 격분하여 국왕의 사과와 민비의 정치간여 금지, 총리·궁내宮內·외무·탁지度支·군무 5대신의 내정개혁 실시를 다짐하는 6개항의 서약서를 쓰도록 강요하였다. 실로 어처구니없고 오만불손한 처사였다. 11월 2일 이노우에는 다시 입궐하여 자신이 제출한 내정개혁 강령을 실시토록 요구하는 한편 이준용을 주일특명전권대사로 임명하여 장기간 국외에 머물러 있는 것이 좋겠다는 의견을 제시하였다. 사실 이준용은 그간 정치적으로 국왕과 반대 입장에서 갈등의 원인이 되었기 때문에 국왕도 이를 반대할 이유가 없었다. 그리고 이노우에는 국왕에게 박영효의 사면과 환국허가를 요청하였다. 말이 요청이지 요구요 압력이었다. 이에 따라 국왕은 11월 17일 박영효와 서광범의 사면과 환국, 그리고 내각 참여까지 허용하였다. 물론 이 모든 절차는 이노우에의 입김이 결정적으로 작용하였다. 이렇게 해서 박영효와 서광범은 망명 11년 만에 조국 땅을 밟을 수 있게 되었고 내각 각료까지 되는 행운을 맞게 되었다. 국왕의 재가를 받아 10월 20일(양력 12월 17일) 발표된 제2차 김홍집 내각, 소위 김홍집·박영효 연립내각이 발족하게 되었다. 각료 명단은 아래와 같다.

의정부 총리대신 김홍집·궁내부대신 이재면 동 협판 김가진
외무대신 김윤식 동 협판 이완용·내무대신 박영효 동 협판 이중하
탁지부대신 어윤중 동 협판 안경수·군무대신 조희연 동 협판 권재형
법무대신 서광범 동 협판 정경원·학무대신 박정양 동 협판 고영희
농무대신 엄세영 동 협판 이채영·공무대신 신기선 동 협판 김가진 경무사 윤웅렬·중추원 의장 김병시 동 좌부의장 조병세 동 우부의장 정범조 등

10월 29일 이노우에 공사는 다시 국왕을 알현하여 "독립의 기초를 공고히 하기 위해 내정을 개혁해야 하고 청국과의 관계를 단절했다는 국시의 변경을 종묘宗廟에 서고誓告해야 한다"고 강요함에 따라 12월 12일(양력 1895년 1월 7일) 국왕은 왕세자·대원군·종친·군신들을 거느리고 종묘에 나가 서고문을 바쳤다. 이 또한 굴욕적인 행사였다. 그리고 국왕은 정치의 기본강령으로서 '홍범洪範 14條'도 제시하여 자주독립과 내정개혁의 실시를 서약하였다. 이와 함께 서고문과 홍범 14조를 전 국민에게 주지시키고자 순 한글체·국한문혼용체·순한문체로 각각 작성하여 반포하였다.

〔홍범 14조〕

1. 청국에 의존하는 생각을 끊어 버리고 자주독립하는 기초를 세운다.

2. 왕실전범을 제정하여 대위계승과 종척宗戚의 분의分義를 밝힌다.

3. 대군주는 정전正殿에 나가 정사政事를 보되 친히 각 대신에 물어 결재
   하고 후빈종척은 간여를 불용 한다.

4. 왕실 사무와 국정사무는 곧 분리하여 서로 혼합됨이 없도록 한다.

5. 의정부와 각 아문의 직무 권한을 명확히 제정한다.

6. 백성이 세를 바침에 있어서는 법령에 따라 율을 정하되 멋대로 명목
   을 붙이거나 함부로 징수해서는 안 된다.

7. 조세의 과징과 경비의 지출은 모두 탁지부度支部(지금의 재정부)에서
   관할한다.

8. 왕실비용을 솔선수범하여 각 아문과 지방관청의 모범이 되도록 한다.

9. 왕실비와 각 관부의 비용은 1년 예산을 정하여 재정의 기초를 확립
   한다.

10. 지방관제를 속히 개정하여 지방 관리의 직권을 제한 조정한다.

11. 나라의 총명한 자제를 널리 파견하여 외국의 학술과 기예를 습득한
    다.

12. 장관將官을 교육하고 징병법을 정하여 군제의 기초를 확립한다.

13. 민법과 형법을 엄명하게 제정하여 감금과 징벌을 남용치 못하게 하
    고 인민의 생명과 재산을 보전한다.

14. 사람을 쓰되 문벌에 구애하지 말고 선비를 구하되 두루 조야에 미쳐
    인재등용의 길을 넓힌다.

　이상의 내용을 종합해 보면 그 핵심은 청국과의 단절, 국왕의 친정과 이에 따른 법령의 준수, 왕비와 척족의 정치 간여 배제 등으로 이는 제2차 갑오개혁의 목표이기도 하였다. 이어서 12월 16일(양력 1월 11일) 칙령으로 의정부를 경복궁 수정전으로 옮겨 내각이라 개칭하고, 12월 17일에는 주상 전하를 대군주 폐하로, 왕대비 전하를 왕태후 폐하로, 왕비전하를 왕후 폐하로, 왕세자 저하를 왕태자 전하로, 왕세자빈 저하를 왕태자빈 전하로 개칭하였다. 이러한 모든 일은 사사건건 개혁이란 미명하에 이노우에가 고압적인 자세로 배후에서 조종함으로써 일본의 내정간섭이 더욱 노골화하였다.

　그런데 당시 연립내각의 대신들은 대체로 3파로 분열, 대립하는 양상을 보여 정국불안을 가중시켰다. 그 첫째 파는 총리대신 김홍집, 외무대신 김윤식, 탁지부대신 어윤중을 중심으로 한 옛 북촌 온건개화파 3인방 세력이었다. 농무대신 엄세영과 학무대신 박정양도 이에 가담하였다. 내각총서 유길준이 이파의 참모격이었다. 두 번째 파는 내무대신 박영효와 법무대신 서광범을 중심으로 한 급진 망명개화파에 속하는 계열이었다. 세 번째 파는 군무대신 조희연, 공무협판 안경수 등이 중간세력이었다. 이들 각파 특히 김홍집파와 박영효파는 암암리에 갈등이 심화하였다. 그런데 내무대신 박영효는 이노우

서광범

에의 지원으로 입각하였던 만큼 내각 안에서의 그의 입지는 매우 커 총리를 능가할 정도로 막강하여 내정개혁을 급진적으로 추진하려 들어 김홍집파와 사사건건 갈등이 빚어졌다. 특히 박영효는 1월 17일(양력 1895년 2월 11일) 내각대신과 협판 연석회의에서 내정개혁이 제대로 추진되는 일이 없으니 내각이 총사퇴해야 된다고 강경발언을 하여 내각이 총 사퇴하는 위기에 몰렸으나 이노우에의 설득으로 내각총사퇴는 일단 수면 아래로 가라앉았다. 그런데 3월 이준용 체포 심문(대원군이 그를 왕위에 앉히려던 계획) 문제가 다시 제기되었다. 앞서 이야기 한 바와 같이 이 사건 수습책으로 이준용은 주일특명전권공사로 임명되었으나 체포되기 3일 전에 권고 사직한 바 있다. 그런데 갑자기 박영효가 민비의 조종을 받아 경무사 이규완으로 하여금 이준용을 체포, 투옥케 하였다. 이 사건에 대해 법무대신 서광범과 내무대신 박영효는 이준용을 극형에 처해야 한다고 주장한 반면 김홍집과 김윤식, 어윤중은 관대한 처분을 주장하였다. 결국 국왕의 조정으로 이준용은 유배형에 처해졌다. 그러자 4월에는 또다시 김홍집과 박영효 사이에 대립이 일어났다. 문제의 발단은 군부대신 조희연의 거취문제였다. 조

희연은 당초에는 중립파였으나 후에 김홍집파에 가담하자 박영효가
사소한 일로 조희연을 해임해야 한다고 주장하였으나 김홍집은 이
를 강력히 거부하였다. 이에 따라 국왕은 일본의 지지를 받고 있는
박영효의 주장을 받아들여 조희연을 면직시켰다. 그러자 이번에는
김홍집이 물러서지 않고 사표를 제출하였다. 결국 김홍집의 사표가
수리되고 학부대신 박정양이 총리대신으로 임명되어 내각의 실권이
박영효로 넘어가는 양상을 보였다.

내각의 실권을 잡은 박영효는 정치제도와 사법 군사제도 등 총
213건의 개혁을 단행하였다. 즉 종래의 의정부를 내각이라 개칭하
고 각 아문衙門도 부部로 개칭하는 한편 농상무와 공무의 양 아문을
농상공부로 통합하여 내각을 7개 부로 축소 개편하였다. 그리고 총
리대신은 내각의 수반으로서 왕명을 받들어 행정각부의 통일을 꾀
하며, 행정 각부의 처분이나 명령이 다시 협의함이 필요하다고 인정
될 때에는 그것의 실시를 중지하고 내각회의를 거쳐 재가를 받아 실
시케 하였다. 또한 내각과 대립하여 방대한 기구를 가졌던 궁내부를
축소 조정하였고 지방관의 관제도 개정하여 각 부에 관찰사 1명, 참
서관 경무관 1명, 군에는 군수 1명을 두었다. 그리고 외국 주재 외교
관 제도도 정비하였다. 즉 외교관은 특명전권공사·변리공사·대리공
사·공사관 1등, 2등, 3등 참사관, 영사관으로는 총영사·영사·부영사,
그 밑에 서기생(판임관)을 두었다. 재정분야에서 세무관청의 정비도
이루어졌다. 즉 관세사管稅司 및 징세서 관제이다. 관세사는 세무 감

독기관, 징세서는 오늘날의 세무서에 해당된다. 학부관계의 관청과 교육기관도 정비하였다. 교육기관으로서는 한성사범학교 관제가 공포되어 소학교교원 양성을 위하여 본과 3년 속성과 6개월 제도를 두었다. 또한 박영효의 적극적인 제안에 따라 경찰관제도 정비하여 내무대신 밑의 경무청의 기구개편을 단행하여 경무청에는 경무사 1인, 경무관 12인 이하, 주사 8인 이하, 감옥서장 1인, 총순總巡 30인 이하, 간수장 2인 이하의 직원을 두고 경무사는 내부대신의 지휘감독을 받도록 하였다.

다음으로 사법·군사제도의 개혁이다. 제2차 갑오개혁 중 가장 주목할 만한 개혁으로는 사법제도의 개혁이 있다. 사법부의 독립성을 어느 정도 부여하였으며, 재판은 2심제가 채택되었다. 그리고 종전에는 행정관이 사법관을 겸하였으나 이제 사법권이 독립되었으며 법관 양성소가 설립되어 20세 이상이거나 관서에 봉직하는 자를 양성소에 입학시켜 소정의 교육과정을 거쳐 사법관을 양성하였다. 그 밖에 군사제도의 개혁인데 이 역시 박영효가 주도하였다. 1895년 12월 정부는 육군장관직제陸軍將官職制를 공포하여 계급 명을 대장·부장·참장·정령·부령·참령·정위·부위·참위 등으로 계급을 정하였다. 박영효는 김홍집 파인 조희연을 해임하고 이주회를 서리군부대신으로 임명하여 군권을 완전히 장악한 후 군사제도 개혁을 착수하였다. 그 첫째가 훈련대를 6개 부대로 확대 개편하고, 둘째로 훈련대 외에 공병·수송병·기마병 등 특과제를 편성토록 하였다. 셋째로 장교를 양성하기 위해 1895년 5월 16일(양력 6월 8일) 훈련대사관양성소관제를 공포하였다.

 1차 갑오개혁이 청국과 일본의 제도를 참고해서 수립되었다면 2차 갑오개혁은 용어나 시스템이 거의 일본 것을 답습하였다. 그리고 아쉬운 점은 1차 개혁과 달리 2차 개혁에서는 민생문제를 중심으로 한 사회제도의 개혁이 없었다는 점이다. 그리고 박영효는 귀국 후 처음에는 대원군에 접근하였으나 두 사람의 결탁을 두려워한 민비가 적극 회유하고 나서자 이에 감읍해서 후에는 고종과 민비 쪽으로 기울었다. 사실 박영효가 2차 개혁 과정에서 큰 역할을 한 것은 이노우에의 측면지원 외에도 민비의 후원이 컸기 때문이었다. 위에서 볼 수 있는 바와 같이 일련의 많은 개혁안 중 약 3분의 1은 박영효의 주도로 이뤄졌다. 이처럼 박영효는 이노우에와 민비의 측면 지원에 고무되어 기고만장, 매사에 독단적인 성향을 보여 김홍집은 물론 후에는 이노우에, 민비와도 대립각을 보여 머지않아 실각을 자초하게 되었다. 국왕도 점차 박영효에 대해 꺼려하는 눈치였다. 그 무렵 민비는 극동에서의 러시아의 위치가 급신장하게 되자 러시아 공사 웨베르와 긴밀히 접촉하여 일본의 그늘을 벗어나고자 했다. 이를 눈치 챈 박영효는 궁성호위를 기존의 호위대에서 자신의 영향권에 있는 훈련대로 바꾸려고 하였다. 이 과정에서 고종이 강력히 반발하였고 박영효는 점차 위기에 몰렸다. 마침내 왕실의 통제권 밖에 있던 훈련대가 경무청과 충돌하게 되어 왕은 훈련대 해산명령을 내렸다.

이런 저런 일로 박영효는 국왕의 경계 및 기피인물이 되었고 마침내 이듬해(1895년) 7월 실각하게 된다. 사실 박영효가 실각한 결정적인 계기는 일본인 낭인浪人 사사키 때문이었다. 즉 박영효에게 사업권을 청탁했다가 거절당한 사사키는 앙심을 품고 조선인 한재익이라는 사람과 필담을 나누던 중 "박영효가 조만간 민비를 살해하고 정부를 전복하려는 음모를 꾸미고 있다"고 밝혔다. 이와 같은 호재를 입수한 한재익은 필담 증거물 종이를 곧바로 민비 최측근 심상훈(갑신정변 때 경기감사로 민비와 청국간의 서신왕래 중간역할을 한 장본인)에게 밀고하였고, 심상훈은 이 내용을 곧바로 민비에 알려 박영효는 어느 사이에 '불궤음도不軌陰圖'(은밀하게 모반을 꾀함) 역적으로 몰리게 되었다. 이에 격분한 민비와 왕은 곧바로 박영효 체포령을 내렸고 박영효는 일본공사관으로 피신했다가 7월 7일 결국 일본으로 망명하여 무려 12년간 일본에서 머물게 된다. 그런데 후에 밝혀졌지만, 이 사건은 사실과 달리 지나치게 과장된 정보였고, 차제에 박영효를 거세하기 위한 모략으로 알려졌다. 어떻든 이러한 결과는 박영효가 그간 해온 처신에 따른 자업자득이라고 볼 수밖에 없다.

김홍집, 총리 복귀–제3차 김홍집 내각 구성

거듭되는 패전으로 코너에 몰린 청국은 사실상 백기를 들고 일본과 강화를 희망하게 되었다. 우역곡절 끝에 1895년 3월 23일(양력 4월 17일) 청·일 양국은 일본 시모노세키下關에서 조약을 체결, 청국은 조선의 자주독립을 보장함과 함께 일본에 랴오둥遼東 반도와 타이완 섬, 펑 제도를 일본에 할양하고, 청국과 유럽 각국 간에 체결된 조약을 기초로 하여 청일 통상항해조약과 육로 교섭무역에 관한 약정을 맺어 그 실시 때까지 청국은 일본에 최혜국 대우를 해주기로 협약하였다. 이 조약으로 청국의 국제적 지위는 약화되었고, 반면 일본의 지위는 격상되었다. 그러나 이지역과 이해관계가 깊은 러시아·독일·프랑스 등 3국이 강력히 반발(3국 간섭)하여 결국 일본은 청국으로부터 3,000만 냥의 배상금을 받고 랴오둥 반도 점유를 포기하였다.

3국 간섭에 의해 일본이 랴오둥 반도를 청국에 돌려주자 조선 정부는 국제무대에서 일본의 위치가 약화되고 있는 것으로 판단하고 국왕과 민비는 지금까지 껄끄러운 일본을 조금씩 멀리하고 러시아에 눈길을 돌리기 시작하였다. 이런 가운데 앞서 언급한 '박영효 불궤음도' 사건이 터져 궁지에 몰리자, 왕은 지난번 '김홍집 면직 건'을 후회하고 즉각 김홍집을 다시 불러 박영효파인 경무사 이윤용을 해임하도록 하는 한편 그 후임에 안경수를 기용토록 하고 박영효 체포령을 내렸다. 이렇게 되자 박영효는 또다시 일본으로 망명하는 운명에 처하게 되었고 그 후임에 내무협판 유길준이 내무대신 서리가 되었다.

이렇게 해서 6월 20일(양력 8월 10일) 군부대신에 안경수를, 경무사에 징계 해제된 이윤용을 복직 발령하고, 탁지부 협판에 이정환, 중추원 부의장에 어윤중을 임명하는 등 주요 인사를 단행하였다. 이어서 7월 5일 왕은 유약한 박정양이 총리대신으로서 난국을 헤쳐 나갈 역량이 부족하다고 판단하고, 박영효와 충돌 후 총리직을 사임하고 중추원 의장으로 있는 김홍집을 다시 불러 조각을 지시하였다. 이렇게 해서 제3차 김홍집 내각이 성립되었다. 신내각 구성은 아래와 같다.

총리대신 김홍집·외무대신 김윤식·군부대신 안경수·농상공부대신 김가진·법무대신 서광범·중추원의장 어윤중(동 부의장 신기선)·탁지부대신 심상훈·내부대신 박정양·학부대신 이완용·궁내부대신 서리 이범진 등

이번 3차 개각에서의 특징은 김홍집파인 김윤식·어윤중의 건재와 민비 최측근 심상훈의 요직(재정을 총괄하는 탁지부 대신) 배정, 군부대신 안경수의 부활, 그리고 신진세력 친러파인 이범진의 등장 등을 들 수 있다. 한편 그간 고압적인 태도로 조선의 내정을 쥐락펴락한 일본 공사 이노우에는 7월 29일(양력 9월 17일) 본국으로 떠났고 그 후임으로 7월 13일(양력 9월 1일) 외교에 문외한인 예비역 육군 중장 출신 미우라 고로三浦梧樓가 새로 부임하였다.

옥호루 비극-천인공노할 을미사변

그렇다면 이런 미우라를 조선 주재 공사로 보낸 의도는 무엇일까? 이유는 두 말 할 것 없이 그동안 이노우에 공사가 조선에서 추진해왔던 온건한 문치주의 방식이 별 실효를 거두지 못하였기 때문에 무단적인 방식으로 조선 문제를 처리하기 위한 포석이었다. 그리고 그 무단적인 방식의 핵심은 조선 주재 러시아 당국과의 연결고리인 민비를 제거하는 것이었다.

이런 미우라는 전임 이노우에와는 달리 무슨 꿍꿍이셈(모종의 음모)인지 불도의 참선 승을 자처하며 공사관에만 틀어박혀 독경에만 전념하는 척하였다. 그런 가운데 왕실에서는 은밀히 '인아거일引俄拒日' 정책을 추진하고 있었다. 미우라는 부임 전 그가 기자들에게 말한 대로 그 나름의 외교전략을 조선에서 시험해 보겠다고 호언장담하였다. 그 외교전략은 미구에 닥칠 심상치 않은 전략을 의미하는 것이었다.

이런 상황에서 박영효 파에 의해서 편성된 훈련대 해체설이 나돌았고 실제로 훈련대 간부 장교 몇 명이 면직되었으며, 동대문 안의 경무청 순검과 훈련대 군인들 간에 패싸움이 벌어지기도 했다. 이러한 사태는 민비의 지시를 받은 경무사 이윤용의 술책이라는 설이 파다했다. 이에 더하여 친일세력의 중심인물인 농상공부대신 김가진이 면직되고 내무협판 유길준도 갑자기 의주부윤으로 좌천되는 한편 친러파인 이범진이 농상공부대신으로 기용되었다.

　미우라는 부임 후 두문불출하면서 공사관 참모들과 모종의 음모 즉 민비 제거계획을 꾸며나갔다. 훈련대 해산문제가 제기되자 미우라는 이것을 좋은 기회로 역이용했다. 그는 서울에 거류하는 무직 낭인浪人(일본식 발음 료닌)·경관·상인·조선정부 주재 신문사 간부 및 기자까지 포섭하고 행동대원으로는 서울에 주둔하고 있는 대대 병력의 일본수비대에 행동 주역을 맡겼다. 바로 그날 미우라는 대원군과도 접촉하여 사전 내락을 받았다. 민비와 대원군 간의 악연은 끈질기게 지속되었다. 8월 19일(양력 10월 7일) 밤 경복궁 안에서는 민비가 신임 궁내부대신으로 내정된 민영준(평안도 관찰사 시절 비리 장본인)의 부임을 축하하는 야간 연회를 베풀었다. 민영준은 민비척족으로 청일전쟁기간 청국에 망명했다가 궁내부대신으로 기용될 것이라는 전갈을 받고 며칠 전 급거 귀국한 것이다. 같은 시각 서울 남산자락 일본인 거주지역 진고개(지금의 충무로 2-3가) 파성관巴城館에서는 일본인 행동대원 검객, 낭인패들과 일본어신문 「한성신보」 기자들이 술자리를 갖고 있었다. 그때 그들은 미우라로부터 민비 시해작전, 즉 소위 '여우사냥' 실행명령을 받은 뒤였다. 1895년(을미년乙未年) 8월 20일(양력 10월 8일) 새벽 5시경 마침내 일본 낭인들은 경복궁 정문인 광화문 앞에 들이닥쳐 궁궐을 수비 중이던 훈련대 연대장 홍계훈과 그 병졸들을 살해하고 곧바로 근정전勤政殿을 지나 왕의 편전便殿인 건청궁乾淸宮으로 쳐들어갔다. 이어서 이들 낭인들은 고종 침전

민비가 시해당한 옥호루

곤령합坤寧閤에 난입하여, 무엄한 행동을 자행하였다. 이 과정에서 고종은 잠옷이 찢기는 수모를 당했으며, 왕세자는 일본군 장교복장을 한 폭도들에게 상투를 잡힌 채 목에 칼을 맞고 쓰러졌으나 치명적인 상처가 아니어서 겨우 목숨만은 건졌다. 낭인들 중 한 무리는 왕비의 침전인 옥호루玉壺樓로 치달았다. 민영준이 정식 부임하기 까지 궁내부대신을 맡고 있던 이경직이 길을 막고 나서자 폭도들은 즉각 칼로 양팔과 목덜미를 베고 왕의 면전에서 총으로 확인 사살하였다. 이어 민비 침전에서 여인들의 비명이 울려 퍼졌다. 폭도들은 궁녀들과 왕세자 이탁李拓(순종의 본명)을 통해 피살된 여인이 민비임을 확인하고 시신을 홋 이불에 싸서 인근 녹원鹿苑 솔밭에 내던져 석유를 부어 태워버렸다. 이 사건이 치욕적인 을미사변乙未事變의 전말이다.

그런데 지금까지 민비 시해범은 스스로 하수인임을 자처하는 몇 명의 낭인들로 알려졌지만, 최근 새로운 자료[이종각, 『미야모토 소위, 명성황후를 찌르다』, (주)메디치미디어, 2015]에 의하면 시해 현장에 있던 두명의 일본군인 가운데 선임자인 일본군 경성 수비대 미야모토 다케로宮本竹太郎(1858~1897, 후에 타이완 전선에서 전사) 소위로 밝혀졌다. 참으로 천인공노할 만행이었다. 그런데 이 끔찍한 시해 사건의 현장에는 조선인 훈련대 제2대대장 우범선禹範善(1857~1903, 육종학자 우장춘 박사의 부친, 후술)이 있었다. 우범선은 민비에 의한 훈련대 해체계획에 불만을 품어 오던 터에 미우라에 포섭되어 이를 계기로 미야모토와 각별한 관계를 맺어왔다. 그의 임무는 훈련대 병력 동원과 민비 시해 후 시신처리였다. 폭도들에 의해 불태워진 민비 시신 잔해는 궁궐 내 우물에 버려졌고 유해 일부는 우범선의 지시로 휘하의 윤석우라는 자가 증거인멸을 위해 땅속에 묻어버렸다. 이 치욕적인 역사적 사건을 왕은 물론 휘하 대신들, 그리고 궁인들은 어찌 이를 보고만 있어야 했던가?

제4차 김홍집 내각 구성과 그 후 더 밝혀진 '불편한 진실'

불안과 공포에 치를 떨고 있던 국왕은 곤령합에서 대기 중이던 대원군을 장안당長安堂에서 대면하였다. 때는 아침 8시경이었다. 미우라 공사도 시치미를 떼고 입궐하였다. 그리고 폭도들은 이미 궁을 빠져 나가고 있었다. 미우라는 왕에게 몇 마디 위로의 말을 건네고 대원군·김홍집과 함께 정국 분위기를 일신하기 위한 내각 인사발령을 발표하였다. 대원군으로부터 확약을 받은 4개 조항의 실행으로 이재면을 궁내부대신, 김종한을 동 협판으로 임명하였다. 그리고 친로·친미파로 지목되었던 학부대신 이완용과 농상공부 대신 이범진·경무사 이윤용·군부대신 안경수 등을 해임하였다. 대신 조희연을 군부대신, 법무대신 서광범을 학부대신서리까지 겸임토록 하고, 농상공부협판 정병하를 동 대신서리로 임명하였다. 또 권형진을 경무사에, 유길준을 내부협판에 복직시키고 총리대신 김홍집·외부대신 김윤식·내부대신 박정양은 유임되었다. 김홍집으로서는 괴로운 유임이었다. 고종은 어수선한 정국을 일신하고 사태를 수습하기 위하여 제4차 김홍집 내각을 성립시켰다. 김홍집의 사태수습 노력에도 불구하고 미우라는 끝까지 사건의 진상을 은폐하고 합리화하여 왕비 폐위 소칙小勅을 공포케 하였다. 이와 동시에 궁정 시위대侍衛隊를 훈련대에 편입하고 사건 은폐에 비협조적인 각료로 판단된 내부대신 박정양과 탁지부대신 심상훈을 파면조치하고 내부협판 유길준을 내부대신 서리에, 어윤중을 다시 탁지부대신으로, 법무대신 서광범을 학부대신에, 법무대신 서리로 장박을 각각 기용하는 등 내각을 부분 개편하여 사건의 진상을 더욱 은폐하려했다.

이와 같은 일본의 만행에 총리대신 김홍집은 굴욕감을 견딜 수가 없어 자결하려고 했다. 상황이 심상치 않음을 알고 그의 가족들은 만약의 사태에 대비하여 김홍집을 지켜보면서 유길준에게 구원요청을 하였다. 전후 사정을 듣고 황급히 달려온 유길준은 호소하듯 김홍집을 이렇게 위로하였다.

"대감! 좀 고정하십시오. 대감께서 돌아가셔서 모든 것이 수습된다면 모르지만, 모후께서는 이미 참변을 당하셨고 사태는 기왕 벌어진 일입니다. 우리는 거꾸로 일격을 당한 꼴이 되었습니다. 그러나 우리가 이 사태를 수습하는데 노력하는 것도 충절이 될 것입니다. 대감께선 그 뒤에 가서 돌아가신다 해도 늦지 않으니 제발 고정하시고 심사숙고해주시기 바랍니다."

그러자 김홍집이 비장한 어조로 유길준에게 이렇게 말했다.

"유공兪公! 그대가 말하는 뜻은 다 알겠소. 우리는 지금까지 우리나라의 보전과 개혁을 위하여 모든 굴욕을 참아오지 않았습니까? 그러나 이번 사태만은 절대로 용서할 수가 없어요. 세록지신世祿之臣(대대로 나라에서 녹봉을 받는 신하)으로 또 일국의 중신이 된 자가 국모의 참변을 보고 어찌 살아서 폐하와 만백성을 대할 수 있겠소. 나는 유공의 처지와는 다릅니다. 유공은 어떤 난국이라도 극복해서 앞으로 이 나라를 구해야 할 사명이 있지만 내가 할 일은 이제 내 스스로 죽는 일 밖에 없소."

훗날 유길준은 '김홍집 변명소辨明疎'에서 이렇게 썼다.

"… 지난날 갑오유월지사甲午六月之事(일본군의 경복궁 무단점령)에 김
홍집이 죽고자하는 것을 신이 말렸습니다. 또 을미 팔월지변(민비시해사
건) 때에도 김홍집이 죽고자 하는 것을 신이 말렸습니다. (중략) 신하된
자 충과 의에 죽음을 생각할 때는 마땅히 그 대소大小와 경중輕重을 생각
해야 하거늘, 이제 국가의 비상난국에 처하여 군주의 안녕을 예측할 수
없는 가운데, 종묘사직의 위태로움을 보고도 이를 버리고 자신의 명절名
節만을 찾아 죽고자 하는 것은 대신大臣의 도리가 아니라고 말했습니다.
또 500년 국조國朝의 종묘사직은 김홍집이 아니라도 편안케 할 수 있으
며 4천년 성단聖壇의 국가는 또한 김홍집이 아니라도 보전할 수 있다고
말했습니다. 그러나 신이 김홍집의 죽음을 만류한 것은 한 사람의 죽음
이 아까워서가 아니라 먼저 나라와 폐하를 생각했기 때문이었습니다. 김
홍집 또한 신臣이 자기의 죽고자 하는 것을 만류하는 것이 사사로운 정
리에서 비롯한 것임을 헤아리고 결연히 일어나 다시 어지러운 정국에 나
서게 된 것입니다."(유동준, 『유길준전』, 일조각, 2005, 205~206쪽 참고 정리)

이렇게 해서 김홍집은 다시 마음을 고쳐먹고 유길준과 함께 사태
수습에 나서게 되었다. 민비시해 사건이 일어나자 대내외 비난여론
은 일파만파 일본의 책임으로 확대 되었다. 알렌(Horace Newton Allen,
1858~1932) 미국 대리공사는 웨베르 러시아 공사와 연락하여 일본공

사관을 항의 방문하였다. 오후 3시에는 여타 외국 외교사절들도 미우라 공사를 방문, 관련사실을 추궁하였다. 그러자 미우라는 뻔뻔스럽게도 훈련대 해산에 불만을 품은 조선 군인들이 대원군과 공모해서 일으킨 것이고, 일본군의 출동은 왕명에 의한 것이며, 왕비의 소재는 아는 바 없다고 잘라 말했다. 이때 서울 주재 「뉴욕 헤럴드」지 특파원 코커릴(Colonel Cockerill)도 이 사실의 심각성을 본국에 긴급 타전하여 전 세계가 주목하게 되었다.

사건의 진상이 만천하에 폭로되고 전 세계로부터 일본에 대한 비난여론이 확산되자, 일본 정부는 이러한 비난여론을 잠제우기 위하여 8월 29일(양력 10월 17일) 미우라를 귀국조치하고 그 후임으로 고무라 주타로小村壽太郎를 임명하였다. 이와 함께 사변 이후 국내외의 거센 비난을 받아온 김홍집 내각은 악화된 여론을 일신하고자 태양력을 실시하고 우범선·이두황 등 훈련대 영관들의 결사적인 반대에도 불구하고 9월 13일(양력 10월 30일) 마침내 훈련대를 해산, 구 시위대侍衛隊 장병을 합쳐 친위(왕궁)·진위(지방)부대를 신설하였다. 그리고 10월 10일(양력 11월 26일) 왕비가 복위되고, 시해사건에 관련된 것으로 파악된 군부대신 조희연과 경무사 권형진이 파면되었으며, 대원군은 스스로 일체의 공직에서 물러났고 이준용은 유학 명분으로 일본에 망명하였다. 그럼에도 불구하고 전국 도처의 유림들이 자결하거나 의병활동을 전개하였다. 김홍집 내각은 10월 15일(양력 12월 1일)에야 왕비시해 사실과 국상을 공식 발표하였다. 그리고 만만한 민초 이주희·박선·윤석우 등 3명을 주동자로 체포하여 처형하였다. 이들은 진상을 은폐하기 위해 날조된 희생양들이었다. 그 외의 조선 측 관련자 군부대신 조희연·경무사 권형진·훈련대 대대장 우범선·이두황 등은 일본으로 망명하였다. 을미사변으로 재판에 회부된 일본인은 모두 56명이었지만 이들은 후에 대부분 흐지부지 방면되었다. 이로써 천인공노할 일본인의 만행 '을미사변'은 많은 의혹과 분노를 남긴 채 일단락되었다.

그런데 1966년 뜬금없이 민비시신 능욕설이 제기 되었다. 즉 일본인 사학자 야마베 겐타로山邊健太朗가 1966년 출간한 책에서 당시 구한말 통감부총무장관(후에 타이완 총독 역임) 이시즈카 에이조石塚英藏(1866~1942)가 본국으로 보낸 보고서 내용을 인용하면서 "폭도들이 시체를 능욕했다"(『일본의 한국 병합』, 1966)고 폭로하였다. 이에 대해서 국내 학자들 간에도 여러 가지 설이 분분하였는데 왕궁 침입에 앞서 술에 만취한 폭도들이 왕비를 죽이고 시간屍姦(시체를 강간함)하였다는 설이 나왔고 한국의 학계 일각(한양대학교 사학과 최문형 교수 등), 재일 사학자 박종근도 이 수치스러운 만행을 부끄럽지만 엄연한 사실이었음을 뒷받침했다(최문형, 『명성황후 시해의 진실을 밝힌다』, 지식산업사, 2006, 239쪽). 그러나 신용하 전 서울대 교수는 "당시 상황은 그럴 만한 시간적 여유가 없었던 아수라장이었으며, 이는 호기심을 유발하기 위해 역사를 윤색, 날조한 것이다"고 반박하였다. 민비 시해사건에 가담한 훈련대 대대장 우범선은 일본에 망명한 후 일본 여자와 결혼하여 두 아들을 두었는데, 그 중 장남이 바로 '씨 없는 수박' 개발자로 알려진 육종학자 우장춘禹長春(1898~1959) 박사(씨 없는 수박은 1943년 일본인 기하라 히토시가 최초 개발하였으며 우장춘은 이를 한국에서 시연하여 한국에서는 그가 최초 개발자로 알고 있음)이다. 우범선의 차남은 어머니 집안에 입적되어 호적상으로 일본인이 되었다. 우범선은 1903년 자객 고영근에게 암살당하였다.(우장춘은 아버지의 과오를 속죄하는 마음으로 훗날 '6·25 한국동란' 와중에 영구 귀국하여 일생을 조국의 농업발전에 이바지하였음.)

친위 쿠데타 춘생문 사건

그 무렵 을미사변의 뒷수습이 한창 진행되고 있는 동안 엎친 데 덮친 격으로 '춘생문春生門 사건'이라는 고종 구출 친위 쿠데타 사건이 일어났다. 1895년 10월 12일(양력 11월 28일) 새벽 친위 쿠데타군이 춘생문을 통해 궁성으로 쳐들어가 친일정권에 포위되어 떨고 있던 국왕을 구출하고 친일 정권을 타도한 다음 새로운 정권을 수립하려고 했다. 시종원경侍從院卿 이재순·시종 임최수·탁지부 사계국장 김재풍·참령 이도철·정위正尉 이민굉·중추원의관 안경수 등이 모의하였고, 정동파貞洞派(러시아 공사관이 정동에 있었기 때문에 친 러시아 세력을 세칭 정동파라 하였음)인사 이범진·이윤용·이완용·윤웅렬과 윤치호 부자·이하영·민상호·현홍택 등이 이에 호응하거나 배후 조종하여 친위 제1대대 소속 중대장 남만리 제2대대 소속 이규홍 등 이하 수십 명의 장교가 이에 가담하였다. 이들은 친위 제2대대장 이진호의 협조 약속도 받고 있었고 일본을 제외한 각국 외교관들의 내락도 받았다. 남만리·이규홍 양중대장이 이끄는 800여명의 친위 쿠데타 부대는 삼청동으로 올라가 춘생문에서 담을 뛰어넘어 입궐을 시도하였다. 그러나 이 계획에 협조키로 했던 친위대 대대장 이진호가 배신하고 군부대신 서리 어윤중에게 밀고하였다. 이 때문에 친위쿠데타 부대가 춘생문에 나타나자 궁성을 수비하던 친위대가 즉각 반격을 가하고 또 어윤중이 현장에 달려와 선무공작宣撫工作을 폄으로써 친위쿠데타는 실패로 돌아가고 말았다. 그리고 아관파천 후 김홍집을 위시한 개화파에 대한 피의 숙청이 전격적으로 진행되자 신변의 위협을 느낀 어윤중은 그의 성장지이자 제2 고향인 충청도 보은으로 피신하고 있었다. 그러나 원수는 '외나무다리에서 만난다'는 속담처럼 어윤중은 공교롭게도 춘생문 친위쿠데타 실패 후 이곳까지 피신해 온 주동자 김재풍과 유진구와 용케도 맞닥뜨려 비운을 맞게 된다(관련 내용 제7장에서 추가 기술).

거사가 좌절되자 정동파 인사들은 미국과 러시아 공사관 등으로 피신하였으나 시종원경侍從院卿 이재순 등은 체포되어 처벌을 받았다. 11월 15일 열린 특별법원(재판장 법무대신 장박)의 판결로 임최수와 이도철은 사형, 이민굉과 이충구 등은 종신 유배형, 이재순·안경수·

김재풍·남만리 등은 태형 100대에 3년 징역형 언도를 받았다. 이 사건 후 일본 당국은 서양 외교관 및 일반인이 관련되어 있음에 주목하고,「한성순보」에 대서특필 만천하에 공개하면서 이 사건을 '국왕 탈취사건'이라 규정하고 조선 정부에 철저한 진상규명을 촉구하였다. 그리고 일본 정부는 이틈을 타서 소위 '물 타기' 수법으로 을미사변과 관련하여 히로시마 감옥 등에 투옥중인 흉도 전원을 증거불충분으로 석방해버렸다.

고종은 을미사변으로 왕비마저 잃게 되자 자신도 민비처럼 언제 당할지 모른다는 걷잡을 수 없는 일본 공포감에 시달리게 되었다. 그리고 고종의 이러한 심리상태를 곁에서 지켜본 국왕 지지파이자 친러파인 이범진과 이완용은 자신들의 입지강화를 위해서 은밀히 모종의 대책을 꾸며가고 있었다.

제7장

아관파천과 개화파의 몰락 및
대한제국의 종말

임오군란과 갑신정변, 경복궁 무단 점거, 왕권을 무시한 일방적인 갑오개혁 등으로 일본에 대한 자존심이 상할 대로 상한 고종은 치욕적인 '을미사변乙未事變'으로 왕비마저 잃고 걷잡을 수 없는 정신적 공황에 빠져들었다. 마침내 고종은 자신도 민비처럼 당할지 모른다는 극도의 공포감에 시달렸으며, 국왕의 이러한 일본 공포심리를 이용한 친러파 이완용·이범진 등은 국왕을 극비리에 러시아 공관으로 1년간이나 피신시켰다. 일국의 왕이 궁궐에서 도망쳐 내 땅 남의 집에서 엎혀 사는 전대미문의 '아관파천俄館播遷'(1896. 2. 11~1897. 2. 20)이 일어난 것이다. 그리고 고종은 이들 친러파의 사주를 받아 그토록 신임해 온 총리대신 김홍집을 매몰차게 죽이고, 친러 내각을 발족시켰다. 이렇게 해서 후기 조선 정국에서 개혁을 주도해 온 개화파는 몰락하게 되었고, 일본은 러일전쟁(1904~1905)에서의 승리를 발판으로 조선을 독점 지배하여 '을사늑약乙巳勒約'(1905. 11)을 거쳐 '한일합병조약韓日合倂條約'(1910. 8)을 강제 체결, 조선의 주권을 완전히 강탈하였다. 그리고 허울뿐인 대한제국大韓帝國(1897년 고종의 경운궁慶運宮 입궁 후 국호를 조선에서 대한제국으로 바꿈)은 이날로 종말을 고하였다.

아관파천과 개화파에 대한 '피의 숙청'

을미사변과 춘생문 사건 등 국내 사정이 급박하게 돌아가는 상황에서도 김홍집 내각은 소학교령(1895년 7월 5일 공포), 상무회의소 규칙(11월 10일), 건원建元에 관한 건(11월 15일), 연호年號 의정 건, 그리고 가장 큰 논란과 물의를 빚은 '단발령斷髮令'(11월 15일, 이상 음력) 등을 의결하였다. 그러나 을미사변을 계기로 완전히 이반된 민심은 분노로 변했다. 특히 단발령 공표는 민심을 극도로 나쁘게 만들었다. 단발령 소칙이 내려진 그날로 전국 방방곡곡에 그 명령이 고시됨과 동시에 그날 밤부터 다음날 16일(양력 12월 31일) 아침에 걸쳐 정부 각부의 상하 관료와 군인 순검에 이르기까지 일제히 삭발을 단행하였다. 즉 조선 정부는 1895년 9월 9일(음)자로 11월 17일(양력 1896년 1월 1일)부터 태양력을 실시키로 하고 건양建陽 원년인 그날(1월 1일)을 기

해 전 국민에게 단발령을 실시한다고 공표함과 함께 이의 즉각적인
실시를 강요하였다. 당시의 상황을 황현은 『매천야록』에서 이렇게
썼다.

11월 15일(음) 고종은 삭발한 후 중외中外의 관료와 백성들에게 명을
내려 모든 남자는 삭발하도록 하교하였다. 두루마기 착용을 선포한 이
후 삭발한다는 소문이 점차 퍼지더니 10월 중 일본 공사가 고종을 위협
하여 속히 삭발하기를 재촉하므로 고종은인산因山을 마친 후 삭발하겠
다고 하였다. 이때 유길준과 조희연 등이 일본인을 안내하여 궁궐 주위
에 대포를 배치하고 삭발하지 않는 사람은 모두 처형하겠다고 하자 고
종은 긴 탄식을 하며 조병하를 돌아보고 "당신이 내 머리카락을 자르시
오"라고 하므로 조병하가 멈칫 하더니만 가위를 들고 고종의 상투를 싹
둑 자르고, 유길준은 태자의 머리카락을 잘랐다..그러자 단발령이 내려
진 후 곳곳에서 곡성이 진동하였다. 저마다 분을 이기지 못하여 죽으려
는 기색을 보이며 곧 무슨 변이라도 일으킬 것 같아 일본 측은 병사를 동
원하여 대기하고 있었다. 그리고 경무사 허진은 순검들과 함께 가위를
들고 길을 막고 있다가 남자만 나타나면 달려들어 강제로 머리카락을 잘
라 버렸다. 그중 경성에 온 시골 사람들은 문밖을 나섰다가 상투가 잘리
면 모두 그 상투를 주어 주머니에 넣고 통곡하며 성을 빠져 나갔다. (앞의
책, 『매천야록』, 1996, 368쪽 참고 정리)

이처럼 정부에서는 단발령을 강력히 밀고 나갔으나 백성들의 원성은 극에 달하였다. 내부대신 유길준이 유림의 거물 최익현에게 단발을 강요하려고 하자 최익현은 "내 목을 자를지언정, 내 머리카락은 자를 수 없다"고 하자 어느 누구도 감히 손을 대지 못하였다. 또한 을미사변의 비보와 함께 단발령까지 내려지자 전국 곳곳에서 유생들이 봉기하여 위정척사운동을 전개하였다. 당시 세간의 여론은 '개화는 단발령, 단발령은 친일'로 등식화되었다. 의병들이 전국 도처에서 요원의 불길처럼 일어나자 당황한 정부는 강온 양공책으로 진압과 수습을 서둘렀다.

이와 같은 의병의 봉기를 진압하기 위해 서울 주둔 일본군 주력부대가 지방으로 출동하여 수도 서울의 경비가 소홀해지자 을미사변 후 친일 내각에 포위되어 불안과 공포에 떨던 국왕은 마침내 미국대리 공사 알렌, 러시아 공사 카를 이바노비치 웨베르와 비밀리에 모종의 협약을 짜나갔다. 이보다 앞서 1월 9일 알렉세이 스피에르가 멕시코 공사로 발령을 받은 웨베르의 후임으로 조선 주재 러시아 공사로 부임하였으나 웨베르는 떠나지 않고 계속 서울에 머물러 있으면서 '춘생문 사건' 실패 후 미국과 러시아 공사관에 피신 중이던 정동파 인사들과 접촉하면서 모종의 계획을 펴나갔다. 그런데 그 무렵 일본 주재 러시아 공사 미하일 알렉산드로비치 히토로보가 갑자기 사망하여 러시아 당국은 고종과의 친분을 고려하여 스피에르를 일본 주재 공사로 보내고 웨베르를 1897년까지 유임시켰다. 서울 주둔 일본군 부대가 지방으로 출동하자 미국과 러시아는 공사관 자체 경비를 강화한다는 핑계로 1월 15일 인천에 정박 중인 미국 해병대, 그리고 2월 9일에는 러시아 해병대가 각각 입성하였다.

만반의 준비를 갖춘 고종은 2월 11일 아침 7시 30분경 여인 복장으로 변장하고 왕세자와 함께 부인용 가마 두 대에 나누어 타고 러시아 공사관으로 피신하는 데 성공(?)하였다. 소위 전대미문의 아관파천俄館播遷(1896. 2. 11~1897. 2. 20)이 시작된 것이다. 이 모든 공작의 조선 측 핵심 주동자는 이범진과 앞서 말한 고종의 이종사촌으로 민비 최측근인 심상훈, 그리고 이완용이었다. 심상훈과 개화파간의 악연은 이토록 질겼다. 이범진李範晋(1853~1911, 본관 전주)은 대원군 집권기 훈련대장을 지낸 안평대군 후손 이경하의 서자로 임오군란 때 민비에게 충성을 바친 인물로 후에 친러파가 되어 초대 러시아 공사가 되었으나 한일합방 후 운신의 폭이 좁아지고 일본에게 제거대상 1호로 지목되자 크게 상심하였다. 1911년 1월 13일 이범진은 마침내 상트 페테르부르크 자택 거실에서 목을 매고서 권총 세발로 자결하였다. 한편 친일파 매국노의 전형으로 지탄받아 온 이완용李完用(1858~1926, 본관 우봉牛峰, 황해도 금천군 우봉이 관향인 우봉 이씨 저명인사로는 역사학자 이병도와 그의 손자 전 서울대 총장 이장무·문화평론가 이어령 등이 있음)은 경기도 광주군 낙생면(현 성남시 분당구 백현동, 판교마을) 출신이며 예방승지(의전비서관)인 양부 이호준의 덕으로 임오군란 때 민비 환궁을 축하하는 증광별시에 급제하여 출세가도를 달린 자다. 1887

년 7월 미국주재 조선공사관의 참찬관(공사 다음 직책, 후에 대리공사가 됨)으로 임명되었으며, 2년간의 미국 대리공사 직을 마치고 귀국하여 승정원 좌부승지에 제수되었다가 며칠 후 다시 내무참의가 되었다. 시류편승의 귀재인 이완용은 당시 각광을 받기 시작한 친 러 그룹인 '정동파'에 가담했다가 러일전쟁에서 일본이 승리한 후 친일파로 선회하였다. 정동파는 민비와 왕실에 충성하였으며, 이를 계기로 이완용(이 책 마지막 부분 '대한 제국의 종말'편에서 추가 기술)은 이범진과 함께 고종의 아관파천을 주도하였다.

고종은 러시아 공관에 피신하기가 바쁘게 이완용과 이범진의 사주를 받아 총리대신 김홍집·내부대신 유길준·농상공부 대신 정병하·군부대신 조희연 등 '을미사적乙未四賊'에 법무대신 장박까지 포함한 5명의 대신을 처단하라고 지시하였다. 그리고 곧바로 김홍집과 정병하는 체포되어 무참하게 살해되었고 유길준·장박·조희연 외에 전경무사 권형진·친위대 간부 이진호·우범선·이두황·이범래 등은 일본으로 망명하였다. 그리고 어윤중은 고향으로 도피중 살해되고 김윤식은 제주로 종신 유배형에 처해진다. 이처럼 줏대 없는 고종은 그렇게 아끼고 신임하던 김홍집을 하루아침에 헌신짝처럼 버렸다. 그리고 고종이 러시아 공관으로 파천한 후 새 내각이 구성

김윤식

되었다. 여기에는 친러 세력, 즉 '정동파' 인사들이 대거 참여하였는데, 총리대신 김병시(처음에는 취임하지 않다가 9월 24일 내각제가 폐지되고 의정부체제로 바뀐 후 이듬해 3월 의정부의정議政府議政이 됨), 내부대신에 박정양, 외부대신에 이완용, 군부대신에 이윤용, 법부대신 겸 경무사에 이범진, 학부협판 겸 대신서리에 윤치호가 각각 기용되었다.

1897년 2월 고종은 러시아 공사관에서 경운궁慶運宮(고종이 퇴위 후 1907년 7월 순종이 즉위하여 11월 창덕궁으로 이어한 후 퇴위한 고종이 태황제가 되어 기거하면서 덕수궁으로 명칭이 바뀜)으로 돌아와 2월 단발령을 해제하였으며, 3월에는 죽은 민비의 시호를 명성황후明成皇后(당초에는 시호가 문성황후文成皇后였으나 정조의 시호가 문성이었기 때문에 명성황후로 바뀜)로 추증하였으며, 8월에 연호를 광무光武로 정하고 10월 황제에 올라 국호를 대한제국大韓帝國으로 고친 후, 11월에는 명성황후 국장을 정식으로 거행하였다. 그러면 아관파천으로 된서리를 맞은 이들 개화파의 몰락의 순간과 그 과정을 살펴본다.

김홍집의 처참한 죽음

총리대신 이하 각료들은 국왕의 아관파천이 있은 지 몇 시간 후에야 그 사실을 알고 부랴부랴 입궐하여 사후대책을 의논하였다. 일국의 왕이 내 땅 남의 집에 피신, 더부살이하는 동서 역사상 초유의 기막힌 사태가 벌어진 것이다. 이날 밤 고종은 경무관 안환을 불러 김홍집 이하 현 내각 각료 전원을 체포하라고 칙명을 내렸다. 이날 숙직이던 궁내부대신 이재면은 왕이 궁을 빠져 나간 사실을 보고받고 크게 놀라 대신들에게 알리자 내부대신 유길준이 이재면을 호되게 질책하였다. 그런 직후 왕명을 받은 안환이 벼락같이 들이 닥쳐 내각 대신들을 다 잡아들이라는 어명을 전하였다. 그리고 나서 총리대신 김홍집과 함께 있던 농부대신 정병하를 잡아 가마에 태우고 순사 여덟 명이 이들을 에워 싸 호송하였다. 내부대신 유길준과 군부대신 조희연, 법부대신 장박, 경무사 권영진이 한꺼번에 붙잡혀 가마에 오를 것을 재촉받자 유길준이 태연하게 말했다. "왕의 칙명을 받은 죄인이 가마를 타는 것은 옳지 않다"고. 이렇게 해서 유길준 일행이 걸어서 뜰로 내려서자 순사 수십 명이 그들을 따랐다. 일행이 광화문 해태석상에 다다르자 일본군 병영으로 쓰이는 삼군부 앞에서 파수를 보는 일본군 병사들이 모여 있었다. 이때 유길준이 갑자기 우리를 뛰쳐나가는 맹수처럼 쏜살같이 뛰어 일본군 병사들 속으로 도망쳤다. 일본군 병영에 들어간 유길준은 병사들에게 동료 조희연· 장박·권영진의 구원을 요청하였다. 이들도 무사히 구출되어 삼군부 뒷담을 넘어 피신하게 되었다.

러시아 공사관에 있던 고종은 김홍집과 정병하를 잡아들였다는 보고를 받고 즉시 경무청 밖에서 목을 치라고 명령하였다. 이 명을 받은 안환이 경무청으로 돌아와 잠시 유치 중이던 두 사람을 단단히 묶고 경무청 문 밖으로 끌어내 꿇어앉히고는 왕의 칙명을 들이 밀었다. 그러고는 경무청의 회자수劊子手(군영에서 사형을 집행하는 형리)를 불러 올 틈도 없이 순사 여러 명이 참형을 집행하였다. 검을 뽑아든 순사 수십 명이 사방을 빙 둘러싸고 두 사람을 한 가운데 앉히고 순사 한 사람이 목을 치는데 이런 경험이 없는지라 겁에 질려 단칼에 목을 베지 못하였다. 참형 집행을 보기 위해 몰려든 수많은 백성들은 오히려 이 죄인들을 육시형戮屍刑(죽은 시체에 다시 참형을 가하는 잔혹한 형벌)에 처하지 않는 것을 아쉬워했다. 잠시 뒤 러시아 공사관에서 말을 타고 온 기마순사가 나와 죄인들의 시체를 종로거리에서 폭시曝屍(시체를 거리에 끌고 나와 볕을 쬐게 함)하라고 지시했다. 시신을 지키던 순사들이 얼마 후 돌아가자 행인들이 사방에서 몰려와 불을 지르고 칼로 찌르고 머리통을 깨는 잔혹한 행위를 서슴지 않았다. 한편 농부대신 정병하의 시신은 전동 쌍문 서쪽 노점 담장 아래에 내동댕이쳐졌는데, 오고가는 길손이 온갖 욕설과 눈뜨고 보지 못할 짓을 해댔다. 이날 친위 쿠데타(춘생문春生門 사건)에 가담했다가 투옥되었던 안경수와 김재풍은 특명으로 풀려나 안경수는 다시 경무사에 임명되었다. 그는 김홍집·정병하 두 시신이 종로네거리 길바닥에 방치되어 있다는 말을 듣고 곧바로 고종에 건의하였다. "역적 도당들의 죄상으로 보면 만 번 죽여도 가볍다하지만, 시신을 저렇게 방치할 경우 외국인들이 우리나라를 부정적으로 볼까 두렵습니다. 그들의 가족이 시신을 수습해가도록 함이 옳을 것 같습니다." 이 말을 듣고 고종이 "그리하라!"고 명하였다. 그리고 도망쳐 목숨을 건진 유길준·조희연·장박 등은 곧 일본으로 망명하였다. 한편 왕비를 잃은 천추의 한을 품고 러시아 공관에 더부살이 신세가 된 고종의 아관파천 생활은 마치 수인囚人과 다를 바 없는 우울한 하루하루였다. 러시아 공사관 서기였던 슈테인은 그때의 상황을 이렇게 증언했다.

왕은 두 개의 방에 왕세자와 각각 따로 앉아 공사관 뜰을 무심히 바라보기도 하고, 때로는 서서 방안을 이리저리 거닐곤 했다. 간혹 두려움에 떨며 이웃 궁궐(경운궁)에 계신 노대비(명헌태후明憲太后, 즉 효정왕후 홍씨로 헌종의 계비)에게 문안을 드리려고 몰래 세자와 공사관을 빠져나가곤 했다. 그리고 남은 시간은 방안에 은둔하고 계셨다.

김홍집의 죽음으로 조선의 정치 제도권에서의 개화파는 사실상 몰락하게 되었고 이들이 주도한 개혁은 종언을 고하였다. 고종이 퇴위하고 순종이 즉위한 후 순종은 과거사 반성 차원에서 김홍집 등을 신원伸冤하였으며, 많은 사람들이 이에 공감하고 그의 죽음을 애석하게 여겼다. 제도권 정치인의 행적에 인색한 평을 한 황현은 『매천야록』에서 이렇게 썼다. "김홍집은 비록 왜倭와 화친을 주장해 청의淸議에 죄를 지었다고 할 수 있으나 국사에 사심 없이 마음을 바친 정치가였다. 그는 난세를 구제할 만한 재주가 있었다. 그가 죽자 모두 탄식하기를 '이제 개화할 사람이 없다'며 그의 죽음을 크게 애석해 했다. 그의 부인 홍씨(군수 홍재선의 딸)도 김홍집이 살해되었다는 소식을 접하자 목을 매어 자결하였다. 그리고 젖을 먹던 어린 아들도 강보에 쌓인 채 죽어 있었으므로 사람들은 더욱 가련하게 생각했다."(앞의 책『매천야록』, 373쪽)

또한『한국통사』를 쓴 박은식朴殷植(1859~1925)도 "설사 김홍집이 가히 죽을죄를 저질렀다고 하더라도 나라의 대신이니 마땅히 법에 의해 다스려야 했을 것이며, 사법부는 그 경중을 심리해서 처리하는 것이 옳았을 것이다"고 지적하고 다음과 같이 개탄하였다. "일개 경관을 시켜서 칙령을 입으로 전하고 도로상에서 짐승을 도륙하듯 학살하다니 형률을 그르친 것이 지나치게 심했다." 또한 가까이는 친일파 행적에 대한 독보적 연구가인 임종국林鐘國(1929~1989, 그는 천도교 지도자였던 그의 아버지 임문호가 친일파였음을 스스로 시인, 사과하였음)도 김홍집에 대해 당시 사람들이 김홍집을 '비 오는 날의 나막신'으로 평가할 정도로 국가가 위기에 처할 때 마다 유효적절하게 수완을 발휘했다고 말하며, 그가 일신의 영달을 위한 친일 행위를 한 것이 아니라고 긍정적인 평가를 내렸다. 그런가하면『친일파는 살아있다』(2014)라는 책을 쓴 친일파 연구가 정운현도 "김홍집의 삶을 두고 논란이 있다. 개화한 일본의 힘을 빌려 조선을 개혁하려 했다는 평가와 함께 일본의 음모에 놀아난 어리석은 정치가였다는 비판이 그것이다. 다만 그가 위태로운 상황에서도 구차하게 목숨을 구걸하지 않은 것으로 봐 그의 '친일'은 소인배의 기회주의적인 행태라기보다는 확고한 신념에서 비롯한 정치적 소신이었다고 보는 편이 옳다. 그 나름으로는 '애국'차원에서 친일을 했다고 여기기 때문이다"(앞의 책 171쪽)라고 김홍집에 대해 긍정적인 평가를 했다. 그밖에『개화파 열전』(2009)을 쓴 신동준도 "김홍집은 온건한 개혁을 주장했음에도 친청의 입장을 취하지 않았고, 일본통이었음에도 친일의 입장을 보이지 않았다"(앞의 책, 110쪽)고 그가 단순한 친일파가 아니었음을 지적했다. 역사학자 이덕일도 "급진개화파 김옥균이나 온건개화파 김홍집 등은 일본을 역할 모델로 삼아 부국강병을 도모하려던 애국적 친일파였다. 반면 을사늑약을 체결한 '을사오적'(이완용·이근택·이지용·박제순·권중현)과 일진회를 이끈 이용구·송병준 등은 매국적 친일파였다."(이덕일,『근대를 말하다』, 2012, 28쪽)고 말하며, 김홍집 등 개화파가 일본을 가까이 한 것은 입신영달을 위해서가 아니라 일본을 근대화의 롤 모델로 삼은 불가피한 선택이었음을 안타깝게 생각했다. 한편 역사학자 유영익은 「김홍집-개혁을 서둘다가 임금과 백성에게 배척당한 친일 정치가」(『한국사시민강좌』 제31집, 2002)라는 연구 논문에서 "아마도 이처럼 한국의 사가들이 김홍집의 정치적 업적에 대해 '관대한' 평가를 내리는 것은 1. 그가 당면했던 조선 왕조의 위기가 너무나 심각하여 김홍집 이외의 다른 어떤 사람이 이에 대처했다 하더라도 더 나은 성과를 기대하기 어려웠을 것이라는 역사적 정황판단 이외에 2. 김홍집이 총리대신으로서 진충보국盡忠報國의 자세를 잃지 않고, 사리사욕을 탐하지 않았으며, 3. 국왕의 아관파천 후 구차히

도명圖命(살기를 도모함)하지 않고 의연하게 '일사보국'의 길을 택함으로써 자기와 자기 가문이 섬겼던 왕조와 군왕에 대해 끝까지 충절을 지켰다는 사실 때문일 것이다."(위의 책 131쪽)고 평하였다.

정치가로서의 김홍집의 정치철학은 등거리等距離 외교노선과 합리적 개화노선이었으며, 풍전등화 망국의 길에서의 그의 고독한 행보와 인간적 고뇌는 후대 사가들에 의해 그에 대한 포폄褒貶이 냉철하게 평가 될 일이다. 김홍집의 묘소는 고양시 덕양구 대자동에 있으며, 1910년 일제에 의해 강제 병합되기 직전 대제학에 추증되고 충헌忠獻이라는 시호가 제수 되었다. 그는 두 딸 외에 늦둥이 갓난 아들이 강보에 싸인 채 죽었기 때문에 후사가 없어 조카를 양자로 들여 가계를 이었으며, 큰 딸은 상해 임시정부 부주석과 대한민국 초대 부통령을 지낸 성재省齋 이시영李始榮(1868~1953)의 첫 부인(결혼 후 일찍 사망)이 되었다. 이시영은 이조판서를 지낸 이유승李裕承(1835~1907, 본관 경주)의 다섯째 아들이다. 1891년 증광문과增廣文科에 급제하여 부승지, 우승지에 올랐다. 장인 김홍집이 비명에 죽은 후 그 역시 모든 관직에서 물러났다. 한일병합 후 넷째 형 우당友堂 이회영李會榮(1867~1932, 그해 11월 상하이 항구에서 한인교포의 밀고로 체포되어 사망)의 주도로 이건영李健榮·이석영李石榮·이철영李哲榮·이호영李護榮 형제 등 일가족 40여 명은 가산을 정리, 만주로 망명하여 독립운동에 투신하였다. 이때 이회영은 "지금 한일 강제 병합의 괴변怪變으로 인하여 한반도 산하가 왜적의 것이 되고 말았다. 우리 형제가 당당한 명문(백사白沙 이항복李恒福의 후손) 호족으로서 차라리 대의가 있는 곳에서 죽을지언정 왜적 치하에서 노예가 되어 생명을 구차히 도모한다면 어찌 짐승과 다르겠소?"라고 형제들을 설득했다. 이 가운데 이시영은 광복 이후 귀국하여 우익 정권에 가담, 1948년부터 1951년까지 대한민국 초대 부통령이 된다. 그리고 이회영은 슬하에 5남 4녀를 두었는데 첫 부인 달성 서씨(1907년 사망)에게서 두 아들을 두었다. [차남 이규학李奎鶴의 아들이 이종찬李鐘贊(제12~14대 국회의원·전 국가정보원장)이며, 1908년 재혼한 이은숙李恩淑과의 사이에서 아들 셋을 두었는데, 5남 이규동李圭東의 장남이 이종걸李鍾杰(제16~19대 국회의원·현 더불어민주당 원내대표)이다. 이은숙 여사는 '서간도 시종기始終記'라는 자서전『가슴에 품은 뜻 하늘에 사무쳐』(서간도 망명에서부터 6·25 이후 일가가 다시 모이기까지의 파란만장한 일가족 삶의 기록)를 써 귀중한 사료적 가치를 남겼다.]

어윤중 피살·유길준 일본 망명·김윤식 종신유배형

아관파천 후 김홍집을 비롯한 내부대신 유길준·법부대신 장박·군부대신 조희연·농상공부 대신 정병하 등에 대한 체포령이 내려지자 어윤중도 좌불안석 신변의 위험을 느끼고 그의 제2고향 충청도 보은으로 피신하던 중 전설 같은 죽음을 당했다. 황현은『매천야록』에서 어윤중의 성격적 단면을 다음과 같이 지적하며 그의 죽음을 애석해 했다. "어윤중은 무슨 일이든 정확하고 숙련된 솜씨로 군국의 용원과 용비를 절감했다. 그러나 감해서는 안 될 일을 감하기도 했다. 이 때문에 그는 고집을 부려 원망을 사기도 했으나 두려워하지 않았다. 그를 헐뜯는 사람들은 그를 전직각田直閣이라고 비아냥거렸다. 그 이유는 고기어魚 자의 머리 획과 밑의 네 개 점을 빼버리면 밭전田 자가 되기 때문이었다. 다른 모든 것도 감할 수 있는데 성씨의 획이라고 해서 감하지 못할 것이 어디 있겠느냐는 것이었다. 이처럼 어윤중은 성품이 매우 강직하여 남이 원망하더라도 목적을 과감히 달성하였으므로 과오도 많았지만 공무에 열중하여 시속배時俗輩들은 그를 따르지 않았다. 그는 김홍집과 함께 세상을 구제할 수 있는 인재로 지칭되었으며 그가 살해된 후에는 개화에 앞장 설 사람이 없게 되었다고 많은 사람이 한탄하였다. 하루는 고종이 무슨 일로 조희연(군부대신)에게 매우 화를 내며 그를 해임하려 하자 모든 각료들이 처음에는 "그 사람은 아무 죄가 없습니다."고 진언하였다. 그러자 고종은 더욱 화를 내며 "짐朕이 재신宰臣 하나를 물리치지 못하니 어찌 임금이라 할 수 있겠는가?"라고 말하며 어보御寶를 집어던지며 "짐은 이제 임금이 아니니 경들이 이것을 가지고 가시오!"라고 진노하였다. 이때 대신들은 벌벌 떨며 아무 말도 하지 못하였다. 그러나 어윤중은 천천히 일어나 말하기를 "성인의 말에 의하면 임금은 신하를 예禮로써 대하고, 신하는 임금을 충성으로써 섬기라하였는데, 폐하께서 신들을 이렇게 대하시면 신들은 어떻게 폐하를 모실 수 있겠습니까? 지엄을 거두시고 공의公議를 펴시기 바라옵니다."라고 충언하였다. 이런 일이 있은 후 고종은 어윤중이 도피하던 중 그를 살해하는데에 가담한 정원로에 대해 사형을 감면하여 유배조치하라는 특지를 내렸는데 이는 어윤중이 전에 고종의 비위를 거슬렀기 때문이었다."(앞의 책, 374~375쪽) 흔히 말하는 바와 같이 어윤중은 '역린逆鱗'을 한 것으로 어윤중만이 할 수 있는 말이며 그의 성격적인 단면을 읽을 수 있는 대목이다.

앞서 말한 정원로가 어윤중 살해에 가담한 경위는 이렇다. 1896년 몹시도 추운 섣달 그믐날 어비울 마을(어비리魚肥里 또는 어비읍魚悲泣의 우리말로 살찐 물고기가 많은 마을이라는 뜻과 물고기가 사람에 잡아 먹혀 슬피 운다는 뜻이 담긴 마을로 안성과 용인의 경계지역에 있었으나 지금은 수몰됨) 입구에 웬 낯선 부인용 가마가 나타났다. 그런데 가마에서 내린 사람은 여자가 아닌 남자, 그것도 탁지부 대신 어윤중이었다. 그 역시 아관파천 후 신변의 위협을 느껴 보은으로 피신 중 이곳 주막에서 하룻밤을 묵을 요량이었다. 저녁상을 물리고 나서 어윤중은 주모에게 마을 이름이 뭐냐고 묻자 주모는 "어비리魚肥里라고도 하고 어비울魚悲泣이라고도 하지요. 그러나 외지에서는 그냥 어사리魚死里라고 한답니다."고 무심코 답변했다. 그러자 어윤중은 이 말을 듣고 짐짓 놀라며 불길한 생각이 머리를 스쳤다. 자기 성이 어씨魚氏 아니겠는가. 어윤중은 부랴부랴 행장을 챙겨 어비울 주막에서 떨어진 이웃마을 사랑채로 옮겼다. 운명이라 할까 그것이 화근이었다. 당시 과객이 마을에 묵게 되면 그 과객은 당연히 관심의 대상이 되었다. 그도 그럴 것이 혹시 과객이 벼슬아치일 경우 소홀이 대접했다가는 후환이 있을 수도 있고, 반대로 융숭하게 대접하면 큰 덕을 볼 수도 있기 때문에 당연히 민감한 일이 아닐 수 없었다.

마침내 마을 사람들은 과객이 탁지부 대신 어윤중이라는 사실을 알아냈고, 그 사실이 순식간에 이웃마을까지 퍼졌다. 운명의 장난이라 할까. 때마침 유진구라는 사람이 이웃마을 송정리 정원로 집에 식객으로 와 있었다. 유진구는 을미사변 후 고종 구출작전 소위 '춘생문 사건' 당사자인 김재풍 등과 함께 죽은 민비의 원한을 풀어주기 위해 경복궁으로 침입, 일본군에 포위되어 두려움에 떨고 있는 고종을 구출하려다 실패한 후 울분을 삭이지 못하고 이곳까지 피신해 온 것이다. 앞서 언급한 바와 같이 김재풍은 탁지부 대신 어윤중 휘하의 사계국장司計局長 이었다. 유진구는 사랑채 과객이 바로 탁지부度支部 대신 어윤중이라는 사실을 듣고 놀라며 한편 기뻐했다. 당시 '남촌' 무인들은 러시아 공사 웨베르와 가까운 이범진과 내통하여 거사(고종 구출작전)를 모의했다. 이들이 경복궁 후문에 집결하면 이범진의 조카뻘인 시위대侍衛隊 영관 이진호가 신무문을 열어주기로 약속이 되어 있었다. 궁내부 순사인 유진구도 이 모의에 가담했다. 그러나 막상 상황이 임박하자 이진호는 머리가 복잡해졌다. 이런 저런 생각에 빠진 이진호는 이와 같은 큰일을 혼자 독단적으로 처리하는 것보다 상관의 명령에 따르는 것이 적절하다고 판단하고 상관인 어윤중(그 당시 군부대신 서리직을 잠시 맡고 있었음)에게 보고하였다. 그러나 평소 올곧은 어윤중은 뜻밖에도 어정쩡한 태도를 취했다. 어윤중은 "당신이 이미 이 일을 승낙했다하니 당신 스스로 판단해서 처리하시오."라고 말하며 발뺌을 했다. 승낙한 것도 아니고, 불허한 것도 아닌 애매한 말이었다. 그 말이 사실이었다면 상관

어윤중

으로서 있을 수 없는 무책임한 태도였다. 이 말을 들은 이진호는 다시 곰곰이 생각해보았다. 자신이 시위대侍衛隊 영관으로 거사를 실행에 옮긴다 할 때 우선 상관의 명령이 없었다. 뿐만 아니라 거사의 성패 또한 예측하기 어렵고, 만에 하나 성공한다 해도 충신과 역적이 하루아침에 변하는 세상에서 언제 뒤집힐지 알 수 없는 세상이 아닌가. 이진호는 이런 저런 고민 끝에 신무문을 열어주지 않기로 마음을 굳혔다. 이런 사정도 모르고 의병대가 신무문 앞에 이르렀으나 문이 굳게 닫혀 있었다. 의병들은 달리 방도가 없어서 일단 물러 난 후 담장 밖으로 빠져나와 군영으로 되돌아갔다. 김재풍이 인솔하는 의병들은 태화궁으로 들어가 대책을 논의하려 했지만 그때 일단의 왕실 근위대가 그들을 덮쳤다. 그리고 거사에 가담했던 대부분의 의병들이 체포되었다. 이렇게 해서 거사는 실패로 돌아갔고 유진구는 도주하는 신세가 되어 이곳 보은까지 피신해 온 것이다. 이 사건으로 특

별재판부(재판장 법부대신 장박)는 주모자 임최수와 이도철은 사형, 이민굉과 이충구는 종신유배형, 김재풍과 안경수 등은 태형 100대에 3년 형을 선고받고 복역 중 김재풍은 필동 자기 집에 자주 드나들던 순검의 도움으로 감옥에서 빠져나와 그 역시 이곳까지 피신해 온 것이다. 유진구는 거사를 그르치게 한 장본인이 어윤중이라고 생각하고 복수할 기회를 노리고 있던 참이었는데 그 어윤중이 '제발로' 여기까지 온 것이 아니겠는가. 정원로는 유진구로부터 전후 이야기를 듣고 흥분하였다. 정원로는 문중 산소 송사문제로 어윤중 집안과 불편한 관계에 놓여 있던 차에 지금 어윤중은 또 '역적'이 아니겠는가. 그는 곧바로 동네 청년들을 불러 모아서 어윤중이 묵고 있는 사랑채를 덮쳤다. 그러나 어윤중은 심상치 않은 분위기를 미리 직감하고 마을을 황급히 빠져나갔다. 마을 청년들은 곧바로 가마를 추격하여 어비울 주막 앞에서 어윤중이 타고 있는 가마를 발견하였다. 이들은 가마를 빙 둘러싸고 어윤중을 끌어내 천변에서 그를 무참히 살해하고 그의 시신을 장작더미에 올려놓아 불태워버렸다. 어윤중으로서는 참으로 허망한 죽음이었다. 그때 그의 나이 불과 49세였다. 어비울 마을이 어윤중에게는 물고기가 살찌는 어비리魚肥里가 아니라 사람에게 잡아 먹히는 슬픈 어비리魚悲里가 되고 말았다. 그리고 그 전설이 이처럼 현실이 될 줄은 누가 알았겠는가? 어윤중은 올곧은 성품의 소유자로 공사가 분명한 원칙론자였지만, 외세의존이 아닌 자력부강과 실리외교를 꿈꾸어 오다가 끝내는 동지 김홍집과 함께 어이 없는 죽음을 당한 조선 마지막 개화파 인물의 한 사람이었다. 1907년 7월4일(음 5월28일) 조선 정부는 고종 퇴위직전 어윤중에게 정1품 대광보국숭록대부大匡輔國崇祿大夫와 규장각제학奎章閣提學을 증직贈職하고 충숙忠肅이라는 시호諡號도 추증追贈하였다.

한편 고종의 아관파천 후 절체절명의 위기에서 일본군 수비대의 도움으로 위기를 모면한 유길준은 1896년 2월 일본으로 망명하였다. 그때부터 유길준은 1907년 고종이 퇴위할 때 까지 무려 11년간 긴 망명생활을 해야 했다. 이 기간 중 유길준은 『폴란드 쇠망사』를 펴내 폴란드의 경우처럼 조선의 망국을 우려했고, 뒤 이어 『프러시아 전사』, 『크리미아 전사』, 『이태리 독립사』 등의 번역서를 내어 역사의 교훈을 삼고자 했다. 또한 1902년 박영효의 고종폐위 쿠데타 모의가 실패로 돌아가자 유길준은 완전히 친일파로 낙인찍힌 채 재일 사관생들을 중심으로 한 '혁명일심회'를 조직, 고종을 폐위하고 의친왕을 옹립하기 위한 독자적인 쿠데타를 모의하였으나 자금책인 인천의 거부 서상집의 배신으로 그만 물거품이 되고 말았다. 이 사건으로 유길준은 '역도의 괴수'로 지목되었다. 난감해진 일본 정부는 김옥균의 경우처럼 조선정부의 소환요구를 고려하여 그를 오가사와라 제도의 하하지마 섬으로 일단 추방하고 생포된 사관생도 9명 중 3명은 본국으로 추방하였다. 이들은 국내에서 물론 처형되었으며 나머지 생도들은 일본의 여러 섬으로 분산 추방되었다. 1년 후 유길준은 하하지마 섬에서 하치조지마 섬으로 옮겨져 1906년 까지 그곳에서 머물렀다. 그는 박규수 사랑방 시절 선배이자 동지인 김옥균에 대해서도, 평생의 후원자이자 김옥균의 정적인 민영익에 대해서도 신의를 저버리지 않았다. 그런 유길준이었기에 미국 유학 중 귀국 길에서도 신변의 불리한 위험을 무릅쓰고 망명 중인 김옥균을 찾아가 밤이 지새도록 통음하며 조국의 앞날을 걱정했다. 그리고 그 자신이 망명 중 김옥균이 추방된 섬 오가사와라 제도의 하하지마에 억류되어 있을 때 김옥균의 거처였던 치치지마 섬을 찾아가 이제는 고인이 된 선배동지의 발자취를 더듬고 체취를 느끼며, 그가 심었다는 화초 한 그루를 보고 다음과 같은 한시 한 수를 지어 깊은 감회에 젖기도 했다.

바닷가 절벽 위에 정자 터만 쓸쓸한데	寥落亭臺絶海濱
10년 전 지난 일들 돌이켜 생각 하네	十年會首隔前塵
뜰에 심은 화초는 옛날 그 사람 가버린 것 모르고	庭草不知人己去
푸르고 푸른 잎새만이 그때 봄 그대로인 듯 하네	靑靑猶似舊時春

그리고 유길준은 훗날 도쿄 아오야마 외국인 묘역의 김옥균 묘지에 명문장으로 길이 남을 비문(전술)을 헌정하였다. 그것은 고인이 된 선배이자 동지인 김옥균에 대한 최소한의 의리요 보답이었다. 유길준의 11년이라는 긴 망명생활은 1907년 8월 순종 즉위 후 특사령으로 끝났다. 그때 그의 나이 52세였다. 일본은 조선을 병탄한 후 '조선 귀족령'에 따라 그에게 남작 작위를 수여하였으나 한규설과

함께 단호히 거부하였으며, 만년에는 한성부민회를 결성하여 조선의 자치권을 회복하려 했으나 친일 단체인 '일진회'의 방해공작으로 1911년 해산되자 실의에 빠졌다. 한일 합방 후 그는 정신적 충격으로 몸에 이상증세가 나타나 1912년 1월 총독부의원(현 서울대학교병원 전신)에 장기 입원하였다. 만년이 가까워오자 유길준은 스스로 역사의 죄인이라고 자책하고 이 세상에 아무것도 남기려 하지 않았다. 그가 받은 노량진 행궁 재산도 아낌없이 교육사업에 헌납하고, 1914년 9월 30일 59세를 일기로 파란만장한 삶을 마감하였다. 그의 부음을 듣고 가장 애석하게 생각한 사람은 그때까지 살아남은 김윤식이었다. 유길준의 사후 그에 대한 객관적인 평가는 대체로 긍정적이다. 그는 김옥균과 가까운 급진개화파로 출발하였지만 동도서기론적 사상을 견지하여 온건개화사상으로 경도된 감이 있지만 그 자신이 밝힌 것처럼 조선의 전통과 근대화를 아우른 중도 개화를 주창하였으며 일본과 미국을 조선의 발전모델로 삼았으나 맹목적인 친미도 친일도 하지 않았다. 그리고 그는 미국식 공화제나 영국식 입헌군주제가 조선의 현 단계에서는 시기상조라 보고 선진국의 정치체제를 도입하기 위해서는 국민 교육과 의식수준의 개선이 선행되어야 한다고 주장하였다. 그는 또한 미국이 현 단계에서 가장 높은 문명 개화 단계에 이르렀지만, 그렇다고 미국을 최종적인 개화의 모델로 보지는 않았다. 그는 이것을 '진개화眞開化'의 개념으로 정리하고 진정한 개화는 동서를 아우르는 새로운 문명을 뜻하는 것으로 해석하였다.

김홍집·어윤중과 함께 온건 개화파 트리오로 아관파천 때 외부 대신으로 몸담은 김윤식의 경우는 어떤가? 김윤식은 1887년부터 1894년 갑오동학 농민 봉기로 인한 청일전쟁이 끝날 무렵까지 무려 7년간 충청도 면천(지금의 당진)에서 유배생활을 해야 했다. 그가 유배에 처해진 표면상 이유는 부산 첨사 김완수가 일본 상인에게 사채를 빌리면서 김윤식이 실무총책으로 있는 외아문外衙門을 통해 연대 보증한 뒤 사채를 갚지 않았다. 이 때문에 일본대리공사가 변제를 강력히 요구하고 나서자 이를 알게 된 고종이 진노하였다. 이 일이 있은 지 이틀 후 의금부는 김윤식에게 관리 책임을 물어 그를 면천으로 유배 조치했다. 그러나 속사정은 청국에 강제 납치된 대원군의 환국을 공론화하는 데 김윤식이 앞장섰는데, 이 일로 인해 그는 고종과 민비에 밉보였기 때문이었다.

1895년 8월 을미사변 후 김홍집의 새 내각이 구성되자 김윤식은 외부대신으로 발탁되었다. 그러나 그것도 잠시 이듬해 2월 아관파천이 일어나면서 김홍집과 어윤중은 피살되었으나 이들과는 달리 김윤식은 운 좋게(?) 살아남았지만, 빗발치는 여론에 밀려 그 역시 1897년 12월 제주도로 종신유배형을 받았다. 1901년 5월 제주도에서 '이재수의 난'(프랑스 선교사를 등에 업고 횡포를 일삼은 일부 불량신자들을 응징하기 위해 일어난 의병의 난)으로 김윤식은 전라도 지도智島로 유배지를 옮겼다. 그는 특히 유배기간 중 많은 시문을 남겨 문학적인 소양을 발휘하기도 했다. 유배지를 지도로 옮긴 것은 천주교에 비판적이었던 그가 의병과 내통했을 정황이 포착되었기 때문이었다. 그의 저서『속음청사續陰晴史』에서 탐관오리들의 가렴주구 배격과 개항 이후 발생한 미곡의 국외유출 외에 당시 '제주 민란'과 천주교의 폐단 등이 기록되어 있어 그가 의병과 내통했을 가능성이 있었으나 이는 어디까지나 추측일 따름이었다. 1907년 7월 순종이 즉위한 후 농상공부대신이 된 송병준은 김윤식이 70세가 넘은 고령이라는 이유를 들어 총리대신이 된 이완용에게 사면을 건의하는 선심을 써서 마침내 김윤식은 10년간의 유배생활을 끝내고 이듬해 중추원中樞院(대한제국 초기 입법기관) 의장이 되었다. 김윤식은 1908년 7월 영친왕英親王 이은李垠 위문칙사로 이토 히로부미와 함께 일본으로 건너가 영친왕을 방문하고 일본 정계와 교분을 쌓으며 친일 행보를 보였다. 이런 김윤식에 대해 황현은『매천야록』에서 이렇게 썼다. "김윤식은 일본 방문 때 이토의 사위가 주관한 일본 문인들의 환영연에서 극진한 대접을 받았고, 그곳 문인들이 김윤식의 시문을 모아「지성납량집芝城納凉集」이라는 문집까지 간행하여 그가 귀국한 후 보내왔는데, 이때 김윤식은 조금도 부끄러워하지 않고 친지들에게 나눠주며 예우를 받은 것을 자랑했다."(앞의 책,『매천야록』, 804쪽)

이런 김윤식은 1910년 한일합병 직전 창덕궁 회의에서 대신들에 대한 의견을 묻는 자리에서 그는 '不可 不可'라는 애매한 의사표시를 하였다. 즉 앞의 말을 '不可不, 可'로 끊어서 해석하면 합방을 부득이 찬성할 수밖에 없다는 뜻으로 해석할 수도 있다. 즉 그 표현은 조선이 일본과 합병하면 안 된다는 것인지, 아니면 일본이 조선을 불가불 합병하지 않으면 안 된다는 뜻인지 애매모호했기 때문이다. 그러나 이러한 애매모호한 말은 그가 일본에서 준 작위를 거부함으로써 오해의 소지가 풀린 점도 있었으나 당시의 속뜻은 그 자신만이 알 수 있으므로 그 뒤 그의 행적으로 보아 오해의 소지가 분명히 있다고 보아야 할 것이다. 현실적이고 상황판단이 빠른 김윤식은 합방 후 중추원 부의장 자리를 사양하고 성균관의 후신인 경학원 대제학 직책 외에 별다른 대외활동을 하지 않았다. 1919년 3·1운동 직전 김윤식은 최남선에게서 '독립선언' 참여제의를 받고 "독립선언은 독립 후에 하는 것이 옳다."며 '독립청원서' 제출 의견을 제시하였다. 이때 일본 측은 파리강화회담에 제출하려던 '독립불원증명서'에 그가 이완용·송병준 등과 함께 유림대표로 서명했다고 발표하자, 이에 놀란 김윤식은 즉각 이를 부인할 목적으로 '대 일본장서對日本長書'를 작성하여 3월 28일 조선총독과 일본 총리대신 앞으로 탄원서를 보냈다. 이로 인해 김윤식은 투옥되었으나 85세의 고령이라는 이유로 풀려나고 그 대신에 그의 손자가 옥고를 치르는 해프닝이 일어났다. 그런 뒤 김윤식은 고종과 순종의 권유로 받은 직위는 물론 경학원 대제학 자리도 박탈당하였다. 그리고 1922년 1월 28일 88세를 일기로 사망하였다. 당시로서는 긴 삶이었다.

그의 행적을 추적해 볼 때 그는 맹목적인 친일이나 친청 행각을 벌이지는 않았다 하더라도 중대한 고비 때 마다 시류에 영합하는 행동을 취하였으며, 김홍집·어윤중과 정치적 동반자이면서도 이들과 달리 현실 순응, 실리주의 경향을 보였다. 그렇다고 김윤식은 수구파는 아니었으며, 그보다 동양적 가치관, 더 나아가 한국적 토양에 맞는 점진적 개화 내지 개혁을 모색하였다하여 역사에서는 그를 편의상 온건 개화파로 분류하고 있다. 정치적 동지 김홍집·어윤중이 죽은 후에도 김윤식은 운 좋게(?) 살아남아 때로는 정책 집행자로서, 때로는 관망자로서 조선 역사의 마지막 현장까지 수난과 오욕을 겪으며 굴곡 많은 삶을 살다 갔다.

대한제국의 종말

청일 전쟁 승리로 자신감을 얻은 일본은 삼국(러시아·독일·프랑스) 간섭으로 랴오둥 반도를 청국에 반환하고 만주와 한반도에서 다시 주도권을 확보하기 위해 1904년 2월 러시아에 선전포고 하였다. 전쟁은 예상과 달리 싱겁게도 1905년 9월 일본의 승리로 끝났다. 이후 미국 루즈벨트 대통령 주선으로 포츠머스에서 러·일 강화조약이 체결됨으로써 일본은 조선의 독점 지배권을 확보하였다. 그해 10월 일본은 조선주둔군 사령부 통역 송병준과 동학 이단아 이용구를 앞세워 일진회一進會라는 친일단체를 조직토록 하여 일본의 조선보호조약, 즉 을사늑약乙巳勒約의 기반을 다지기 시작했다. 마침내 주한 일본 공사 하야시 곤스케林權助(1860~1930)는 11월 2일 조선 주둔군 사령관 하세가와 요시미치長谷川好道와 보호조약 사전준비를 진행하며 심상훈 등 원로대신과 학부대신 이완용 등을 매수하였다. 이처럼 하야시 곤스케는 1900년 주한 일본 공사로 부임하여 대한제국에 7년이나 머물며 1904년 한일의정서와 한일 협약, 을사늑약을 체결하는데 앞장섰다. 일본 정부는 그 공로를 인정하여 그에게 1906년 남작 작위를 수여하였으며, 후에 대한제국 정부의 의향도 무시한 채 통감부 관저가 있는 서울 남산자락(중구 예장동 남산 북쪽 기슭, 그 일대 일본인이 거주한 곳을 왜성대倭城臺라 하였음)에 동상까지 세워줬다. 후에 그 동상은 철거되었으나 '남작 하야시 곤스케군상男爵林權助君像'이라는 좌대 판석[2006년 발견]은 남아 있게 되었다. 광복 70주년을 맞아 서울시는 2015년 8월 22일 '국가적인 치욕을 잊지 않겠다.'는 취지에서 그동안 방치되어 온 잔해를 수습, '거꾸로 세운 동상'이라는 표석을 세워 일반에 공개하고 그 자취를 보존키로 하였다.

일본은 그해 11월 9일 특명전권대사 이토 히로부미伊藤博文를 파견, 일본 천황의 친서를 고종에게 전하고 학부대신 이완용을 앞세워 참정(총리)대신 한규설·탁지부 대신 민영기·법부대신 이하영의 반대에도 불구하고, 학부대신 이완용·군부대신 이근택·내부대신 이지용· 외부대신 박제순·농상공부대신 권중현 등 소위 '을사오적乙巳五賊'의 동의를 끌어내 1905년 11월 18일 새벽 2시 대한제국과 을사조약을 체결, 조선의 외교권을 강탈하고 통감부를 설치하기에 이르렀다. 을사조약의 본래 명칭은 '제2차 조·일 협상조약, 또는 제2차 조·일 협약, 을사 보호조약 등으로 불러왔는데 지금에 와서는 '을사늑약乙巳勒約'으로 많이 부르고 있다. 그 이유는 조약이라는 것이 쌍방 대등한 입장에서 이루어져야하는데 본 조약은 제목 날짜도 없이 불평등을 넘어 일제의 강압에 의한 일방적 조약이었기 때문에 본 조약을 원인 무효로 보는 견해에서 '을사늑약'으로 부르게 된 것이다.

이에 앞서 1905년 8월 22일 고종은 러시아 니콜라이 2세에게 친서를 보내 일본의 조선 무단장악을 규탄하고 도움을 요청한 데 이어 을사늑약이 체결된 후 그해 12월 시종무관 한상건을 러시아로 보내 니콜라이 2세에게 조선의 주권회복을 위해 도와달라고 요청하는 등 일본의 부당한 지배에서 벗어나려고 안간힘을 썼다. 고종의 주권회복을 위한 다각적인 시도를 알게 된 일본은 1906년 2월 통감부를 통해서 조선의 전권을 완전히 장악하였다. 이와 함께 통감부는 조선정부로 하여금 일본 흥업은행에서 1천만 원의 차관을 도입토록 하였다. 이것은 도로·항만 등 사회기반시설을 개선하기 위해서 추진된 것이라고 하지만 실상은 조선경제를 지배하기 위한 수단이었다. 조선국민들은 이를 알아차리고 차관상환을 위한 국채보상운동을 전개하였다. 이에 당황한 통감부는 박제순 내각의 경질을 단행하여 1907년 5월 이완용으로 하여금 새 내각을 구성토록 하였다. 이에 따라 내각 총리 격인 참정대신에 이완용, 탁지부 대신에 고영희, 내부대신에 임선준, 법부대신에 조중응, 학부대신에 이재곤, 농상공부대신에 송병준, 군부대신에 이병무가 각각 기용되었다. 이어 새 내각을 통감부의 강력한 통제 하에 두기 위해서 1907년 6월 의정부 관제를 개정하여 일본식 제도를 본 따서 내각이라는 이름으로 바꿨다. 통감 이토 히로부미는 이것으로 만족치 않고 고종황제를 자주 방문하여 반일 민족운동에 대해 자주 힐문하였다. 이무렵 고종황제는 일본의 내정간섭에 분함을 이기지 못하고 1907년 네덜란드 헤이그에서 러시아 니콜라이 2세 제안에 따라 '만국평화회의'가 열리게 됨을 알고, 일본의 강압을 열국에 호소하기 위해 1907년 4월 헤이그에 밀사(전 평리원 검사 이준·전 러시아 참서관 이위종·전 의정부 참판 이상설)를 파견하였다. 그러나 평화회의 의장은 조선은 일본의 보호국이므로 회의에 참석할 수 없다고 거절하였다. 이에 따라 이준은 7월 14일 그곳에서 분사(?)하였고, 이위종은 그의 아버지 이범진이 1911년 자결한 후 러시아 제국 육군사관학교에 입교, 장교가 되어 1917년 제1차 세계대전에 참전하였다가 동부전선에서 전사하였으며, 이상설은 망명하여 1915년 상하이에서 박은식·신규식 등과 신한혁명당을 조직하여 항일운동을 펴다가 1917년 연해주에서 사망하였다.

고종의 밀사파견 정보를 입수하게 된 이토 히로부미는 곧바로 입궐하여 황제에게 책임을 추궁하고 "그와 같은 음험한 수단으로 일본의 보호권을 거부할 바에는 차라리 일본에 대해 선전포고하라"고 협박하였다. 이에 따라 내각 총리대신 이완용은 7월 6일 어전회의를 열고 대책을 협의하였으며, 이 자리에서 농상공부대신 송병준은 "이번 일은 폐하에게 책임이 있으니 도쿄에 가서 사죄를 하든지, 아니면 대한문 앞에 나가 일본군 사령관 앞에 면박面縛의 예를 하든지, 아니면 일본에 선전포고라도 하세요."라고 입에 담지 못할 망언을 하였다. 그런가하면 이완용은 7월 18일 오후 8시경 고종을 다시 찾아가 칼을 빼어들고 고함을 지르며 양위를 요구(『매천야록』)하였다. 마침내 일본은 7월 18일 고종황제를 강제 퇴위시키고 그의 아들 순종純宗(1874~1926)을 즉위시킨 후 연호를 융희隆熙로 고쳤다. 이와 함께 일본은 조선 내정을 더욱 강력히 장악하기 위하여 을사조약을 개정, 황제가 퇴위한 지 5일 후인 7월 24일 '조선 정부의 법령제정 및 중요한 행정상의 처분은 통감의 승인을 받을 것, 조선정부는 통감이 추천한 일본인을 한국 관리에 임명할 것' 등 7개항의 '조·일 신 협약'(정미칠조약丁未七條約)을 체결하였다.

이런 이완용은 일제에 적극 협력한 대가로 조선 귀족 백작작위에 이어 1919년에는 후작작위까지 받았다. 그는 여러 번 암살 위협에서도 용케 살아남아 온갖 부귀영화를 누렸으며, 그의 재산은 전국 도처에 무려 1억 3천만 평까지 불어났다. 이런 그도 천명은 어쩔 수 없었다. 그는 지병인 천식과 폐렴으로 투병하던 중 1926년 1월 12일 총독부 신청사에서 열리는 중추원 신년 회의에 사이토 마코토齋藤實 총독이 참석한다는 소식을 듣고서, 병든 몸을 이끌고 회의에 참석한 후 귀가 중 혼수상태에 빠져 2월 11일 사망하였다. 사후에 그는 특이하게도 전라북도 익산군 낭산면에 묻혔는데, 이유는 매국행위에 대한 앙갚음으로 묘지가 훼손될 것을 우려하여 그의 후손들이 당시로서는 궁벽한 이곳에 명당 터를 잡아 묘를 썼다는 설이 있다. 그의 후손들은 세인의 비난을 이기지 못하고 뿔뿔이 흩어졌으며, 큰 증손자는 남은 재산을 정리하여 캐나다로 이민을 갔다. 그는 1992년 귀국, 친족들과 조상 땅 찾기 소송을 제기하였으나 패소하였음에도 1998년 7월 다시 소송을 제기하여 북아현동 일대 토지 반환소송에서 결국 승소, 이를 제3자에게 매각하여 30억 원의 매매차익을 챙겼다. 그러고도 모자라 이완용 증손은 송병준 후손과 함께 추가적인 재산 반환 소송을 진행하고 있다. 그 조상에 그 자손이라고나 할까, 뒷맛이 매우 씁쓸하다.

한편 이완용과 함께 매국 수괴의 한 사람인 송병준宋秉畯(1857~1925, 본관 은진)은 무과에 급제하여 일본에 망명 중인 김옥균 암살 음모에 가담했다가 오히려 그에게 설복당하여 한때 개화파가 되었으나 그 후 변절하여 일진회를 조직하고 골수 친일파로 전락하였다. 우암 송시열의 9대손으로 한일합병 후 일제 강점기에 노다 헤이지野田平次郎라는 이름으로 창씨개명(조선인 창씨개명 1호)하여 '노다 대감'이라는 별명을 얻었다. 그 역시 막강한 권력을 이용해 많은 부를 축적하였다. 그런 그도 천명을 거역하지 못하고 1925년 2월 1일 당시 친일 실업계의 거물 한상룡(1880~1947)이 주최한 연회에 참석하고 귀가 중 뇌일혈로 사망(독살설이 있음)하였다.

고종은 무려 43년 7개월(1863년 12월~1907년 7월)이란 긴 세월 집권하였지만 그 기간은 수난과 치욕의 역사였다. 그의 뒤를 이어 조선 제 27대 왕으로 등극한 순종은 대한제국 2대 황제로 즉위하였으나 이름뿐인 황제로 1910년 8월 29일 '한일합병조약'(경술국치庚戌國恥) 으로 그나마 황제의 위치에서 강등되어 사실상 폐위되고, 고종은 이 태왕으로 불리다가 1919년 정월 68세를 일기로 한 많은 생을 마감 하였다. 고종이 사망한 후 그의 죽음은 일제의 독살에 의한 것이라는 설이 파다했다. 그도 그럴 것이 고종이 죽기 전날 당직을 선 사람은 친일파 핵심 이완용과 이기용이었다. 고종은 다음 날인 1월 21일 묘 시(새벽 6시)에 사망하였다. 그러나 일제는 고종사망 사실을 하루 동 안 비밀에 붙였다가 대책을 마련한 후 뒤늦게 신문 호외로 이 사실 을 보도하였다. 사망원인은 뇌일혈이라는 것이었다. 김윤식도 그의 일기『속음청사續陰晴史』(1887년부터 1921년까지 쓴 일기)에서 고종이 갑 자기 승하해 아들들도 왕의 죽음을 지켜보지 못했다고 기록하였다. 가장 유력한 고종 독살설 방증은 이완용이 숙직날 밤에 두 나인을 통해 독약을 탄 식혜를 고종에게 올렸으며, 증거인멸을 위해 두 나인 도 살해된 것으로 알려졌다.

고종은 생전에 7명의 부인에게서 총 6남 1녀(요절한 자녀는 제외)를 두었다. 대표적인 자녀로서는 정비 명성황후 민비에서 난 순종 외 에 귀인 장씨와의 사이에서 1877년 의화군 강堈(1877~1955), 즉 의친 왕을 낳았고, 1897년 귀인 엄씨와의 사이에서 아관파천 후 경운궁 에서 아들 은垠 즉 영친왕(1897~1970)을 낳았으며, 1912년에는 귀인

매천 황현

양씨梁氏와의 사이에서 덕혜옹주德惠翁主 (1912~1989, 대마도주 후손 소 다케유키宗武志와 정략결혼 후 정신질환을 앓으며 1955년 이혼, 불행한 삶을 살았음) 등을 낳았다. 순종 또한 1882년 순명효 태후 민씨가 1904년 죽은 후 1906년 12월 순정효 태후 윤씨(1894~1966)를 계비로 맞았으나 이들 사이에서 후사後嗣를 두지 못하고 윤비는 창덕궁에서 유폐생활을 하며 갖은 수모를 당하다가 1926년 4월 53세를 일기로 사망하였다. 순종비 윤씨는 1966년 12월 71세를 일기로 낙선재에서 사망하였다.

1910년 7월 일본 정부는 조선통감 데라우치 마사타케寺內正毅를 통해 '대한 제국의 일본에의 합병방침'을 총리대신 이완용, 농상공부 대신 조중응과 협의한 후 8월 22일 형식상 어전회의를 마친 뒤 8월 29일 황제의 어새御璽를 합방조약에 날인케 함으로써 조선 왕조는 27대 519년 만에 비극적인 종지부를 찍게 되었다. 망국의 비보가 전국 방방곡곡에 알려지자 우국지사들이 잇따라 순국殉國하였다. 사실 우국지사들의 순국은 이에 앞서 1905년 11월 17일 을사늑약 체결 직후부터는 많은 우국지사들이 잇따라 순절하였다. 그해 11월 30일 시종무관장 민영환을 필두로, 12월 3일에는 전 대사헌 송병선이 자결하였고, 1907년 7월14일 전 평리원 검사 이준이 헤이그에서 순

절하였으며, 그리고 1910년 3월 26일에는 하얼빈에서 초대 한국통
감 이토 히로부미를 저격, 살해한 안중근 열사가 뤼순 감옥에서 일제
에 의해 처형, 순국하였다. 합방 체결 후 1910년 9월 10일 황현은 다
음과 같은 절명시絶命詩 4수를 남기고 다량의 아편으로 음독자살하
였다.

절명시絶命詩

난리를 겪다보니 백두년(백발)이 되었구나	亂離袞到白頭年
몇 번이나 목숨을 끊으려다 이루지 못했도다	幾合捐生却末年
오늘 참으로 어찌할 수 없고	今日眞成無可奈
가물거리는 촛불만이 청천에 비치도다	輝輝風燭照蒼天
요망한 기운(일본침탈)에 가려서	妖氣掩翳帝醒移
황제의 별이 옮겨지니	
구중궁궐은 어두워 낮 시간이 더디고	九闕沉沉晝漏遲
이제는 조칙을 받을 길이 없어	詔勅從今無復有
구슬 같은 눈물 그 종이에 적시네	琳琅一紙淚千絲
새 짐승도 슬피 울고 강산도 애달파 하니	鳥獸哀鳴海岳嚬
무궁화 온 세상이 이젠 망했구나	槿花世界已沈淪

| 가을 등불 아래 책 덮고 지난 날 상념에 잠기니 | 秋燈掩卷懷千古 |
| 인간 세상에 식자 노릇하기 힘들구나 | 難作人間識字人 |

일찍이 나라를 지탱할 작은 공도 없으니	曾無支廈半椽功
단지 인仁을 이룰 뿐이요, 충忠은 이루지 못했네	只是成人不是忠
겨우 능히 윤곡尹穀*을 따르는 데 그칠 뿐이요	止竟僅能追尹穀
그때의 진동陳東*을 따르지 못함이 부끄럽네	當時愧不躡陳東

나라가 망하는 것을 보고도 어찌할 수 없어 끝내 자결을 선택한 뜻있는 선비의 고뇌와 회한, 슬픔과 절망이 구구절절 담겨 있어 숙연함을 금할 수 없게 한다. 황현의 자결에 이어 공조참의 이만도가 의분하여 순절하였고, 매국노 이완용을 습격한 이재명이 체포된 후 곧바로 처형, 순국하였다. 의병과 민중의 항쟁이 연이어 일어났지만 아무 소용없는 일이었다. 결국 한일합병조약 체결로 조선민족은 일본의 가혹한 식민통치에 놓이게 되었으며, 광복의 그날까지 국내외에서 처절한 항일운동을 펴나갔다.

* 윤곡尹穀: 중국 송나라 진사로 몽골 침입 때 가족이 몰살당하자 자신도 자결한 선비

* 진동陳東: 중국 송나라 선비로 국가의 기강을 세우는 상소를 올렸으나 황제의 노여움을 사 죽음

인간 김홍집의 생사관生死觀
—생사의 기로에 선 인간의 삶과 죽음의 문제

인간은 어차피 한 번은 죽는다. 따라서 어떻게 사는 것 못지않게 어떻게 죽느냐가 중요한 문제다. 어떻게 죽을 것인가에 대한 질문이 어떻게 살 것인가에 대한 답변도 되기 때문이다. 이에 대한 질문과 답변을 멀리서는 사마천의 『사기』에 나오는 인물들의 삶과 죽음에서, 가까이는 이 책에서 다룬 김홍집과 같은 우리 역사 인물들의 삶과 죽음에서 찾아본다. 어떻게 살아야하고, 왜 살아야하는 건지, 그리고 어떻게 죽을 것인가에 대한 성찰이 없이 되는대로 살아가는 것은 진정한 삶을 이룰 수 없다. 그렇기 때문에 사마천은 어떤 역사가들보다 인간의 삶과 죽음의 문제에 대하여 갖가지 유형별로 많은 기록을 남겼다. 그 기록들은 오늘을 살아가는 우리들의 삶과 죽음에서도 하나의 좌표가 될 수 있기에 진한 울림으로 다가온다.

"사람은 누구나 한 번은 죽습니다. 그러나 어떤 죽음은 태산보다 무겁고, 어떤 죽음은 새털보다 가볍습니다. 이는 어떻게 죽느냐가 각기 다르기 때문입니다(인고유일사人固有一死, 혹중우태산或重于泰山, 혹경우홍모或輕于鴻毛, 용지소추이야用之所趨異也)." 사마천司馬遷(BC. 145~BC. 86?)의 말(임소경에게 보내는 편지)이다. 인간은 살아가면서 언제나 두 가지 문제에 직면한다. 하나는 삶이고, 또 하나는 죽음이다. 사람은 생사의 위기에 처할 때, 어떻게 대응하고 어떻게 처신하느냐에 따라 그 사람의 그릇과 격이 구별된다. 죽음에 직면할 때 대부분의 사람은 생명에 대한 애착이 더욱 절실해진다. 그것이 인간의 본성이다. 그러나 어차피 죽을 운명이라면 어떻게 죽느냐에 따라 어떤 죽음은 '태산보다 무겁고 높으며, 어떤 죽음은 새털보다 가볍고' 무의미할 수 있다.

사마천은 흉노에 항복한 동료 이릉李陵 장군을 옹호한 죄로 자신의 군주 한무제漢武帝한테서 죽음보다 더한 궁형宮刑을 당하고도 『사기』의 저술을 위해 굴욕적인 삶을 선택하였다. 그래서 그는 인류역사에 길이 빛날 대역사서 『사기』를 완성하고 한번 뿐인 삶을 후회 없이 마감하였다. 『사기』에 나오는 몇몇 인물들의 삶과 죽음에 관한 사례를 보자.

『사기 열전』 '계포·난포열전季布·欒布列傳'편을 보면, 계포는 불의를 참지 못하는 초나라 사람으로 진나라 말기 천하가 혼란에 빠지자 초패왕楚覇王 항우項羽밑에서 장수를 지냈다. 계포는 여러 차례 한왕漢王

유방劉邦을 곤경에 빠트렸던 인물이다. 후에 해하垓下에서 항우를 물리치고 천하를 통일하여 한고조漢高祖가 된 유방은 현상금을 내걸고 계포를 체포하려 했으므로 하는 수 없이 복양濮陽의 주씨周氏 집에 숨어 살았다. 그러나 주씨는 이 사실을 두려워하여 계포를 노비로 꾸며 노나라 주가朱家에게 팔았다. 주가는 계포의 인물됨을 알아보고 밭 창고에 숨겨 놓고 낙양으로 수레를 달려 등공縢公 하후영夏侯嬰을 찾아가 한 고조에게 계포를 용서해주도록 설득해달라고 간곡히 부탁하여 계포의 사면을 얻어내었다. 그 후 계포는 혜제惠帝 때 중랑장이 되어 흉노정벌에 관한 조정회의에서 강경론자들의 무리한 정벌 주장을 정확하고 예리한 논리로 반박함으로써 거리적 거리는 흉노문제를 해결하였다.

한편 양梁나라 출신 난포는 양왕 팽월彭越이 평민이었던 시절 서로 우정을 나눈 바 있었다. 그 뒤 갖은 고생을 하던 난포는 남의 집 종복으로 있을 때 주인을 위해 원수를 갚아 준 일이 계기가 되어 연나라 장수 장도臧荼의 추천으로 도위都尉 자리에 올랐다. 그 뒤 장도가 연왕이 되자 난포는 장군이 되었다. 한나라 초기 장도가 난을 일으키자 한나라는 연나라를 치고 난포를 사로잡았다. 그러자 양왕 팽월은 황제에 부탁하여 난포의 죗값을 돈으로 치르고 그를 대부로 삼았다. 난포가 사신으로 제나라에 간 사이 팽월은 한나라 황제에 대한 모반죄로 목이 잘려 낙양성 아래에 기시棄市되었다. 한고조 유방은 누구든 팽월의 머리를 거두는 자가 있으면 바로 체포하여 죽이겠다고 칙서를 내렸다. 그러나 제나라에서 돌아 온 난포는 팽월의 머리 밑에 무릎을 꿇고 다녀 온 일을 보고한 다음 팽월을 위해 제사를 지내고 곡哭하였다. 당연히 이 일로 인해 난포는 유방 앞으로 끌려갔고 유방은 난포를 탕확湯鑊(끓는 물에 삶아 죽임)하라는 명을 내렸다. 마침내 난포는 유방 앞에 압송되었으며, 유방은 이미 명한 대로 난포를 죽이라고 다시 명했다. 그러나 난포는 죽기에 앞서 의연하게 자신의 소회를 밝혔다.

폐하께서는 팽월에게 양으로 출병하라고 했을 때 신병으로 인하여 출동하지 못한 것을 모반으로 단정하여 가혹하게도 그를 죽이고 말았습니다. 신이 걱정하는 바는 이렇게 되면 공신들이 매사에 위태롭게 느끼지 않을까 걱정됩니다. 이제 팽왕이 죽었으니 신도 살아있는 것 보다 죽는 편이 낫습니다. 어서 끓는 물에 삶아 죽이십시오.

통이 큰 유방은 난포의 의리와 용기를 가상히 여겨 그를 죽이지 않고 도위에 임명하였다. 그 후 난포는 문제文帝 때 연나라 장군이 되었고 오초 7국의 난 때는 큰 공을 세워 유후兪侯에 봉해졌다. 연나라와 제나라 사람들은 '난공사欒公社'라는 사당을 세워 그를 칭송했다.

사마천은 이 두 사람에 대해서 이렇게 평했다.

"계포가 형벌을 받고 다른 사람의 노예가 되어서까지 스스로 목숨을 끊지 않은 것은 얼마나 자신을 낮춘 것인가! 그는 분명 자신의 재능에 자부심이 있었기 때문에 치욕을 부끄러워하지 않고, 자신의 능력을 펼칠 곳을 찾아 결국 한나라의 명장이 되었다. 이처럼 현명한 사람은 자신의 목숨을 귀중하게 여긴다. 천한 사람이 분개하여 스스로 목숨을 끊는 것은 진정한 용기라 할 수 없고 그들이 바라는 바를 실현할 방법이 없었기 때문에 그런 것이다. 그리고 난포는 팽월을 위하여 끓는 물속으로 들어가는 것을 제집으로 돌아가는 것처럼 하였으니 이것은 그가 삶과 죽음에 대해서 처신할 바를 알고 죽음을 두려워하지 않은 것이다. 비록 지난날의 열사라도 이 이상 무엇을 더 할 수 있겠는가!"

이처럼 사마천은 계포의 경우를 들어서 헛된 죽음은 마치 '아홉 마리 소에서 털 하나 뽑는 격(九牛一毛)'이라 하여 어리석게 죽지 않고 살아남아서 공을 세운 계포와 죽을 각오를 하고 의리를 지켜 공을 세운 난포의 용기를 똑같이 높이 평가하며 인간의 값진 삶과 죽음의 문제를 절묘하게 다루었다.

또한 『왕세가王世家』 '월왕구천세가越王句踐世家'와 『열전』 '오자서열전伍子胥列傳'편을 보면, 오왕吳王 합려闔閭는 월왕越王 구천句踐과의 싸움에서 독화살을 맞아 죽고 말았다. 합려의 뒤를 이은 태자 부차夫差는 선왕의 원수를 갚기 위한 일념에서 밤마다 섶나무 다발 위에 누워 복수심에 불탔다. 한편 구천은 현명한 신하 범려范蠡의 충언을 듣지 않고 무모하게 전쟁을 일으켜 복수의 일념으로 단련된 부차에게 회계산會稽山에서 대패하였다. 곤경에 빠진 구천은 이번에는 범려의 충언을 받아들여 오왕의 신하가 된다는 조건으로 목숨을 부지하고 살아서 때를 기다리기로 하였다. 오왕 부차는 승자의 도량으로 구천을 받아준 것이다. 부차가 섶나무 다발에 누워(와신臥薪)복수의 꿈을 키웠듯이, 구천은 자나 깨나 음식을 먹을 때도 쓸개를 매달아 놓고 핥으면서(상담嘗膽) 회계산에서의 치욕을 되씹었다(와신상담臥薪嘗膽이란 말이 여기에서 유래함). 마침내 구천은 부차가 자리를 비운 사이에 범려와 함께 오나라를 공격하여 끝내 항복을 받아냈다. 회계산의 치욕을 설욕한 구천은 부차를 용동이란 곳에 귀양만 보내 그곳에서 여생을 보내도록 배려해주었으나 부차는 이를 거절하고 스스로 목숨을 끊었다. 오왕 부차가 이처럼 비참한 최후를 마친 것은 선대 때부터 측근 참모였던 오자서伍子胥의 충고를 듣지 않았기 때문이었다. 부차는 별 쓸모도 없는 제나라를 먼저 치려고 하였으나 오자서는 내장의 질병과 같은 월나라가 강해지기 전에 먼저 쳐야 한다고 진언하였다. 그러나 부차는 오자서의 말을 듣지 않고 제나라를 먼저 치는 바람에 별 실익도 없이 국력을 소진하였다. 이후부터 부차는 오자서를 멀리하고 제나라 사신으로 보내 버렸다. 오자서는 오나라의 멸망을 예견하고 제나라로 갈 때 동행한 아들을 제나라의 포숙에게 맡기고 혼자 돌아왔다. 그것을 안 오왕의 태재太宰 백비伯嚭는 오자서가 역모를 꾸미는 증거라고 부차에게 간하였다. 분노한 부차는 측근을 보내 오자서에게 자결하라고 명령했다. 죽기 전 오자서는 "너의 부친이 패업霸業을 이룬 것도, 네가 왕이 된 것도 모두 내 덕이었거늘, 너는 어찌하여 나를 죽이려하느냐? 내가 없으면 너는 홀로 설 수 없으리라"고 원망했다. 그러고 나서 오자서는 한을 품은 채 스스로 목숨을 끊었다.

부차는 오자서의 말을 듣지 않고 월나라가 강해진 다음에야 월을 치는 바람에 대패하고 죽게 된 것이다. 부차는 죽기 전 자기 얼굴에 흰 천을 덮으며 저승에 가면 오자서를 볼 면목이 없다고 뒤 늦게 후회하였다.

한편 월왕 구천은 현명한 신하 범려의 말을 듣고 회계산의 치욕을 말끔히 씻었다. 그리고 범려는 더 이상 할 일이 없게 되자 월나라를 떠나 제나라로 가버렸다. 구천은 사신을 보내 범려에게 월나라 절반이라도 주겠다고 제의하고 돌아오기를 바라며, 만일 돌아오지 않으면 자객을 보내 죽이겠다고 회유 반 협박 반 압박하였다. 현명한 범려는 구천이 어려움은 함께 나눌 수 있어도 기쁨은 함께 할 수 없는 인물임을 알고 이를 완곡히 거절하였다. 그리고 범려는 월나라 때 고생을 함께한 대부 문종에게 "광야를 돌아다니는 새가 다 없어지면 좋은 활은 다 창고에 보관되고, 교활한 토끼가 다 잡혀 죽으면 달리는 사냥개는 삶아 먹히는 법(비조진양궁장蜚鳥盡良弓藏, 교토사주구팽狡兎死走狗烹)이라고 말하였다. 그러나 문종은 그 뜻을 모르고 어물거리다가 구천에게 들볶여 죽고 말았다. 그 뒤 범려는 제나라 왕이 그를 재상으로 기용하려 했으나 한사코 사양하고, 초야에 묻혀 살며 목축업으로 부를 축적, 가난한자들에게 나눠주며 천수를 다하였다. 이처럼 범려는 나아갈 때와 물러설 때를 아는 영웅의 기개와 현자의 지혜를 겸비한 인물이었다.

　그렇다면 조선의 총리 김홍집의 죽음을 어떻게 봐야할 것인가? 김홍집은 자신을 신뢰하고 그간 주요 직책과 총리라는 중책을 네 번(그 사이에 여러 번 고사固辭했음)이나 맡긴 고종을 위해 멸사봉공했다. 그러나 어리석은 고종은 이범진과 이완용의 꾐에 넘어가 김홍집과 단 한 번의 상의도 없이 일본의존에서 친 러시아로 선회하고 총리대신 김홍집도 모르게 러시아 공관으로 피신(아관파천俄館播遷)하였다. 줏대 없는 고종은 위기상황에서 끔찍이 믿고 신임했던 김홍집을 이렇게 헌신짝처럼 매정하게 버리고 그것도 모자라 포살령捕殺令까지 내렸다.

　이렇게 되자 내부대신 유길준은 내각 총사퇴를 선언하고, 각자 알아서 처신하자고 제의하며 김홍집의 신변안전을 걱정하였다. 그러나 김홍집은 비장한 어조로 "나는 먼저 주상을 뵙고 마음을 돌리도록 할 것이오. 여의치 않으면 이 한 몸 나라에 바칠 생각(일사보국一死報國)이오. 나는 조선의 총리대신이오. 내가 조선을 위해 죽는 것은 천명일 것이오. 다른 나라 사람의 손에 구출되는 것은 떳떳치 못한 일이오."라고 의연한 모습을 보이며 호송 가마에 올라탔다. 경무청으로 잡혀 온 김홍집과 정병하는 잠시 그곳 유치장에 구금되었다. 정병하는 좌불안석 안절부절 못하였다. 이때 김홍집은 두 눈을 지그시 감고 말 한마디 없이 앉아 있다가 불안에 떠는 정병하의 모습을 보더니 "살고 죽는 것은 하늘의 뜻에 따를 뿐인데, 그렇게 초조한 모습을 보이면 장차 어찌할 것이오, 창피한 일 아니오?"라고 정병하를 조용히 나무랐다.

이처럼 김홍집은 죽음의 절박한 순간에도 동요하지 않고 차분하게 대처하였으며, 일국의 총리로서 체통 없이 도주하거나 다른 나라 사람에게 구출되는 것을 수치로 생각하고 다가올 죽음에 의연하게 맞섰다. "군자는 죽을 때도 갓끈을 동여맨다."는 말은 김홍집에게도 적용되는 말이었다. 그리고 김홍집은 이렇게 된 것을 천명으로 생각하고, 오왕 부차를 원망하고 자결한 『사기열전』에서의 오자서와 달리 국왕이나 주변 정적들을 원망하지도 않았다. 그는 을미사변 때 국모가 시해당하는 치욕과 내각총리로서의 직무를 다하지 못한 자책감에서 자결할 마음도 먹었으나 유길준의 간곡한 조언을 받아 난국을 수습하는 것이 현명하다고 판단하여 마음을 고쳐먹었다. 마치 그것은 『사기열전』에서의 계포처럼 큰일을 앞둔 현자는 목숨을 아끼는 것이 지혜롭다고 판단했기 때문이었을 지도 모른다. 그러나 이런 김홍집에 대해서 어리석은 고종은 계포와 난포를 살려준 한고조漢高祖 유방劉邦과 같은 도량과 안목을 가지고 있지 못했다. 그렇게 볼 때 인간 김홍집은 인덕은 갖췄지만 인복이 없어 멸사봉공하고도 어이없는 죽음을 당하게 된 것이다. 차라리 월왕 구천을 돕고 난후 어떤 보상과 유혹도 다 뿌리치고 낙향해서 여생을 편히 살다간 범려처럼, 치욕스러운 을미사변이나 아관파천을 겪지 않고 과감히 공직을 박차고 물러났다면 어찌되었을까, 아니 차라리 장렬하게 자결했다면 어

땠을까? 과감히 물러났을 경우 위기 때 책임을 회피한 공직자로 매
도될 수도 있었고, 자결했다면 책임을 통감한 공인의 살신성인 결단
으로 평가될 수도 있었을 것이다. 그러나 이에 대한 답을 내리기는
참으로 어려운 문제다.

그럼에도 한 가지 분명한 것은 인간 김홍집의 생사관은 공직자로
서 주어진 임무에 최선을 다하였으며, 닥쳐올 죽음을 천명으로 받아
들인 것으로 보인다. 다만 김홍집에게도 인간적인 약점이 있었다는
것을 간과할 수 없을 것 같다. 그가 일신의 영달을 위해서가 아니라
일본을 롤 모델로 하여 조선을 부강하게 하기 위해 애국적 친일을
했다고 하지만, 일본의 겉모습만 보았지 속뜻, 한 걸음 더 나아가 그
들의 야욕에 대처하지 못한 점이 결정적인 약점이었다. 국가의 명운
이 달린 문제를 놓고 일본의 야욕에 알게 모르게 이용당한 아쉬움을
지워버릴 수 없다. 그것이 김홍집의 인간적인 약점이며 한계였다.

그럼에도 김홍집은 조선 왕조 말 '내각총리'로서 정권의 중심부
에 있었지만, 부귀영화와 권좌에 연연하지는 않았다. 특히 그는 부친
의 유훈遺訓을 받들어 재색財色(재물과 여색)를 멀리함으로써 공직자가
갖춰야할 덕목을 흠결 없이 지켜 나갔다. 당시 사대부세계에서의 보
편적인 축첩蓄妾도 하지 않았다는 것은 그의 사생활이 흐트러짐이 없
었음을 충분히 입증해주고 있다. 이런 깨끗한 사생활을 바탕으로 그
는 국란극복을 위해 오로지 공무에만 열중하였다. "그는 항상 지필
紙筆을 행전行纏(한복 바지를 입었을 때 바짓가랑이가 장단지에서 발목으로 홀

304

러내리지 않도록 종아리 부분을 가뜬하게 동여매는 끈)에 꼽고 다니며 승지·
사관·대신들이 주고받은 말을 하나도 빠짐없이 기록하고 참고하였
으므로 이것을 본 사람들은 그의 성실성에 모두 감탄하였다.”(앞의 책
『매천야록』, 164~165쪽)

　이런 몸가짐과 성실성을 바탕으로 김홍집은 제도권에 참여하여
개혁을 추진하려 하였으나 주변 여건상 때로는 자의반 타의반, 때로
는 타율에 의해서 개혁드라이브 정책을 펴나가지 않을 수 없었다. 그
는 정치가로서 일본통이었지만 맹목적인 친일은 하지 않았으며, 때
로는 청국을 의식하였으나 그렇다고 친청親淸 입장을 취한 것도 아니
었다. 그는 어떤 면에서 줏대 없는 고종의 망국 치하에서 위기 때마
다 왕의 부름을 받아 정치권 핵심에서 멸사봉공하였으나 끝내는 친
일 역적으로 몰려 참혹한 죽음을 맞은 정치적 희생물이 되고 말았다.
그나마 김홍집은 생사를 넘나드는 망국의 길에서 의연하게 죽음을
맞았기 때문에 후세의 포폄褒貶에서 매국적인 친일파라는 오욕汚辱만
은 씻을 수 있었다고 본다. 그 길까지 걸어온 김홍집의 고독한 행로
는 인간의 보편적인 고독을 넘어 선 ‘절대고독絶對孤獨’이었다고 말한
다면 김홍집을 위한 지나친 변명일까.

참고문헌

李光麟,『韓國史 講座Ⅴ』[近代篇], 一潮閣, 2002

道園相公記念事業推進委員會,『開化期의 金總理』, 亞細亞文化社, 1978

金弘集,『金弘集遺稿』高麗大學校中央圖書館편,高麗大學校 出版部, 1976

鄭濟愚,「金弘集의 生涯와 開化思想」, 韓國史學會 史學研究 제36호, 1983

鄭濟愚,「金弘集의 生涯에 대한 研究」, 인하대학교 대학원, 1983

柳希貞,「김홍집의 정치사상」, 이화여자대학교 교육대학원, 1997

李昡娗,「金弘集의 均勢外交 研究」, 한양대학교 교육대학원, 1995

李光麟,『開化黨研究』, 一潮閣, 1997

李光麟,『開化期研究』, 一潮閣, 1997

愼鏞廈,『初期開化思想과 甲申政變研究』, 지식산업사, 2000

愼鏞廈,『한국근대지성사연구』, 서울대학교출판부, 2005

愼鏞廈,『갑오개혁과 독립협회운동의 사회사』, 서울대학교출판부, 2002

李完宰,『初期開化思想研究』, 민족문화사, 1989

孫炯富,『朴珪壽의 開化思想研究』, 一潮閣, 1997

한국근현대사연구회,『한국근대 개화사상과 개화운동』, 신서원, 2001

강준만,『한국 근대사 산책』1~3, 인물과사상사, 2014

이윤섭,『세계속 한국 근대사』1·2, 필맥, 2012

남경태,『종횡무진 한국사』2, Humanist, 2015

박영규,『한권으로 읽는 조선 왕조실록』, 들녘, 1996

이덕일,『살아있는 한국사』3권, 휴머니스트, 2003

박찬영,『조선 왕조실록을 보다』3, 리베르, 2015

이덕일,『근대를 말하다』, 역사의아침, 2012

이덕일,『성공한 개혁 실패한 개혁』, 도서출판 마리서사, 2006

김현묵, 『반역의 한국사』 하, 계백, 1995

역사학연구소, 『강좌 한국근현대사』, 풀빛, 1986

한국민중사연구회, 『한국민중사』 2, 풀빛, 1986

김성태 외, 『한국 천주교 교회사』 1~3, 한국교회사연구소, 2010-2013

이영화, 『조선 시대 조선 사람들』, 가람기획, 2003

김영애, 『한국사 연표』, 다할미디어, 2003

신복룡, 『전봉준 평전』, 지식산업사, 1998

우윤, 『전봉준과 갑오농민전쟁』, 창작과비평사, 1994

黃玹, 李民樹 옮김, 『東學亂』, 을유문화사, 1985

黃玹, 金濬 옮김, 『梅泉野錄』, 敎文社, 1985

황현, 허경진 옮김, 『목숨을 끊으며』, 동천사, 1985

이이화, 『역사인물 이야기』, 역사비평사, 1991

이이화, 『민중의 함성 동학농민전쟁』, 한길사, 2003

이이화, 『이야기 인물 한국사』 1~4, 한길사, 1993

박제가, 이익성 옮김, 『북학의』, 을유문화사, 1977

고성훈 외, 『민란의 시대』, 가람기획, 2000

야무구치 오사무, 남혜림 옮김, 『중국사-한권으로 통달한다』, 행담출판, 2007

丁若鏞, 盧台俊 譯解, 『新譯牧民心書』, 홍신문화사, 2004

최덕수 외, 『조약으로 본 한국근대사』, 열린책들, 2011

박은숙, 『갑신정변연구』, 역사비평사, 2005

박은숙, 『갑신정변관련자 심문·진술 기록』, 아세아문화사, 2009

박은숙, 『김옥균 역사의 혁명가 시대의 이단아』, 너머북스, 2011

박은숙 외, 『시대의 디자이너들』, 동녘, 2010

신동준, 『개화파 열전』, 푸른역사, 2009

琴秉洞, 『金玉均と日本-その滯日の軌跡』, 綠蔭書房, 2001

안승일, 『조선 엘리트 파워 김옥균과 젊은 그들의 모험』, 연암서가, 2012

김병기, 『조선의 명가 안동김씨』, 김영사, 2007

김영작, 『한말내셔널리즘』, 백산서당, 2006

강범석, 『잃어버린 혁명』, 도서출판 솔, 2006

김용구, 『임오군란관 갑신정변』, 도서출판 원, 2004

김옥균·박영효·서재필, 조일문·신복룡 편역, 『갑신정변회고록』,
건국대학교 출판부, 2006

조재곤, 『그래서 나는 김옥균을 쏘았다』, 푸른역사, 2005

유병용 외, 『박영효연구』, 한국정신문화연구원, 2004

유동준, 『유길준전』, 일조각, 2005

柳永烈, 『開化期의 尹致昊硏究』, 한길사, 1985

윤치호, 송병기 옮김, 『윤치호 일기』 1·2, 연세대학교출판부, 2004, 2005

朴才愚, 『緯山 徐光範硏究』, 성신여자대학교 대학원, 1998

신복룡, 『한국의 정치사상가』, 집문당, 1999

이광린 외, 『한국사 시민강좌』, 제4집, 일조각, 1989

송병기 외, 『한국사 시민강좌』, 제7집, 2003

김영작 유영익 외, 『한국사 시민강좌』 제31집, 일조각, 2003

黃遵憲 저 趙一文 譯註, 『朝鮮策略』, 건국대학교출판부, 2001

이태진, 『고종시대의 재조명』, 태학사, 2005

리선근, 『대원군 시대』, 세종대왕기념사업회, 2000

유홍종, 『명성황후 이야기』, 해누리, 2007

최문형, 『명성황후 시해의 진실을 밝힌다』, 지식산업사, 2006

이종각, 『미야모토 소위, 명성황후를 찌르다』, 메디치, 2015

정운현, 『친일파는 살아있다』, 도서출판 책으로 보는 세상, 2014

윤효정, 박광희 편역, 『대한제국아 망해라』, 다산초당, 2010

司馬遷, 丁範鎭 외 옮김, 『史記列傳』·『史記世家』, 까치, 1994/1997

사마천, 김원중 옮김, 『사기열전』 상·하, 을유문화사, 2000

하야시다 신노스케, 신경호 옮김, 『인간 사마천』, 도서출판 강, 1997

버튼 왓슨, 박혜숙 옮김, 『위대한 역사가 사마천』, 한길사, 1995

김영수, 『사마천, 인간의 길을 묻다』, 도서출판 왕의서재, 2012

안승일, 『열정의 천재들 광기의 천재들』, 연암서가, 2014